Zu diesem Buch

Horst Janssen, der 1929 in Hamburg geboren wurde und dort 1995 starb, war einer der bedeutendsten Zeichner und Graphiker der Epoche. Umso erstaunlicher ist es, dass es zwar großformatige Kataloge und Broschüren gibt, aber kein hautnah gezeichnetes Porträt wie dieses.

Joachim Fest, den mit Horst Janssen eine enge Freundschaft verband, hat über 25 Jahre Notizen von ihren Gesprächen angefertigt. Das Buch, das daraus entstanden ist, erzählt eine exzentrische Lebensgeschichte – gespiegelt in den Empfindungen eines Freundes. Im Mittelpunkt stehen Gespräche über »Gott und die Welt«, oder, wie es Janssen zu sagen vorzog, »den Teufel und die Welt«.

Der Autor

Joachim Fest, 1926 in Berlin geboren, ist Publizist und Historiker. Ab 1963 war er Chefredakteur des Norddeutschen Rundfunks und von 1973 bis 1993 Herausgeber der »Frankfurter Allgemeinen Zeitung«. 1973 erschien »Hitler«, 1985 »Die unwissenden Magier. Über Thomas und Heinrich Mann« und 1988 »Im Gegenlicht. Eine italienische Reise«. Zahlreiche weitere Veröffentlichungen und Preise.

Joachim Fest
Horst Janssen
Selbstbildnis
von fremder Hand

Rowohlt Taschenbuch Verlag

Veröffentlicht im Rowohlt Taschenbuch Verlag,
Reinbek bei Hamburg, Oktober 2004
Copyright © 2001 Alexander Fest Verlag, Berlin
Umschlaggestaltung: any.way, Martina Kloke
nach einer Idee von Ott + Stein
(Foto: Karin Elmers)
Druck und Bindung Medialis
Offsetdruck GmbH, Berlin
Printed in Germany
ISBN 3 499 61901 6

Inhalt

Monolog mit
vielen Stimmen 7

1971–1980 31

1981–1990 219

1991–1995 295

Zeittafel 327

Bildnachweis 336

Monolog mit vielen Stimmen

ZUR ENTSTEHUNG DIESES BUCHES. Die vorliegenden Aufzeichnungen verdanken ihr Zustandekommen der Aufforderung der Stadt Oldenburg, die Rede zur Eröffnung des Horst-Janssen-Museums im November 2000 zu halten. Während der Vorbereitung sah ich noch einmal die Notizen durch, die ich im Laufe vieler Jahre von den Gesprächen mit Horst Janssen angefertigt hatte. Zu meiner Überraschung entdeckte ich, daß sie weit umfangreicher und auch ergiebiger waren, als es meiner Erinnerung entsprach. Im ganzen kamen an die vierhundert Stücke zusammen: einiges nur in flüchtigen Stichworten, anderes in gerafften Wiedergaben, manches aber auch in ausführlicher Nacherzählung, wie beispielsweise das bestürzende, für den Produktivitätsimpuls Janssens jedoch offenbar aufschlußreiche Erlebnis mit dem abgeschossenen britischen Bomberpiloten, die Geschichte über den in verzweifelte Verwirrung getriebenen Herrn Vollmer oder über das grausige Sterben von Janssens Ziehmutter Anna Johanna, dem legendären »Tantchen«.

Janssen hat die eine und andere dieser Geschichten in seinen geschriebenen Arbeiten selber erzählt, vor allem in den beiden autobiographischen Werken, die er veröffentlicht hat. Trotz des Ansehens, das er sich als Schriftsteller erwarb, bin ich der Auffassung, daß sein mündlicher, vom Auftrittsvergnügen wie von den Reaktionen der Zuhörer belebter Vortrag weit eindrucksvoller war. Nicht selten gewann er dabei eine Anschaulichkeit, einen Farbreichtum und eine Überredungsmacht, die sein literarisches Vermögen beträchtlich hinter sich ließen. Auch nötigten ihn die geringere

Wichtigkeit, die er dem Geschriebenen einräumte, und wohl auch die schöpferische Hast, in der er sich stets befand, zum Verzicht auf manche bildhafte Einzelheit, und im Fall der Sterbensgeschichte seiner Ziehmutter hat er die Schilderung in dem Erinnerungsband womöglich sogar verharmlost. Immer bedauerlich bleibt, daß ihm für seine geschriebenen Texte kein kenntnisreicher Lektor zur Hand gegangen ist.

Infolgedessen habe ich mich entschlossen, auch die von Janssen hier oder da bekanntgemachten Geschichten in der Form wiederzugeben, in der er sie mir erzählt hat. Gelegentlich hat er bemerkt, ein bloßer Vorgang werde erst zur Geschichte, wenn er überzeugend dargestellt und mit ein paar wirkungsvollen Glanzlichtern versehen werde. Vielleicht aus diesem Grunde enthalten die hier mitgeteilten Versionen mancher Erlebnisse Abweichungen oder Ergänzungen, die bisweilen mehr mit Janssens Hang zu gesteigerter Wirkung als mit dem tatsächlichen Geschehen zu tun haben. Was sich im Einzelfall zugetragen hat oder bloß phantasievolle Zutat war, hat mich nicht beschäftigt. Die »Wahrheit«, wenn sie denn wichtig wäre, mögen die Biographen herausfinden.

Denn dieses Buch ist keine Lebensdarstellung. Vielmehr vereint es lediglich Bruchstücke einer freilich außergewöhnlichen, ebenso regelwidrigen wie exzentrischen Daseinsgeschichte – noch dazu gespiegelt in den Vorlieben, Empfindungen und sicherlich auch Befangenheiten eines Freundes. Manches bleibt unwidersprochen, was Widerspruch hervorrufen mag und in den Gesprächen, von denen hier die Rede ist, auch aufs entschiedenste hervorgerufen hat. Aber es geht in diesen Aufzeichnungen niemals um Rechthaberei. Die Absicht, die sie verfolgen, zielt vielmehr in aller Zufälligkeit, der sie ihre Entstehung verdanken, darauf ab, ein paar Züge zum Bild des merkwürdigsten Menschen beizusteuern, der einem begegnen konnte.

Das heißt zugleich, daß das Janssen-Porträt dieses Buches aus einer Vielzahl bewegter Momentaufnahmen besteht, fragmentarisch, mit ständig wechselnden Bildpunkten und häufig auch höchst widersprüchlich. Es bringt damit aber nur die Brüche und Ungereimtheiten ins helle Licht, die zu jedem Leben gehören, in dem seinen freilich auf besonders grelle Weise hervortreten. Einiges spricht dafür, daß ein solches Stückwerkverfahren sogar ein authentischeres Bild vermittelt als eine Biographie, weil es von den zwangsläufig glättenden Eingriffen absieht, die keine Gesamtdarstellung gänzlich vermeiden kann.

Immerhin umfaßt dieses Buch Aufzeichnungen aus annähernd fünfundzwanzig Jahren. In manchem erinnernden Rückgriff Janssens vermerkt es zudem die eine und andere prägende Erfahrung der frühen Lebensphase, beginnend mit der Jugend in Oldenburg, der Zeit auf einer der Erziehungsanstalten des Hitler-Regimes sowie der »verrückten« fünfziger und sechziger Jahre, als er der Held vieler schauriger, mit soviel Entsetzen wie heimlicher Bewunderung herumerzählter Anekdoten war. Mit dem kurz vor Beginn der siebziger Jahre unternommenen Anlauf zu einem »neuen Leben«, zu Ordnung, Regel und Stetigkeit, setzen diese Notizen ein. Sie begleiten Janssen durch die vielen, auf immer anderes, unbekanntes Gelände führenden Abenteuer, durch die Ratlosigkeiten und neuerlichen Aufbrüche der folgenden Jahre, endend schließlich mit dem langen Tod, den er starb.

Verschiedentlich wird die Auffassung vertreten, daß erst das Ende eines Menschen erkennbar mache, wie und mit welchen Gründen es ihm möglich war, sein Leben zu leben. Janssen selber hat, wie eine der Notizen festhält, von den »Mühen des Auf-der-Welt-Seins« gesprochen und in zahlreichen Äußerungen sein Dasein, nicht anders als seine künstlerischen Hervorbringungen, als einen »beständigen Todeskampf« bezeichnet. Aufgrund der leibhaftigen Vorstellung, die er sich zeitlebens vom Tod gemacht und in einer Vielzahl von Zeichnungen und Radierungen dargestellt hat, glaubte er sogar, eine Art Verabredung mit dem »alten Freund« zu haben und länger, als eigentlich verdient, von ihm verschont zu werden. Doch in einer späten Äußerung, wenige Monate vor seinem Tod, höhnte er über die »dummen Hoffnungen«, die er »der

Leute wegen« verbreitet habe: Der Tod halte sich an keine Abmachung. Wie begründet seine Zweifel waren, hat sein schweres, nahezu ein halbes Jahr lang hingezögertes Sterben offenbart.

BEGINN EINER FREUNDSCHAFT. Aller Anfang ist Zufall. Die Umstände, die Janssen und mich im Herbst 1968 zusammenbrachten, führen zunächst ins scheinbar Entlegene. Denn sie beginnen mit Egon Monk, der einige Monate zuvor die Leitung des Hamburger Schauspielhauses übernommen hatte. Mit ihm verband mich seit seinem fluchtartigen Weggang von Bertolt Brechts Ostberliner Theater eine enge Freundschaft. Monk hatte große Pläne und wollte seine Intendanz mit einer Aufführung von Schillers »Räubern« beginnen. Aber irgendwann war er, allen Warnungen aus seiner Umgebung zuwider, auf den unseligen Gedanken verfallen, den »Räubern« eine Art pädagogisches Ausrufungszeichen vorzuschalten und die neue Ära mit einem selbstverfaßten Nummernstück, einer moralischen Polit-Revue unter dem Titel »Über den Gehorsam«, zu eröffnen. Die Berufung des überaus erfolgreichen Regisseurs und Fernsehspielchefs, der mit einem sehr eigenen und seither zu Unrecht in Vergessenheit geratenen Stil des Bildschirmdramas Aufsehen erregt hatte, weckte die höchsten Erwartungen.

Als Chefdramaturgen hatte Monk mit Harry Hubalek einen Jugendfreund an das Schauspielhaus geholt, dem er sich seit den gemeinsamen Jahren bei Brecht auch in der Sache verbunden wußte. Mit einem Theaterstück »Der Hauptmann und sein Held« war Hubalek Mitte der fünfziger Jahre weithin bekannt geworden, weil er darin die Borniertheit und subalterne Niedertracht des Hitler-Regimes nicht wie üblich als düsteres Memorial dargestellt, sondern erstmals komödienhaftem Hohn ausgesetzt hatte.

Durch Hubalek geriet unversehens Horst Janssen auf die Hamburger Theaterszene. Denn beide waren seit ihrer Heirat mit zwei Schwestern aus dem schleswig-holsteinischen Altadel der Bethmann Hollwegs miteinander verschwägert. Über den Sitz der Familie, das stille und abgelegene Schloß Altenhof bei Schleswig, hatte ihr plötzliches Auftreten wilde, landauf, landab mit ungläubigem Staunen kolportierte Turbulenzen gebracht. Seit der Berufung Monks an das Schauspielhaus sah man die drei häufig in der Kantine zusammenhocken, wo sie teils beflügelt, teils mit sorgenvollen Stirnen die Lage des Theaters, Besetzungsfragen sowie die Ausstattung des geplanten Stücks, aber auch künftige Vorhaben erörterten und, wie Janssen einmal bemerkte, »mit ebenso selbstbewußten wie nervösen Fingern am Sattelzeug des Pegasus« herumhantierten. Janssen war es dann auch, der das Plakat für die Eröffnungsvorstellung »Über den Gehorsam« sowie später für »Die Räuber« entwarf.

Aufgrund der großen Hoffnungen, mit denen die Hamburger Theaterzukunft weit über die Grenzen der Stadt hinaus ausgerufen wurde, entschloß sich das Fernsehen, nicht nur den Premierenabend zu übertragen, sondern im Anschluß daran auch eine Diskussion zu veranstalten. Unter der Leitung des renommierten »Zeit«-Redakteurs Theo Sommer sollten das Stück und sein Gegenstand, die problematische Tradition von Gehorsam, Untertanensinn und Fügsamkeit in Deutschland, ergänzt und womöglich vertiefend dargestellt werden. Hinzugeladen waren die Journalisten Hans Greßmann und Johannes Groß, ferner der Chefredakteur von »Theater heute«, Henning Rischbieter, sowie ich.

Stück und Aufführung gerieten zu einem einzigen Debakel. Noch während der Übertragung schlug Theo Sommer vor, über die Bühnendarbietung wortlos hinwegzugehen und statt dessen ausschließlich über das ihr zugrundeliegende Thema zu sprechen. Nicht zuletzt mir selber kam dieser Vorschlag überaus gelegen, da mir die freundschaftliche Beziehung zu Monk wie zu Hubalek ziemliche Verlegenheit bereitete. Um so überraschter war ich, als Theo Sommer sich nach der Vorstellung der Teilnehmer mit sozusagen feixender Bekümmerung an mich wandte und dem Sinne nach sagte, niemand im Studio sei ohne kollegiales Mitgefühl: Es müsse schrecklich sein, einen langjährigen und geschätzten Freund so katastrophal in die Bredouille laufen zu sehen. Und während er noch, mit gleichsam triefender Besorgtheit, sein Lamento fortsetzte, dem sich später vor allem Johannes Groß mit wie immer brillanten Räsonnements anschloß, suchte ich hastig zusammen, was sich an nicht allzu absurd klingenden Argumenten für den so sichtbar verunglückten Abend ins Treffen führen ließ.

Es war ausweglos. Sei es, daß ich das Theater unter Berufung auf ehrfurchtgebietende Stichwortgeber als »moralische Anstalt« beschrieb, wo Fehlversuche nicht nur erlaubt, sondern geradezu unvermeidlich und fast geboten seien, sei es, daß ich die Auseinandersetzung ins Allgemeine sowohl der Theatergeschichte als auch der Gehorsamstradition zu lenken versuchte: Es war nichts auszurichten. Ein ums andere Mal lief ich auf, und jedem meiner Worte schlug der geballte, alsbald ins Ausgelassene übergehende Spott der anderen entgegen. »Verlorener Posten!« bemerkte Theo Sommer, als das Ganze vorüber war. »Bringt aber«, setzte er mit heiterem Trost hinzu, »dem, der seiner Freundespflicht jene Art Gehorsam leistet, von der wir leider nicht gesprochen haben, Ehre ein!« Und dann noch: »Nehmen Sie's nicht zu ernst! Diesmal waren Sie dran! Das nächste Mal wieder einer von uns!«

Als ich um Mitternacht nach Hause kam, berichtete mir meine Frau, es sei mehrfach angerufen worden. Jedesmal habe sich, zunehmend ungeduldiger, Horst Janssen gemeldet, der die Fernsehsendung zwei Häuser weiter, bei unserem Nachbarn, dem Schauspieler Heinz Schubert, verfolgt habe: Er müsse mich »heute noch« sprechen, habe Janssen gesagt, »unbedingt und dringend«. Während wir uns noch fragten, was wohl so dringend sei, ging aufs neue das Telefon, und ich konnte Janssen rufen hören, inzwischen sollte ich wirklich zurück sein. Als meine Frau, sprachlos vor soviel Ungestüm, irgend etwas sagte, was er kurzerhand als Bejahung verstand, erfolgte schon die Antwort, er sei augenblicklich da, und tatsächlich kam er wenig später laut singend den dunklen Gartenweg hinauf.

Er war in der stadtbekannten Montur mit Rollkragen, Latzhosen und Gummistiefeln. Im Aufbruch hatte er bei Schuberts offenbar noch ein paar halbvertrocknete Blumen entdeckt, die er meiner Frau mit einer Art feierlichen Artigkeit sowie mit den Worten überreichte, was er da mitbringe, wirke zwar ziemlich armselig, doch würden wir, wie er glaube, seine Vorliebe für »Nes-Blumen« und allerlei »Trockenkrams« noch kennenlernen.

Dann wandte er sich auf ähnlich förmliche Weise an mich. Er sei gekommen, sagte er, um ein paar Worte zu der Fernsehdiskussion loszuwerden. Wie bekannt, habe er in den zurückliegenden Wochen viel mit Monk und Hubalek zusammengesessen. Wie die meisten sei auch er voller Bedenken gegen das Gehorsamsstück gewesen. Zwar verstehe er vom Theater nichts. Doch wisse er, daß man in Kunstsachen nicht so selbstergriffen zu Werke gehen dürfe wie die beiden. Vielleicht habe er dieses eine Mal zu wenig auf Hubalek gehört, der, seinem Eindruck zufolge, schon ziemlich früh geahnt habe, daß die Sache schieflaufen werde. Statt dessen habe er Zuversicht verbreitet und müsse sich das jetzt vorwerfen. Doch habe er es sich seit langem verboten, auf seinen ewig pessimistischen Schwager zu hören, den er auf Altenhof den »Obersargträger vom Hoffnungsfriedhof« zu nennen pflegte. Als Theo Sommer die Diskussion eröffnete, habe er Heinz Schubert eine Wette angeboten: daß ich nicht länger als eine Viertelstunde den Attacken der anderen standhalten würde. Leider sei Schubert nicht darauf eingegangen. Er hätte die Wette gern verloren.

Mit großem Vergnügen habe er dann der »fröhlichen Meute bei ihrer Hetzjagd« zugehört. Das Treiben sei ihr aber durch das trostlose Stück viel zu leicht gemacht worden. Ich hätte nichts dagegen ausrichten können. Was immer von mir vorgebracht worden sei, habe er als bloß besorgt, als abwegig oder höchst anfechtbar empfunden, und ein paarmal wäre er mir am liebsten zu Hilfe geeilt. Aber allmählich sei ihm aufgegangen, daß es um Argumente gar nicht ging. Sondern nur darum, den »Freundesverrat« zu vermeiden, selbst wenn es den eigenen Ruf kostete. Das sei mir gelungen, und nichts anderes habe er mir sagen wollen. Dann meinte er noch, daß man morgen überall lesen werde, wie ich sozusagen vor aller Augen »geschlachtet« worden sei. Er liebe zwar die Schlächter, zumal wenn sie so vergnügt daherkämen wie heute. Aber diejenigen, die sich um eines Freundes willen schlachten ließen, auch.

Wir kamen glücklicherweise bald vom Thema ab. Er blieb bis gegen vier Uhr morgens. Doch schon am folgenden Abend war er wieder da. Er wolle sich, sagte er, mit den Kindern umtun, weil er erproben müsse, ob seine Kunststücke auf sie wirkten. Fast zwei Stunden lang unterhielt er sie dann mit verqueren Geschichten, rasch hingeworfenen Skizzen oder spitzfindigen Spielen, und dann und wann konnte man hören, wie sie seine Faxen mit johlendem Vergnügen quittierten. Später folgten sie ihm in die Küche, wo er sie mit der Zubereitung von Apfelpfannkuchen unterhielt. Sein großer, wie eine Zirkuseinlage angekündigter Auftritt kam immer dann, wenn er einen Fladen bis dicht an die Decke schleuderte und dabei wendete. Mehrfach glückte es auch, doch dann mißlang ihm die »Luftnummer«, so daß der Teig und die Apfelstücke allen um die Ohren flogen. Beim Weggehen entschuldigte er sich und sagte, es sei gewesen wie sonst in seinem Leben auch: Die großen Auftritte gingen daneben, doch alle hielten seine Mißgeschicke für die eigentliche Pointe und klatschten Beifall dazu.

Von diesem Zeitpunkt an tauchte er alle drei oder vier Tage für ein paar Stunden bei uns auf. Er war unterhaltend, neugierig und voller intelligenter Liebenswürdigkeit. Nur dann und wann, wenn er mitten im Satz innehielt und plötzlich in großer Hast irgendwohin aufbrach, konnte man die Unruhe spüren, die ihn erfüllte. In jenen Wochen begann, allmählich zu sich kommend, unsere Freundschaft.

Ein Mensch, wie ihn keine Phantasie erdenken konnte. Ich bin verschiedentlich gefragt worden, wie es zu der seltsamen Freundschaft gekommen ist, die mich von da an mit Janssen verband. Gemeint war mit der Frage stets, wie zwei so offenkundig unterschiedliche, nach Wesen, Temperament und habituellem Verhalten sogar höchst gegensätzliche Menschen soviel Interesse füreinander entwickeln und über Jahre hin aufrechterhalten konnten.

Die Antwort liegt, schien mir immer, schon in der Frage. Tatsächlich empfanden wir uns nicht als fremd, aber doch auf anregende Weise anders. In einem Brief hat Janssen einmal geschrieben, daß unsere Verbindung den Polen einer Ellipse entspräche: Menschen mit zwei unterschiedlichen Zentren, die doch auf das gleiche Kraftfeld bezogen seien. Mich selber hatten schon seine frühen Arbeiten beeindruckt, und geraume Zeit bevor wir uns kennenlernten, hatte ich einen der Holzschnitte erworben, die damals Furore machten. Aber der wirkliche Anfang kam Mitte der sechziger Jahre mit der Radierung »Selbst dramatisch«, die mir bis heute als eines der bewegendsten Selbstporträts der zeitgenössischen Kunst erscheint: ein von Gewaltspuren und Wundmalen gezeichnetes Gesicht, in dem weit mehr als ein persönliches Leiden, sondern gleichsam das »Ecce Homo« der zurückliegenden wüsten Jahrhunderthälfte ins Bild gesetzt war.

Natürlich kam bald anderes hinzu. Schon im ersten Zusehen war Janssen als ein Mensch erkennbar, wie ihn sich keine Phantasie erdenken konnte. Immer wie aufgeladen wirkend, direkt, scharfsinnig und wundersam einfallsreich, konnte er eine Kunst der Bezauberung gegenüber allen entfalten, auf deren Freundschaft oder Liebe er es abgesehen hatte. Die Generosität, die er dabei zeigte, seine Anhänglichkeit und sein Mitgefühl waren überwältigend, nicht anders als die selbstverständliche Grandezza, die er nach Laune und Belieben aufbrachte.

Niemals jedoch war man ganz sicher, daß die Stimmung nicht in verwirrend plötzlichem Wechsel kippte und er eine Roheit und Brutalität offenbarte, die jedermann die Sprache verschlug. Diese Unberechenbarkeit vermehrte die hochdramatische Luft noch, die ohnehin um ihn war, und es gab Leute, die seine Gegenwart mieden, weil sie die hektisch flackernde Aura nicht ertrugen, die von

Eines der bewegendsten Selbstbildnisse der zeitgenössischen Kunst: »Selbst dramatisch«, Radierung von 1965.

ihm ausging. Er liebte und haßte gleichermaßen inbrünstig, und mir selber schien schon nach kurzer Zeit, er messe im Guten wie im Bösen die ganze Spanne des Menschenmöglichen aus.

Einige Eintragungen vermerken denn auch den abrupten Bruch von hinreißendem zu abstoßendem Gebaren, so daß die einen, die ihn eben noch geradezu anschwärmten, im nächsten Augenblick zu zittern begannen, während er selber als einmal tyrannischer, dann wieder gnädiger Herr und Beweger des Ganzen immer neue Launen durchspielte. Oft hatte man den Eindruck, sein Schöntun bereite nur einen Ausbruch vor: Er hatte viele quälerische Bedürfnisse abzureagieren, anderen, aber vor allem sich selbst gegenüber. Zu seinen höchsten Genüssen, hat er bei Gelegenheit bekannt, zählten die Wehrlosigkeit und die hilflos suchenden Blicke derer, die in dem Glauben bei ihm aufgetaucht seien, sich auf einen Streit mit ihm einlassen zu können. Nie hat sich mir ohne Rest erschlossen, wie und warum er selbst in den halbwegs beruhigten Jahren soviel auszehrende Macht über Menschen und Gemüter gewann. Dies alles aus der Nähe zu verfolgen und überdies in Zusammenhang mit dem künstlerischen Ingenium Janssens zu bringen, besaß einen einzigartigen Reiz. Es war auch ein Abenteuer, dem niemand sich entziehen konnte, der einen Sinn für die Absonderlichkeiten des Menschenwesens hatte.

Janssen wiederum hat in mir, sofern man dergleichen beurteilen kann, vor allem den unvoreingenommenen, von seinen Launen niemals eingeschüchterten Auskunftgeber gesehen. Als wir zusammenkamen, steckte er tief in der Krise, in die er seit dem Triumphzug seiner in vielen Städten gezeigten Ausstellung der Kestner-Gesellschaft (1965) sowie mit dem Preis auf der Biennale von Venedig (1968) geraten war: »Die größte Kunstsensation«, wie das

amerikanische Nachrichtenmagazin »Time« damals schrieb, »die Deutschland in vielen Jahren erlebt hat.«

Wohin er kam, erweckte er die Faszination einer Theaterfigur: ein Kerl von mehr als hundert Kilo Gewicht, laut und von aufbrausendem Temperament mit dem stets griffbereiten Flachmann als Tröster und Begleiter – aber zugleich mit dem zartesten Strich auf den wie hingehaucht wirkenden Körpern, Puppen und Porträts. Er sei damals, im September 1968, hat er später versichert, in vielfacher Hinsicht am Ende gewesen: mit seiner Kunst sowohl wie »mit Kopf und Körper«. Wir seien uns in dem Augenblick sozusagen über den Weg gelaufen, als er mit dem Entschluß umzugehen begann, aus dem »schönen Sumpf« herauszukommen. Getrieben von dem Verlangen, die »verlorenen und verlotterten Jahre« mitsamt der »falschen« Kunst jener Zeit hinter sich zu lassen, habe sich der »größte Bruch« angekündigt, den er je vollzogen habe. »Hochkommen oder umkommen«, sei seine Maxime gewesen, hat er versichert, und nichts anderes habe ihn veranlaßt, nach allem zu greifen, was sich bot. Womöglich hatte damit auch sein unerschöpfliches Interesse an literarischen, politischen, historischen und anderen Themen zu tun, und mitunter meinte man geradezu augenfällig wahrzunehmen, wie er alles, worauf jemals die Rede kam, buchstäblich in sich hineinsog. Bedauerlicherweise gibt es von jenen frühen Gesprächen keine Aufzeichnungen. Ich begann mit den Notizen erst im März 1971.

Der Zufall tat ein übriges. Einige Zeit vor unserem Zusammentreffen hatte ich die Chefredaktion im Fernsehen des Norddeutschen Rundfunks aufgegeben, um die 1973 erschienene Hitler-Biographie zu schreiben. Das Studio am Blankeneser Strandweg mit dem Blick auf die Elbe, das ich als Arbeitswohnung gemietet hatte, lag einige fünf Minuten von Janssens ebenfalls erst kurz zuvor bezogener Behausung am Mühlenberger Weg. Wie von selbst ergab es sich, daß ich fortan den Weg an meinen Schreibtisch zu einem Kurzbesuch bei Janssen unterbrach.

Er war der anregendste Gesprächsfreund. Meist hatte er, wenn ich morgens gegen neun Uhr bei ihm vorbeikam, bereits eine Art Tagewerk hinter sich und überfiel mich schon am Treppenaufgang mit Einfällen, Fragen oder Ausgedachtem und stülpte über mich, wie er gern sagte, jene »Schallglocke ernsten Geplauders«, der kein Gast entkam, sogar, wie er einmal belustigt anmerkte, sein Rasierspiegel nicht, falls ein Gegenüber nicht zur Hand sei. Was ihn vor allem einnahm, war, wie er einmal schrieb, daß ich ihm von Anfang an offen widersprach und die ihn ständig begleitende Sorge vertrieb, man wolle ihm nach dem Munde reden. In nahezu allen sachlichen Fragen stießen unsere Auffassungen begreiflicherweise hart aufeinander. Aber das machte zugleich den unwiderstehlichen Reiz dieser Gespräche aus, wobei er gern bemerkte, was immer ich einwendete, betrachte er nicht als Widerspruch, sondern als Anstoß für neuartige, von ihm selber bis dahin nie gedachte Gedanken.

Anders verhielt es sich, wenn wir auf Persönliches kamen und ich ihm beispielsweise die »pathetischen Hochsprünge« vorhielt, zu denen er neigte, seine Misanthropien und, wie ich fand, oftmals gespielten Besinnungslosigkeiten. Er war für solche meist ironischen Einwürfe, anders als vielfach behauptet, durchaus empfänglich, doch mußte man, wie ich bald herausfand, den richtigen Ton und den geeigneten Zeitpunkt treffen. Einer Eintragung zufolge, die sich auf das nach Goya gezeichnete Doppelporträt bezieht, hat er den Zustand »vertraulicher Ironie«, den er, abweichend vom Original, in die Hintergrundfigur hineingebracht hatte, als »höchstes Glück« und auch als haltbarsten Grund jeder Freundschaft bezeichnet. Er hatte dergleichen, wie er mehrfach versicherte, bis dahin nicht kennengelernt. Jetzt konnte er nicht genug davon bekommen, auch wenn es auf seine Kosten ging. Als ich ihm einmal seine »zappelnde Emotionalität« entgegenhielt, hat er mich erst entgeistert, dann amüsiert und schließlich fast dankbar angesehen.

Was ihm statt dessen von allzu vielen Seiten entgegengebracht wurde, waren Unterwürfigkeit und Liebedienerei, und manche zollten selbst seinen erschreckendsten Ungezogenheiten Beifall. Natürlich war es dazu nicht ohne sein Zutun gekommen. Er hatte ein weites Netz von Dienstbarkeiten ausgelegt, an dem er unablässig weiterspann. Niemals gab er die Intrigenspiele auf, die durchtriebene Fallenstellerei, und vergnügte sich an seinen Manövern, wenn ihm irgendein »Freund« oder »Hintersasse« unter dem Jubel aller übrigen auf den Leim ging. Verschiedentlich hat er gestanden, wie sehr ihm der falsche Beifall zeitweilig zu schaffen gemacht habe. Er kannte das Schreckbild, das er abgab, war manchmal verzweifelt darüber, genoß es zuzeiten aber auch. Nichts, heißt es einmal, sei ihm so schwergefallen wie der Abschied von der »Rüpelphase« der sechziger Jahre, als er »der anstrengendste Liebling der Hamburger feinen Gesellschaft« gewesen war.

Bezeichnenderweise tritt der blindwütige, außer Rand und Band geratene Janssen in diesen Notizen weitaus weniger häufig auf, als es der Erinnerung vieler wohl entspricht. Das ist zum einen darauf zurückzuführen, daß unsere engere Verbindung in die erste Hälfte der siebziger Jahre fällt, als er sich mehr als jemals vorher oder nachher in der Gewalt hatte und jedenfalls die Zügellosigkeiten der achtziger Jahre noch fernlagen, die manche seiner Freunde angesichts seiner überfallartigen Ausbrüche, wie sie berichtet haben, geradezu in Todesängste versetzten. Zum anderen hat ihn irgendeine Hemmung, über deren Motive hier und da gerätselt worden ist, daran gehindert, sich in meiner Gegenwart so gehenzulassen wie gegenüber nahezu jedermann. Er hat mich einmal gefragt, ob ich, neben allem Vergnügen, auch die Anstrengung wahrnähme, die er sich den Umgang mit mir kosten lasse.

»Die größte Kunstsensation, die Deutschland in vielen Jahren erlebt hat«, schrieb das amerikanische Nachrichtenmagazin »Time« Mitte der sechziger Jahre. Ein Kerl von mehr als hundert Kilogramm Gewicht mit dem stets griffbereiten Flachmann als Tröster und Begleiter – aber zugleich mit dem zartesten Strich.

Im Rahmen dieses Buches mag dieses Ansichhalten durch die Tatsache ausgeglichen werden, daß auch der liebenswürdige, durch Einfühlung und Fürsorglichkeit bezwingende Janssen auf diesen Seiten vergleichsweise selten erscheint. Das hat damit zu tun, daß die gewinnenden Züge eines Menschen selten protokollfähig sind. Was im Mittelpunkt dieser Aufzeichnungen steht, sind Gespräche über »Gott und die Welt«, beziehungsweise, wie Janssen zu sagen vorzog, »den Teufel und die Welt«. Sie enthalten erinnernde, nicht selten bizarre Episoden aus seinen frühen Jahren, Werkstattfragen, Reflexionen über die Gegenwartskunst, seinen Dauerkampf gegen den Alkohol oder die Eifersuchtskomödien, die er beklagte und gleichzeitig anzettelte. Zugleich ziehen viele der Figuren vorüber, die sein Leben begleitet haben, Frauen, Freunde und das vielstimmige Personal, das er in sorgsam gestuften Abhängigkeiten hielt, nicht ohne mehr und mehr in dessen Abhängigkeit zu geraten.

Die Notizen beginnen in überwiegend hellen Tonfarben, auch wenn die Unbeschwertheit jener frühen siebziger Jahre nie ganz vergessen machen konnte, was alles er zu beruhigen hatte. Aber selbst die Einbrüche, die schon damals vorkamen, schienen mir eher vom Übermut eingegeben und von der freilich falschen Gewißheit, ohne jede Mühe allzeit damit fertigzuwerden. Das Bild dunkelt dann allmählich ein, ohne daß Janssen seine staunenswerte Kraft einbüßte, sich immer wieder hochzubringen. Selbst zum Ende hin, als er den Tod näherrücken sah, der wie bei keinem zeitgenössischen Künstler das alle Werkphasen verbindende Motiv seines Tuns und Denkens war, blieb sein Behauptungswille unvermindert, wiewohl durchsetzt von Selbsttäuschungen, die er unausgesetzt erfand und zugleich durchschaute. Zu den mannigfachen Talenten, die er sich gern bescheinigt hat, zählte er auch die Fähigkeit, sich hinters Licht zu führen, nicht ohne irgendwann zu aller Überraschung aus der umsichtig arrangierten Komödie herauszutreten und sich selber bloßzustellen. Zu seinen Gaben rechnete er außerdem die Schauspielerei, in der er, wie eine längere Aufzeichnung beschreibt, tatsächlich eine seltene, wenn auch zur Melodramatik neigende Meisterschaft besaß, ferner seine Überredungskunst, seinen Strategenverstand in Racheangelegenheiten sowie vor allem natürlich die Fähigkeit, die unentwegt andrängenden Depressionsschübe ins Glück einer gelungenen Zeichnung oder Radierung zu retten.

Auffällig versagt hat er demgegenüber vor der Aufgabe, sein Leben im Wortsinn zu »führen«. Nahezu sämtliche menschlichen Bindungen, die er eingegangen ist, haben in irgendeinem Desaster geendet, zumal die immer rascher aufeinanderfolgenden und bald ins so Unübersichtliche geratenden Beziehungen zu Frauen, daß er zuletzt jeden Überblick verlor – sei es, daß er nach neuen Reizen, neuen Spielen und Albereien verlangte, sei es, daß er, wie es einmal heißt, eine Frau einfach »totgeliebt« hatte. Diejenigen, denen er wenigstens eine Art erinnernden Respekts bezeugt hat, bilden die Ausnahme. In der Zeit, als er sich im Hochgefühl seiner in Tagen und Nächten erlangten zeichnerischen Virtuosität jeder Schwierigkeit gewachsen glaubte, hat er geäußert, alles, was ihm zu tun bleibe, bestehe darin, mit dem »bißchen Leben«, das er nebenbei auch noch führe, zurechtzukommen. Es ist ihm nie gelungen.

In allem, was er je unternahm, war eine Art Besessenheit im Spiel. Mit einer kaum faßbaren Energie hat er im Lauf der Jahre ein Werk zustande gebracht, dessen grafische Hervorbringungen nach Zehntausenden zählen, die mehr als hundert Bücher, die er überdies herausgegeben hat, nicht gerechnet. Er habe die Kraft zur Ruhe nicht, hat er wiederholt bemerkt. Weniges hat ihn denn auch so verletzt wie die Bemerkung eines Hamburger Stadtpolitikers, der 1989 öffentlich die Frage stellte, ob das Werk des Künstlers überhaupt umfangreich genug sei, um das Museum im »Katharinenhof« zu füllen, das ihm der Bürgermeister Henning Voscherau in einer großzügigen Geste, wenn auch womöglich vorschnell, angeboten hatte. Unter den Gründen, die Janssen bewegt haben, die schon ergangene Zusage zurückzuziehen, stand diese Äußerung obenan.

Die letzten Ursachen für das Getriebensein, das Janssens Le-

bensgeschichte ausmacht, kommen auch durch diese Aufzeichnungen allenfalls verschlüsselt ans Licht. Sie bleiben, wie die bestimmenden Antriebe eines Menschen durchweg, letzthin rätselhaft. Immerhin treten sie hier mindestens umrißhaft hervor. Wie er aus seinen Hochstimmungen mit ihrem inspirierten Arbeitsfieber Mal um Mal abstürzt, wieder hochkommt, weiterhastet, sich zu neuer Konzentration zwingt, wieder ins Euphorische gerät und das Spiel, niemals entmutigt, wieder aufnimmt: Es ist viel Gleichnishaftes in diesem Dasein. Janssen selber hat mehrfach von dem »Stolperweg« gesprochen, den er zurückgelegt, jedoch sein Leben lang durch seine bewußt hervorgekehrte Selbstsicherheit verdeckt gehalten habe. Viele, die ihn kannten, haben sich nach dem Preis gefragt, den er zu entrichten hatte. Nicht wenige meinen, er habe mit einer zerbrochenen Seele dafür bezahlt.

Janssen im Herbst 1968 zur Zeit seiner
beginnenden Freundschaft mit dem Verfasser.

HINWEISE ZU DIESEN AUFZEICHNUNGEN. Es sind noch einige Anmerkungen zur gleichsam technischen Seite des Buches zu machen. Natürlich hat Janssen nicht, wie es die Entschiedenheit vieler seiner im folgenden vermerkten Äußerungen nahelegen mag, sozusagen in Aphorismen gesprochen. Seine oftmals ausufernden, vom ewig überreizten Temperament beflügelten und nach hierhin oder dorthin entgleitenden Tiraden erscheinen hier durchweg in geraffter und verdichteter Form. Auch hat er die teils erheiternden teils haarsträubenden oder grotesken Episoden, die im folgenden wiedergegeben sind, trotz aller erzählerischen Kunst nicht als sozusagen druckfertigen Text vorgetragen. Vielmehr habe ich sie durchweg erst im nachhinein notiert und dabei, wo immer mir dies angezeigt schien, sogar die Ichform beibehalten. Selbstverständlich hielt ich mich bei alledem aufs engste an die mitgeteilten Tatsachen und blieb auch bemüht, den Janssenschen Sprachduktus bis hin zu einzelnen bildlichen Wendungen zu bewahren.

Janssens orginaler Ton wird in diesen Aufzeichnungen dennoch nicht vernehmbar, schon weil die Emotionalität seines Vortrags sowie die rabulistische, sich aller Mittel und zuweilen auch Tricks bedienende Argumentationsweise nicht oder nur unzureichend wiederzugeben ist. Er spielte gern den Hexenmeister und konnte eine Auffassung mit sezierendem und, sofern er auf Widerspruch stieß, abgefeimtem Witz vertreten. Das eine und das andere, die gedankliche Folgerichtigkeit sowie das niemals fehlende demagogische Element, haben seiner Rhetorik erst jene Gewalt verschafft, der seine Zuhörer, wie sich ungezählte Male beobachten ließ, reihenweise erlagen.

Vielleicht deuten diese Notizen mindestens etwas davon an. Wie er im Einzelnen zu Werke ging, könnte allenfalls eine Tonbandaufzeichnung erkennbar machen, obwohl auch dann noch die Suggestivität des persönlichen Auftritts fehlte. Die Mitschnitte und insbesondere die Fernseh-Interviews, die es gibt, vermitteln nicht einmal einen annähernden Begriff von seiner, wie ich mitunter gesagt habe, »umgarnenden« Verführungskunst. Er selber hat verschiedentlich geklagt, er komme mit den »Verhören« durch die Medienleute nicht zurecht. Bereits die Vorbereitungen, das jeweils aufgefahrene Gewirr von Leitungen und fremdartigen Apparaturen, von Mikrofonen, Scheinwerfern und vielem anderen stürze ihn in eine so hoffnungslose Verwirrung, daß er schon Tage zuvor zur Flasche greifen müsse. »Ich bin da niemals, der ich bin!«

In Rechnung zu stellen ist auch, daß diese Aufzeichnungen vor allem festhalten, was mir wichtig und bezeichnend schien. Fast überflüssig ist folglich der Hinweis, daß in den Gesprächen zumal während der frühen siebziger Jahre von unendlich vielem die Rede war, was keine Notiz bewahrt. Daneben gibt es Gegenstände, die sich, wenn auch in immer anderem Licht, wiederholen wie beispielsweise Janssens Affekt gegen die moderne Kunst oder die Reflexionen über die Ohnmacht, mit der er sich seinen Haßgefühlen, seinen hysterischen Manien und Aggressionen ausgeliefert sah. Doch verlangten diese Gesprächspunkte den mehrfachen Vermerk, schon um die Obsession anzudeuten, mit der Janssen sich seinen Vorzugsthemen ergab. Anderes, worüber eine Notiz vorlag, ist nicht in diese Sammlung eingegangen, weil es im nachhinein von eher beiläufigem Interesse schien oder ohnehin Bekanntes verzeichnete. Wiederum anderes hat, weil mir in der gegebenen Situation die Zeit oder Gelegenheit zur Niederschrift fehlten, keine Berücksichtigung gefunden.

Bei alledem bleibt schließlich zu bedenken, in welchem Maße sich Janssen jederzeit bewußt war, daß er auf einer Bühne stand. Er wollte der große Beweger der Welt ringsum sein, nicht nur der Autor und Hauptdarsteller, sondern womöglich auch noch der geheimnisumwitterte Inspizient, der die Kulissen hochzog, die Beleuchtung einsetzte und die Puppen gleichsam tanzen ließ. Er sprach in ständig wechselnden Rollen, und sooft ein Besucher hinzukam, konnte man beobachten, wie sein Tonfall, die Themen und nicht zuletzt der Grad der Vertraulichkeit unvermittelt umschlugen. Aber er hörte nicht auf zu reden, die phantasievolle Suada ging unausgesetzt weiter und lief, über eine längere Strecke betrachtet, stets auf einen Monolog mit vielen Stimmen hinaus. Jedem bot er sich anders dar. Doch ganz so undurchschaubar, wie er, unserem frühen Gespräch über seine Selbstbildnisse zufolge, sein wollte, ist er nicht geblieben.

Ein Hinweis hat noch den Daten zu gelten, die jeder Notiz vorangestellt sind. Grundsätzlich beziehen sie sich auf den Tag der Aufzeichnung, nicht auf den Zeitpunkt des Vorgangs, von dem die Rede ist. Das mag im Einzelfall zu geringfügigen zeitlichen Verschiebungen führen. Wo immer ein Zweifel aufkam, ist er mit aller erdenklichen Sorgfalt ausgeräumt worden.

Ursprünglich verfolgten dieses Aufzeichnungen lediglich private Motive. Ihnen lag kein anderer Gedanke zugrunde, als das Auf und Ab eines wunderlich genialen Menschen, seine Paradoxien, seine Zerrissenheit sowie das nicht selten lustvoll inszenierte Spektakel seines Daseins in der Erinnerung festzuhalten. Womöglich war auch die Überlegung im Spiel zu erfahren, wo die Rätsel endeten, die Janssens Erscheinung aufgab. Der Gedanke an eine Veröffentlichung hat mich bis zu den Tagen der Oldenburger Rede nie beschäftigt.

Ich gebe, was ich aufschrieb, nicht ganz ohne Besorgnis aus der Hand. Zunächst waren die Empfindlichkeiten derer zu bedenken, die auf die eine oder andere Weise im Leben Janssens eine Rolle gespielt haben, von ihm geliebt worden und dann, wie meist, im Streit geschieden sind. Angesichts der heftigen Gefühle, mit denen Janssens Erinnerung noch Jahre und Jahrzehnte später aufgeladen war, hat er sie oftmals bloßzustellen versucht. Ich habe auf ihre Empfindungen nach bestem Vermögen Rücksicht genommen.

Aber auch Janssen selber kann einen Anspruch auf Schonung erheben. Denn die Gespräche zeigen ihn, womöglich über das hier und da Bekanntgewordene hinaus, in weithin ungeschütztem Zu-

stand. Nicht wenige der Geständnisse, die auf diesen Seiten vermerkt sind, setzen eine Intimität voraus, wie sie zwar zwischen Freunden, nicht hingegen einem breiteren Publikum gegenüber üblich ist. Diesen Vorbehalt bringt selbst die exhibitionistische Laune nicht zum Schweigen, mit der Janssen die eigene Person und ihre Schwächen öffentlich gemacht hat. In einem der Gespräche hat er auf den Unterschied hingewiesen, der zwischen den Formen der Selbstpreisgabe besteht. In Werke der Kunst übersetzt, sagte er, sei alles möglich; im dahingesagten Wort weitaus weniger.

Aus der Entstehungsgeschichte dieser Aufzeichnungen folgt der weitgehende Verzicht auf kommentierende Einschübe, sei es psychologischer oder kunsthistorischer Art, wie sehr sie sich häufig auch anboten. Dergleichen hätte größeren Abstand verlangt, als ich ihn während der Niederschrift besaß, und im nachhinein sollte es nicht sein. Was stattdessen vorliegt, sind die notgedrungen erratischen Zeugnisse eines ungemein reichen und abgründigen, noch in seinen Befremdlichkeiten faszinierenden und im Ganzen, wie ich stets empfand, ergreifenden Lebens, ein Steinbruch vielfach doch enträtselnder Hinweise. Am Ende bleibt, was immer die Notizen vermerken, dem Leser und seiner Bereitschaft oder Fähigkeit anheimgestellt, »die Bilder hinter den Bildern« zu lesen. Das wird ihm insofern erleichtert, als Janssen, wie mir durchweg schien, soviel Teilnahme an seinen Lebensumständen verlangt und mitunter erzwungen hat wie kaum ein anderer Künstler. Stets trat er in allen denkbaren Rollen auf: als Täter wie als Opfer und als deren unnachsichtiger Berichterstatter noch dazu.

Nach »langen, lustigen und entsetzlich verlotterten Jahren« Anlauf zu einem »neuen Leben«: Janssen Anfang der siebziger Jahre. Der Doppelgänger, meinte er zu diesem Foto, zeige seinen »Aufpasser« – halb abgewendet, solange er »nicht in Not« sei.

Damit hat zu tun, daß diese Aufzeichnungen mehr enthalten als die Fallgeschichte eines ungewöhnlichen Lebens. Von den Selbstbildnissen Janssens hat man gesagt, sie eröffneten, über die individuelle Augenblicksverfassung seiner Person hinaus, immer auch einen Blick ins Allgemeine, in die Pathosformeln und Abgründe des Menschlichen. Dieses Buch, das gleichsam ein Janssensches Selbstbildnis von fremder Hand ist, läuft auf nichts anderes hinaus.

1971–1980

5. März 1971

»Also, ich will mal was über mich erzählen«, begann Janssen heute morgen, als wolle er seinem maßlosen Ausbruch vom Vortag gegen E. eine Rechtfertigung oder mindestens eine Erklärung nachschieben. Emotionen seien für ihn niemals nur starke Gefühlsschübe, die er aus sich herauslassen und auf diese Weise hinter sich bringen müsse. Vielmehr nähmen sie immer gleich den Charakter von Krankheiten an – was sie ja tatsächlich auch seien, wenn das, was wir Kultur nennen, nicht ganze Arsenale von sozusagen fiebersenkenden Mitteln dagegen verordnet hätte. Kulturfremd, wie er sei, lasse sich an ihm noch beobachten, was Emotion dem Ursprung nach sei: eine Art Koller, Epilepsie oder Besessenheit.

Harmlos oder unwichtig seien die kleinen, auf das »Balla-Balla« oder die Gedankenlosigkeit von Leuten wie E. zurückführbaren Anfälle. Aber irgendeine Form von stiller, allmählich anwachsender Aggression staue sich in ihm auch vor oder während seiner Arbeitsphasen an. Aggression sei für ihn so etwas wie der Lebensgeist. Sein Zeichnen sei nichts anderes als der Versuch, sie zu zähmen. Solange er der Zirkusdirektor im Affenkäfig seiner Gefühle sei, gäbe es nichts zu klagen. Im Zaum gehaltene Aggression wirke belebend und beflügelnd auf seine Arbeit ein: sowohl quantitativ in der maßlosen Produktivität, die niemals Rücksicht auf die physischen Kräfte nehme, als auch qualitativ im Zugewinn an Formen und Machbarkeiten.

Das gehe aber immer nur eine Zeitlang gut, solange er in seiner Manege der Herr mit der Peitsche sei oder, wenn man es feiner will, solange der Krankheit noch so etwas wie ein Sublimierungswille gegenübersteht. Er müsse dann jeden Tag sich und am besten aller Welt beweisen, daß er sich selber überlegen sei.

Aber früher oder später breche der schöne Bau unvermeidlicherweise zusammen, so daß er sich der Selbsttäuschung und des Theaters bewußt werde, das er aufgeführt habe. Dann komme nichts mehr: aus Schwäche, Erschöpfung, seelischem Blutverlust. Wie alle Menschen erkenne er das aber immer erst im nachhinein. Eine unscheinbare Störung mache meist den Anfang. Im ersten Augenblick empfinde er nur einen unsäglichen Zorn gegen diejenigen, die ihn in seine Emotion hineingetrieben haben – und irgendeiner biete sich immer an. Eine Frau beispielsweise, ein Freund oder sonstwer. Anschließend gerate er in eine Phase der Resignation, falle oder fliehe in die Flasche, rapple sich auf, komme ein bißchen mühsam hoch, nehme seine Peitsche wieder auf, beginne zu arbeiten, suche herum und finde den Weg bis ... bis alles von neuem beginnt.

Es verschlug ihm etwas die Sprache, als ich sagte, sehr überraschend sei seine Eröffnung für mich nicht. Er meinte, mit einer Bemerkung wie dieser könne man jeden Herzenserguß ins Leere kippen.

7. MÄRZ 1971

Als Nachtrag zu seinem »Geständnis« von vorgestern erzählte Janssen die Geschichte von der »schmerzigen Wolke«, die er vor Jahren veröffentlicht hat. In diesem Bild, das ihm inzwischen allerdings ziemlich wehleidig vorkomme und manchmal geradezu geniere, habe er sich selbst als eine unruhige, pralle »Naturerscheinung« dargestellt: »Die Wolke, die sich nicht ausregnen darf. Sie flieht über die Welt und wird sich nicht los.« Überhaupt sei zuviel »Natur« an oder in ihm und zu wenig von dem, was sie bändige – habe er damals gemeint. Heute sei er, rede er sich jedenfalls ein, darüber hinaus.

8. März 1971

Er habe irgendwann eine Wette mit sich selber aufgemacht, äußerte Janssen heute: ob er an den Verrücktheiten, die er vergeblich zu beherrschen versuche, seinen hysterischen Rüpeleien, seinem Haßgestotter und allem dem, was von Zeit zu Zeit über ihn herein- oder aus ihm herausbreche, schließlich zugrunde gehen werde – oder ob er den Übergang ins Disziplinierte schaffen könne, ohne seine Kunst zu verlieren. Vor kurzem noch hätten die Chancen miserabel gestanden, die Latzhosen, die er getragen habe, seien die Uniform eines Verlierers gewesen. Jetzt habe er mit unendlicher Mühe, aber auch dank vieler glücklicher Umstände angefangen, sein Leben zu ordnen. Mit diesem Blankeneser Haus hier, auch dank seiner Freundin Gesche und mancher anderer, sei er dabei, das Rad herumzudrehen. »Aber«, sagte er am Ende, »damit es keine Mißverständnisse gibt: 60 Prozent bedeuten bereits den großen Wettsieg!«

9. März 1971

Von dem Haus am Mühlenberger Weg, in das er aus seinen wilden Jahren floh, um sein zweites oder drittes Leben zu beginnen, erzählt Janssen, es sei als Kutscherunterkunft von einem Hamburger Kaufmann errichtet worden, dem einst ein großes Stück des Blankeneser Elbufers gehörte. Verwinkelt, spitzdachig und mit ein bißchen Schmuckfachwerk sei es an den damals noch unbebauten Rand der Elbterrassen gestellt worden; jetzt liege es im engen Winkel einer Straßengabelung. Doch das Wichtigste seien für ihn die dicken Mauern gewesen: »Meine hohe Burg« habe er das Ganze schon bei der Besichtigung genannt und das kuriose Gesindehäuschen damit sozusagen in den Adelsstand erhoben.

Der erste und letzte Gedanke sei jedenfalls gewesen, daß er endlich sicher sein werde: sicher vor den Nachbarn und den »Maleben-Vorbeikommern«, vor den falschen Freunden oder, wenn die Arbeit es verlange, vor den richtigen auch – und nicht zuletzt vor

der Polizei, die in der Warburgstraße jeden Winkel kannte. Und da er seine Sehnsüchte immer gleich übertreibe, habe er sich eingeredet: sicher natürlich auch vor dem Alkohol, in dessen Armen ihm damals so wohl gewesen sei. Als er mit Verena und Philipp eingezogen sei, habe er geglaubt, der ganzen Welt gewachsen zu sein.

Aufs Ganze gesehen, habe er es in den rund zwei Jahren, seit er das Haus bewohne, auch geschafft. Unter Verlusten natürlich. Und natürlich seien auch seine Ängste nicht weg. Aber sie fänden eine Art Ausgleich in den »Seligkeiten«, die sich häufiger und länger als früher einstellten. Er nenne das Haus daher gern seinen »Himmelsorkus«.

Janssen auf dem Treppenabsatz seines Hauses im Mühlenberger Weg. Rechts der von ihm so genannte »Söller«, auf dem er, seinen Worten zufolge, »alles Glück« empfand, das ihm möglich war.

Reiner Himmel sei Baur's Parkanlage direkt gegenüber, wenn er auf dem Söller den Tag beginne und beobachte, wie sich der Morgen »hochräkele«. Er könne über Stunden nur dastehen und den Blättern zusehen, wie sie ihre Lichtsignale aussendeten und Minute um Minute den einen Blitzpunkt verließen, um vom nächsten Tautropfen weiterzufunken.

Und nirgendwo rede er so gern wie bei seinem morgendlichen »Gang über die Teppiche« im Arbeitszimmer. Am liebsten mit sich selber, wenn er draußen die Augen »sattgemacht« habe: auf dem »Söller«, wie er stets sage, weil es nach »Burg« und »Uneinnehmbarkeit« klingt. Wie passend das Haus für ihn sei, zeige sich auch darin, daß es alle Besucher, die zu ihm kämen, zum Reden bringt: Es sei eben nicht nur Rückzugshöhle, sondern auch Philosophenkammer, Marktplatz, Beichtstuhl und manchmal, leider, auch Kneipe oder Irrenanstalt.

Über die »Rumpelbude« und »Sperrmülldeponie«, die das Haus außerdem sei, rede er nicht, fügte Janssen hinzu. Die gräßliche Unordnung, die ihn ebenfalls quäle, habe damit zu tun, daß er in aller Arbeitswut nicht auch noch dafür Zeit und Geduld aufbringe. Ordnung müsse schon sein; so habe er es als Kind aus der Provinz gelernt. Aber für einen wie ihn besser im Kopf sowie auf Blatt und Kupferplatte.

10. MÄRZ 1971

»Zuviel von meinen Antrieben, zuviel von der Lust, die ich für meine Arbeit brauche, kommt direkt aus der Hölle – oder dem, was Ihr so nennt«, sagte Janssen. Ich hielt ihm entgegen, er überzeuge mich damit nicht. Er rede, als sei er schon wieder auf der Suche nach Rechtfertigungen für irgendein Theater, das er demnächst anrichten werde. Und Koketterie sei ebenfalls dabei. In allem noch so entsetzten Reden über das, was er »Hölle« nenne, sei immer auch die heimliche Sehnsucht danach im Spiel. Und etwas wie Sündenstolz.

11. März 1971

Als ich heute vorbeikam, war G. bei ihm, den er »flüchtig« kannte. G. brachte das Gespräch auf Janssens »Unrast«, nicht im Leben, wie er hinzufügte, sondern für den genaueren Beobachter viel mehr in seinen Zeichnungen, den Radierungen, Büchern, Leporellos und was er sonst noch ohne Unterlaß hervorbringe. In seiner Antwort verzichtete Janssen diesmal auf alles »dämonische Gerede«, wie ich das zu nennen pflege, seine »geliebte Hölle« eingeschlossen. »Es ist nur Spieltrieb!« sagte er, »Bleistift, Papier und was man so benötigt sind meine Eisenbahn! Großes Kind, verstehen Sie?« Er sei eben nie erwachsen geworden. Jedenfalls habe er kein Teil an jenem metaphysischen Getriebensein, das sich alle zugute halten. Und hinzu komme ein Schuß bürgerlicher Existenzangst. Er müsse schließlich auch irgendwie durchkommen. Jeder müsse das, habe ihm sein Großvater, der Schneidermeister Fritz Janssen aus Oldenburg, mit auf den Weg gegeben.

12. März 1971

Mit Janssen, wie schon das eine und andere Mal, über das Hitlerbuch. Ich berichtete etwas über die veränderten Perspektiven und sagte auch, daß unterdessen zwar ein kaum noch überschaubares Material vorliege, aber – wie ich es sähe – manche Fragen noch ausstünden. Und Fragen seien bekanntlich ebenso wichtig oder wichtiger als Antworten.

Ich erzählte vom Spektakel der Reichsparteitage, mit dem ich mich gerade beschäftige, dieser Verbindung aus Heerschau und Pontifikalamt, aus Menschenquadern, Symmetrie und tragischem

Lebensgefühl. Einer der Höhepunkte kam, wenn Hitler die breite, von uniformierten Massen gebildete Straße zu Putzi Hanfstaengls Tristan-Travestie zur Gefallenen-Ehrung schritt – er und seine zwei in gehörigem Abstand folgenden Großkumpane, jeder von ihnen mit scharfem Schlagschatten und einer Art »heraldischer Trauer« im Gesicht. Nach einem kurzen, musiklosen Gedenken, das die Stille gleichsam zum Dröhnen brachte, ging Hitler den hybriden Passionsweg dann wieder zurück. Und abends die Lichtdome, Wagneropern, Kulturreden. Janssen konnte von dem »Bombast« nicht genug Einzelheiten hören. Vor allem die »heraldische Trauer« hatte es ihm angetan; und die »Schlagschatten«. Auf einer Zeichnung sei dergleichen fürchterlicher Kitsch, meinte er. Aber in der Wirklichkeit mache es großen Effekt – wie das Kitschige immer.

Janssen sagte noch, er glaube, daß das »Genie« Hitlers in solchen Inszenierungen zum Vorschein gekommen sei. In allem anderen sei er vermutlich mittelmäßig oder einfach durch Skrupellosigkeit überlegen gewesen. Ein Echo davon habe er noch auf der Napola in Haselünne mitbekommen. Er erinnere sich, mit welcher »Seligkeit« ihn nach der schönen Oldenburger Leere die feierlichen Riten auf der Eliteschule erfüllt hätten: die Fahnenzeremonie am Morgen, das Reih und Glied, das gemeinsame Liedersingen, die gläubig hergesagten Gelöbnisse und was es sonst noch gab: »Es war reine Kirche, aber mit Geländespiel und Lagerfeuer – wunderbar!« Von der sogenannten Weltanschauung habe er kaum etwas mitbekommen – oder nichts behalten. Vielleicht habe das damit zu tun, daß sich die Naziideen für einen wie ihn nicht inszenieren ließen, so daß Hitler »bei den Janssens dieser Welt« gerade auf dem Feld scheiterte, das eigentlich seine Stärke war.

13. MÄRZ 1971

Mit Janssen über Selbstbildnisse. Er leugnete seltsam aufgebracht, daß sie irgendwelche psychologischen Aufschlüsse vermittelten. Er spiele mit sich und seinem Gesicht – das sei alles. Als Gründe seiner Vorliebe nannte er in ungemein langatmigen Ausführungen:

Erstens: Kein Künstler der Gegenwart traue sich, ein Selbstporträt anzufertigen, weil weder sein Gesicht noch seine Kunst dafür ausreichten. »Das gibt mir eine Art Monopol!«

Er habe, zum zweiten, ein hübsches, komödiantisches Talent. Es erlaube ihm, sich nach Belieben romantisch, eklig, närrisch und wie sonst noch in Szene zu setzen. Sogar als jugendlicher Held könne er auftreten, herausfordernd und doch von einer so rätselhaften Melancholie »angehaucht«, daß die Frauen das Zittern in den Knien bekommen. Alles glaubhaft sozusagen, auf dem Blatt Papier noch überzeugender als in der Wirklichkeit – und das schon deshalb, weil das »lügensüchtige Publikum« an einem Künstler nichts so sehr liebe wie die Ehrlichkeit. Wenn er sich treuherzig gebe, laufe es ihm scharenweise in die Falle. Es drängele sich geradezu. »Und höflich, wie ich nun mal bin, biete ich ihm die Möglichkeit, mich als Tugendbold zu erkennen. Meine schönste Rolle.«

Hinzu komme, daß Selbstbildnisse natürlich leichter als alles andere seien. Man könne einfach auf seinem Stuhl sitzen bleiben, und was man benötige, seien ein Stück möglichst altes Papier, ein paar Bleistifte, ein Anspitzer. Dazu Kaffee und Zigaretten. Auch ein Halstuch, eine Mütze, eine Hand vorm Gesicht machten sich gut, und wenn er faul sei oder lustlos, lasse er einfach die eine Gesichtshälfte weg, die Leute nähmen es auch so fürs Ganze. Was er dazu noch brauche, sei allenfalls ein Spiegel – nicht zum Abkonterfeien, sondern um ein Gegenüber zum Reden zu haben. »Das ist schon alles«, setzte er hinzu.

Nicht alles, entgegnete ich. Was er weggelassen habe, sei das womöglich Wichtigste, die Lust nämlich, die ihm das eigene Gesicht bereite, sowie das Bedürfnis, der Welt mitzuteilen, wie es jeweils um ihn bestellt sei. Er krächzte sein »Äh, äh!« dazwischen, den Ausdruck für wohlgelaunten Widerspruch. Ich wolle nur aufs Psychologische hinaus, meinte er. Aber er sei in nachgiebiger Stimmung und räume daher ein, »daß ich mir selber gefalle«. Das sei jedoch ein Geständnis, das einen großen Vertrauensbeweis enthalte und nicht kommentiert werden dürfe.

Etwas später sagte er: Die Selbstbildnisse hätten auch mit seiner Wanderlust zu tun. Denn in keiner Gegend spaziere er so gern herum wie im eigenen Gesicht. »Im 17. und 18. Jahrhundert gab es bestimmte Landschaftsmotive, die man den Schülern als Aufgabe stellte: die idyllische Landschaft, die unwirtliche, dramatische oder heroische Landschaft sowie, weil man noch Konventionen hatte, die klassische Landschaft. Überall da bin ich, nur in meinem Gesicht herumlaufend, gewesen. Und in vielen anderen, die in keinem Künstlerspiegel der Vergangenheit auftauchen, auch.«

14. MÄRZ 1971

Heute, beim Überlesen dieser Notiz, frage ich mich, woher der streckenweise fast leidenschaftliche Widerspruch gegen das Psychologisieren bei diesem vermeintlichen Selbstdemaskierer wohl herrührt. Nicht auszuschließen, daß die unzähligen Rollen, in denen Janssen sich darstellt, vor allem der Selbstverheimlichung dienen. Vielleicht weiß er angesichts der schreienden Widersprüche, die ihn ausmachen, nicht, wer er ist, und will es nicht einmal wissen. Denn wenn er sich je fände, kämen ihm die unendlichen Möglichkeiten abhanden, immer neu und anders aufzutreten. Womöglich hütet er tatsächlich als sein kostbarstes, selbst seinen engeren Freunden nie eröffnetes Geheimnis (»Ach, wie gut!«), daß niemand weiß, daß er Rumpelstilzchen heißt.

Jedenfalls schien er mir viel zu beredt und weitschweifig für seine Ausgangsbehauptung, die Selbstbildnisse gäben nicht den geringsten Hinweis dafür her, wer er in Wahrheit sei. Auch schien mir der zynische Unterton, in dem er sich geäußert hatte, zu bemüht, zu hergeholt, um ihm Glauben zu schenken. Zwar mag er zynisch reden, aber in der Sache selbst ist er es niemals, wie sich immer wieder zeigt. Am wahrscheinlichsten ist, daß er alles sein will. Und vieles, ihm derzeit Unbekanntes, auch noch. Womöglich war meine Frage viel zu direkt und folglich auf Festlegungen aus, die er scheut.

3. Mai 1971

Gesche sei er erstmals in der Kunsthalle begegnet, berichtet Janssen, als er für seinen kurz zuvor verstorbenen »geliebten Lehrer« Alfred Mahlau eine Gedächtnisausstellung veranstaltet habe. Sie sei von puppenhaft ernster Kindlichkeit gewesen, rotbackig und energisch, wie ein bestimmter Frauentyp hier im Norden. Ihm sei, als er sie sah, nur ein bißchen nach Herumalberei zumute gewesen, doch habe sie die Dinge gleich und mit liebenswerter Umstands-

> Gesche habe die Natur auf eine ganz einfache,
> herzliche Weise geliebt, pflegte Janssen zu sagen,
> und ihn damit zur Landschaft verführt.

losigkeit in die Hand genommen. Am Abend, nach getaner Arbeit, hätten sie noch etwas getrunken, und als sie in aufgekratzter Müdigkeit vom Glockengießerwall loszogen, habe das nüchtern gebliebene Mädchen ihn kurzerhand in ihre Wohnung gefahren – was hätte sie auch anderes tun sollen? Dort sei er am nächsten Morgen aufgewacht: verwundert, glücklich und zugleich mit zermartertem Gewissen wegen des »Verrats« an Verena.

Eine Zeitlang sei er dann zwischen beiden hin- und hergerannt – mit kurzen Hochgefühlen und langen Verzweiflungen. Irgendwann habe er erkannt oder sich auch bloß eingeredet, daß Gesche war, was er nach den »räudigen Jahren«, wenn er überhaupt auf halbwegs festen Grund zurückwollte, dringend benötigte: ein »wohliges Temperament« wie das ihre, das jederzeit ausgeruht wirkte und etwas »ungemein Wärmendes« hatte. Und je mehr er herumgegrübelt habe, desto klarer sei ihm geworden, daß Gesche das »neue Leben« sein könnte, nach dem er auf der Suche war.

»Sie war das neue Leben«, setzte er bekräftigend hinzu. Zunächst habe sie ihm, dickköpfig, wie sie war, den Alkohol untersagt und ihm eine Art Vereinbarung abgenötigt, wonach sie »beim ersten Tropfen« das Haus verlassen werde. Aber vielleicht noch wichtiger sei ihre Landschaftsbegeisterung gewesen. Sie liebte die Natur auf eine ganz einfache, herzliche Weise: Wiesen, Tümpel und die unter den Sohlen knatschenden Moore, ein paar windkrumme Weiden darin und ein Graben, der irgendwo entfernt im Grau wegkippte: Mehr mußte es nicht sein. Stundenlang konnte sie mit ausgestreckten Beinen an einer Hecke sitzen, ohne was zu denken. »Wie habe ich sie, zumindest am Anfang, darum beneidet!« sagte er. »Mir mußte immer etwas einfallen: entweder weil in meinem Kopf ein Gedanke lärmte oder weil ich Angst vor der Stille hatte.«

Er sei gewissermaßen in zwei Schritten von sich weggekommen: Gesche, das Naturwesen, wolle heute wie damals nur durch den Morast laufen oder an der Hecke sitzen. »Ich dagegen sehe die Landschaft natürlich mit dem Zeichnerauge an, das immer fragt, ob sich das Bild da auch noch auf zwei Dimensionen behaupten werde; sobald ich meine Eindrücke zusammen habe, muß ich daher nach Hause. Sie ist sozusagen der Feldhase, der sich auf den Äckern herumtreiben will, ich eher so was wie ein Raubkater, der sich seine Beute holt und nach Hause schleppt. Anders ausgedrückt: Sie liebt es, in der Natur ›baden‹; ich mache nur Toilette darin.«

Das sei das eine gewesen, wozu Gesche ihm verholfen habe. Vielleicht noch größere Wichtigkeit komme etwas anderem zu. Die Landschaft sei für den Zeichner immer auch eine Möglichkeit, von sich weg und zu einem »Gegen-Stand« im Wortsinne zu gelangen. Die Hügel zum Beispiel, die er bis dahin gezeichnet habe, seien eigentlich grün gestrichelte Oberarme gewesen. »Jetzt, mit einem Mal, waren sie wirkliche Hügel und ein Birkenwald nicht mehr, wie bis dahin, die Metapher für einen Gitterkäfig, sondern das, was das Wort bedeutet: eben ein Birkenwald.« Und dann, jedes Wort betonend: »Das ist Gesche!«

9. Mai 1971

Janssen: Eine Verzweiflung, das Zum-Tier-Herabkommen im Suff, die hirnlose Geilheit, wenn eine Bett-Hopserei winke, und was es sonst noch an Kopf- und Herzweh gibt: »Nichts davon kann eine schlechte Zeichnung entschuldigen.«

8. Juli 1971

Janssen kam heute auf die Zeit in Haselünne. Oldenburg sei zwar so etwas wie ein Paradies gewesen. Aber in Haselünne habe er gemerkt, daß es noch andere Paradiese gibt, und manchmal habe er damals geglaubt, daß die Welt aus lauter schönen, aufregenden Paradiesen bestehe und man sozusagen von einem ins andere weitergehen könne.

»Als Opa Fritz Janssen gestorben war«, erzählte er, »und Martha, meine Mutter, schwer an Tbc erkrankte, wurde ich von Oldenburg auf die Nationalpolitische Erziehungsanstalt nach Haselünne im Emsland geschickt. Eine Eliteschule mit dreihundert Jungen. Sie lag in einem alten Klostergebäude, aus dem man die Nonnen vertrieben hatte, mitten in einer Gegend aus Heide, Sand und Kartoffeläckern mit ein paar Viehweiden dazwischen. Und da wir alle die Heldengeschichte aus dem Spanischen Bürgerkrieg kannten, die im Alkazar von Toledo spielt (Telefongespräch zwischen General Moscardo und seinem Sohn – unvergeßlich!), nannten wir, die sogenannten ›Jungmannen‹, die düstere Klosterburg unseren ›Alkazar‹. Klar, daß auch wir Helden sein wollten.

Was mir vom Alltag in Haselünne am deutlichsten in Erinnerung ist, waren die ständigen Ordnungskontrollen. Man glaubt gar nicht, wie erfindungsreich die Phantasie in Überwachungssachen ist. Kontrolliert wurden tagein, tagaus: der Fußboden und die Betten, die Spinde, die Wäschestapel, die Fingernägel und was sonst noch alles. Ein Terror mit Lineal und Wurzelbürste. Oberaufseher war der Zugführer, der mit strengem Militärblick herumging und dabei mindestens wie ein Major aussah, wenn nicht wie der liebe, böse Gott. Und wie Gott war er lieb oder böse nur zu unserem Besten.

Ich war trotzdem, wie die anderen auch, nicht unglücklich. Sogar etwas wie Lust war dabei. Denn auch der Terror macht ja Lust, und zwar gerade den Terrorisierten, das wissen die Psychologen der Unterdrückung, mit denen wir es zu tun hatten. Hinzu kam aber, daß wir im Unterricht wirklich beansprucht wurden und etwas lernten, wobei wir nicht mal mit Weltanschauungsdingen behelligt wurden, nicht übermäßig jedenfalls. Und für alle Schikanen entschädigten die Nachmittage: Reiten, Segeln, Schießen, Rudern, Brückenbauen und abends dann Lagerfeuer und Gemeinschaftssingen, angefangen mit der ›Goldenen Abendsonne‹ über die Jugend, die irgendwas ›zwingen‹ werde, bis hin zu ›Deutschland, heiliges Wort‹ am Schluß. Diese Mischung aus Druck, Romantik, Drill und Kameradschaft war es, die damals mein ganzes Glück ausmachte. Natürlich war ich oft verzweifelt über irgendeinen Strafdienst, zu dem jeder von uns reihum verdonnert wurde, es gab auch Karzer und Kloreinigen. Aber ich genoß selbst das. Qual und Befriedigung, Verwirrung, Hochgehobensein: Manchmal denke ich heute, es waren die ersten erotischen Erfahrungen, die ich in Haselünne machte.

Außerdem, nicht zu vergessen, die wegen der vertriebenen Nonnen offen feindselige Bevölkerung – auch die schweißte uns in unserer »Todesburg«, wie wir im Aufschneiderstil der Zeit gern sagten, zusammen. Ferner war da mein Zeichenlehrer, Hanns Wienhausen, der mich ermutigte und meine ersten tastenden Versuche lenkte. Sein Himmel war bevölkert von lauter Ludwig Richters, Caspar David Friedrichs und ähnlichen Künstlern, vermutlich weil sie zu den Großmeistern der unvergänglichen deutschen Kunst zählten. Heimlicherweise liebte er aber auch ›Entartetes‹, Kubin zum Beispiel, wie er mir, seinem Vorzugsschüler, einmal gestand.

Ich hatte damals gerade die ›Hasenschule‹ im Repertoire, und als ich ihm ein paar ›weitergedichtete Szenen‹ daraus zeigte, sagte er zu meiner Enttäuschung: Das komme später! Bei ihm fing alles mit Blättern an, dann Bäume, zunächst kahle, dann belaubte Äste, immer Schritt für Schritt, und zuletzt kleine Genreszenen, Jahrmarktbuden aus Pfefferkuchen, später Figuren dazu, und als so etwas wie ein Meister fühlte ich mich, als ich einen dicken Mann mit Zylinder auf einer unter einem Baum plazierten Holzbank halbwegs ›richtig‹ zustande brachte.«

9. JULI 1971

Heute mit H. bei Janssen. Nach einigem Palaver sagte er, er müsse noch das wichtigste Erlebnis aus Haselünne nachtragen:

»An einem Sommertag 1944 hörten wir während des Unterrichts plötzlich den näherkommenden Lärm eines Flugzeugs und wie von Zeit zu Zeit die Motoren aussetzten oder nur noch stotternd und knallend weiterliefen. Wir rannten zu den Fenstern und sahen in geringer Höhe, gar nicht weit entfernt, eine Maschine mit schwarzer Rauchfahne. Alle schrieen sofort: ›Eine Lancaster.‹ Denn wir kannten uns aus. Und wie wir noch dastanden, wurde auf einmal ein Paket aus dem Flugzeug geworfen. Erst als sich etwa hundert Meter über dem Erdboden ein Fallschirm öffnete, entdeckten wir, daß es ein Mensch war, der da herunterkam und Sekunden später mitten in einem dieser Kartoffeläcker aufschlug. Fast gleichzeitig war zu hören, wie die Flugmotoren wiederum aussetzten, und nach vielleicht zwei, drei Sekunden einer merkwürdig pfeifenden Stille sich etwas weiter weg eine gewaltige Explosion ereignete. Ohne Überlegen rasten wir los, hinter uns ein Lehrer, der Zugführer schloß sich an, und im Verein riefen sie aus Leibeskräften: ›Achtung!‹, ›Stehenbleiben!‹, ›Befehl!‹ undsoweiter. Es half aber nichts. Die ganze schöne Disziplin war wie mit einem Mal zum Teufel, und einen unserer Lehrer hörten wir noch von weitem rufen: ›Er könnte doch bewaffnet sein!‹

Als wir an die Stelle kamen, wo der Pilot aufgesetzt hatte, sahen wir einen Mann in dicker Montur, den Körper ausgestreckt über zwei kaum noch kenntliche Ackerfurchen. Sein Gesicht zeigte einen überaus friedlichen Ausdruck, es war auf gestraffte Weise schön und glich ungefähr den Heldenköpfen unserer Soldaten, die ich ein paarmal als Zeichenaufgabe erhalten hatte: Prien, Mölders, Baumbach, Marseille oder dem namenlosen Ostkämpfer mit der Faust am Abzug der Handgranate. Während wir also, wild durcheinanderschreiend, vor dem Mann standen, der sich einfach nicht rührte und auf keinen unserer Rufe reagierte, da endlich nahm sich einer von uns, der immer den Kaltschnäuzigen machte und als kommende Führerfigur für die noch ausstehenden 989 Jahre des Tausendjährigen Reiches galt, ein Herz und stieß den Piloten mit dem Fuß gegen die Schulter. Er tippte ihn gewissermaßen bloß an und sammelte dann, von einem zum anderen blickend, die Bewunderung ein, die sich bei allen zeigte, weil er wieder mal seine ›Anführergabe‹ bewiesen hatte. Aber bis zu den letzten kam er gar nicht, weil plötzlich jeder erstarrte.

Später sagten fast alle, sie hätten zunächst geglaubt, nicht recht zu sehen. Wo eben noch das stille, strenge Gesicht des Piloten gewesen war, stieg plötzlich eine kleine Staubwolke auf, und Sekundenbruchteile später konnte man in dem Lederteil, das den Kopf umschlossen hatte, nur noch ein klaffendes dunkles Loch erkennen. Erst beim zweiten Hinsehen kapierte man, daß die Montur des Mannes ihr Volumen verloren hatte, als stecke kein Mensch mehr drin. Man hätte glauben können, da liege nur ein abgelegtes Kleidungsstück herum. Und über allem stand, was auch noch gesagt werden muß, eine gleißende, ekelhaft weiße Sonne, die alles entfärbte und selbst das satte Graubraun des Ackers verschluckte. In einer Art von Benommenheit waren wir schlagartig stumm, keiner wagte einen Laut von sich zu geben, sogar der Kaltschnäuzige nicht, und im nachhinein denke ich manchmal, daß ich damals zum ersten Mal eine Ahnung davon bekam, was eine ›Totenstille‹ ist.«

Nachtrag, Juni 1973

Janssen hat in meinem Beisein die Piloten-Episode dem einen oder anderen Besucher, der sie noch nicht kannte, erzählt und dabei Mal um Mal neue, oft geringfügige, aber durchweg grausige Einzelheiten hinzugefügt, einmal sogar, daß dem Piloten unmittelbar vor dem Zerfall des Körpers die beiden Augen aus den Höhlen gefallen und in den Sand gerollt seien – doch bemerkte er seinen Fehlgriff sofort und wollte uns, zur Rede gestellt, weismachen, er habe nur versucht, seinen unbekannten Zuhörer auf die Probe zu stellen. Großes, anhaltendes Gelächter. Aber mitunter dachte ich dann, er habe sich die ganze Geschichte überhaupt nur ausgedacht, um eine eindrucksvolle Metapher für seine Vergänglichkeitsängste vorweisen zu können. Ganz sicher bin ich bis heute nicht.

Aber was besagte es, wenn die Geschichte aus ein paar Wirklichkeitspartikeln lediglich in seinem Kopf entstanden wäre? Sie erschiene dann womöglich noch aufschlußreicher. Denn sie offenbarte, wie tief Janssens Bedürfnis nach einer Begründung für sein panisches Weltgefühl reicht und daß er sich nicht einmal scheut, dafür eine phantastische, angeblich sogar biographisch belegte Geschichte zu erfinden. Vielleicht trifft zu, was ich schon manchmal vermutete: daß das Bewußtsein der Nachbarschaft von Leben und Tod, Erscheinung und Zerfall zu den Impulsen seiner Produktivität gehört; man mußte die Dinge nur anrühren, und ihre ganze Schönheit war dahin.

Damals, im Juli 1971, hat Janssen noch nachgetragen: »Der diensthabende ZvD saß immer im Wachzimmer vorm Schlafsaal. Wenn's einer war, der der Literatur zuneigte und den Dienst mit Lektüre hinbrachte, war's gut. Einer aber, der sich langweilte, legte es natürlich darauf an, Verbotsübertreter zu erwischen, also diejenigen, die im Schlafsaal redeten, was streng verboten war. Die konnte er dann zu Liegestütz 1 – 2 – 3 und Kniebeugen mit Schemel in den vorgestreckten Händen zu sich in die Wachstube beordern. Er brauchte dazu übrigens mindestens zwei Übeltäter. Denn die gegenseitige Scham der Delinquenten war eine Art Gewähr dafür, daß sie die Quälerei bis zum Fast-Kollaps aushielten. Die Anwesenheit eines Zeugen war jedenfalls der beste Folterknecht. Das hatte jeder, der in dieser Welt aufwuchs, sozusagen im Unterbewußtsein, und wenn nicht da, dann im sadistisch geprägten Köpfchen.«

10. JULI 1971

Zu Janssens Bericht noch: Seine Welt ist sichtlich von frühauf eine phantastische, ungeordnete Kinderstube gewesen, voller Puppen, Zaubergeister, Angstmacher und Spukgestalten aus einer romantischen Nebelwelt. Als ich ihn in Andeutungen danach frage, schüttelt er fast ängstlich abwehrend den Kopf: »Bitte nicht!« sagt er. Und dahinein dann, in einer brüsken Kehre, die rigide, straffe, von Verbotsgesetzen beherrschte Welt der Napola. Verrückte Kombination.

Das stumme Drama, das sich in jeder welkenden Blume vollzieht: ein im Text beschriebenes Jugenderlebnis hat Janssen dazu gebracht, in allem Bestehenden die Gleichzeitigkeit von Erscheinung und Zerfall, Leben und Tod zu sehen. »Morgen kommt B.«, 1. August 1974.

11. Juli 1971

Aus gegebenem Anlaß über Richard Wagner. Ich zitierte dessen Äußerung, es sei sein »Unglück«, daß er keine Routine habe. Man konnte geradezu sehen, wie Janssen bei diesem Satz aufhorchte. Zwar könne er mit der Musik Wagners nichts anfangen, sagte er, weil sie ein Maß an Teilnahme verlange, das er nicht aufbringe. Aber die Angst vor der Routine, vor dem Griff zu den einmal bewährten Rezeptzetteln, verfolge ihn unablässig. Er schlage manchmal Umwege nur deshalb ein, weil er sich selber Hindernisse in den Weg legen wolle. Der Trott, zu dem der Erfolg verführt, sei die größte Versuchung für den Künstler.

12. Juli 1971

Mit Janssen über Callot, Goya, Grimmelshausen – vom einen zum anderen. Wir sprachen dann vom Wahrnehmungszwang, dem jeder ausgeliefert sei. Er berichtete von einem Verkehrsunfall unlängst am Blankeneser Bahnhof und den blöden Beschimpfungen in den Zeitungen über die »Gaffer«: Er sei einer von ihnen gewesen. Dann zitierte er den Satz von Kleist über den »Terror des Auges«, die innere Nötigung, bei Unglücken, aufgerissenen Leibern oder schwärenden Wunden, wie gräßlich der Anblick auch sei, hinsehen zu müssen, »als ob einem die Augenlider weggeschnitten seien«. In mein Studio zurückgekehrt, suchte ich bei Kleist nach der Fundstelle, hatte aber keinen Erfolg.

14. Juli 1971

Janssen über seinen Ehrgeiz sowie über seine Fähigkeit, die Welt auf zwei Dimensionen zu bringen und diese Verkürzung niemanden als Mangel empfinden zu lassen. Ich sagte, das beruhe darauf, daß er in Wirklichkeit statt der zwangsläufig entfallenden dritten Dimension eine andere hinzufüge; zwar nicht im geometrischen, aber im metaphorischen Sinn. Und diese fiktive Dimension sei es, von der sich die Menschen so bereitwillig oder gar gierig überwältigen ließen.

Er widersprach und stimmte eine Art Huldigung an, die der Beschränkung auf zwei Dimensionen galt. Die Wahrheit komme einzig bei zwei Dimensionen zum Vorschein, die dritte sei nur »Täuschung und Augentrug«. Es sei genau umgekehrt, hielt ich dagegen. Am Ende amüsante Debatte über den Unterschied zwischen »im Recht sein« und »recht haben (wollen)«.

19. Juli 1971

Janssen heute: Das Publikum bewundere seine Zeichnungen, und er verliere nie mehr die »Ahs!« und »Ohs!« aus den Ohren, mit dem ihn ein bestimmter Typus überschwenglicher älterer Damen herzte, wenn er auf den Ausstellungen erschien. Dazu die Männer, die ihm einverständig die Hand auf die Schultern legten und sagten: »Wo haben Sie das nur her?«

Aber, fuhr er fort, er werde den Verdacht nicht los, daß alle diese Verbeugungen auf einem Mißverständnis beruhten. Denn natürlich verstünden die »Ah!- und Oh!-Rufer« nicht das Geringste. An einer Zeichnung oder Radierung bemerkten sie allenfalls das »Literarische«. Das sei ihr Zugang. Aber das Literarische in der Kunst sei zugleich die Tür, die alles verschließt.

Ich hielt ihm entgegen, daß auch »Ah!« und »Oh!« legitime Äußerungen der Bewunderung seien. Man müsse über Kunst nicht reden können, um davon erfaßt oder sogar ergriffen zu sein. Er solle sich vor den Verehrern in acht nehmen, die sogleich flüssig losparlierten und mit großen Deutungen aufwarteten.

Das schien ihm einzuleuchten. Ich hätte halbwegs recht mit meiner Verteidigung der Sprachlosen. Er fürchte nur, die meisten bewunderten ihn nicht als Zeichner, sondern als den Bürgerschreck, der er nun mal sei. »Die Latzhosen und die Gummistiefel bedeuten ihnen mehr als alle Stilleben, Bäume, Porträts.« Aber irgendwann werde die Wahrheit herauskommen, ob sie »Janssen, den Skandal« oder »Janssen, den Künstler« höher bewerteten.

An der Wand ein soeben fertiggestelltes Doppelselbstporträt, das Goyas Krankenbild mit seinem Arzt Arrieta zitiert. Es zeigt, wie Janssen, halb verwundert, nicht ohne ironisches Interesse, den leidenden Pathetiker Janssen betrachtet.

»Vertrauliche Ironie«, sagt er dazu, »so ist es gemeint. Vertrauliche Ironie ist, was ich mehr als alles liebe. Außerdem ist sie der haltbarste Grund jeder Freundschaft.« Doch habe er, bisher jedenfalls, die meiste Zeit weder die Balance noch die Nerven dazu.

21. Juli 1971

Wir kamen auf den Schriftsteller Harry Hubalek, mit dem mich seit Berliner Tagen, Mitte der fünfziger Jahre, eine freundschaftliche Beziehung verband. Janssen berichtete von den durchsoffenen Nächten, die sie beide, verwirrt von ihrem frühen Erfolg und voller Angst, ihn je wiederholen zu können, auf Schloß Altenhof durchgemacht hätten. Von dem gütigen, den Verrücktheiten seiner beiden seltsamen Schwiegersöhne mit unerschöpflicher Nachsicht begegnenden Felix Bethmann Hollweg, den er sichtlich noch immer liebt. Janssen erzählte auch, wie sie von Altenhof aus im Vollrausch in die Nacht hinausgefahren seien mit dem Porsche, den Hubalek sich, weil er aus dem finstersten Wedding kam, von den ersten Theater-Tantiemen für seinen »Geniestreich« vom Hauptmann und seinem Helden gekauft hatte. Irgendwann auf der Strecke hätten sie einmal ausgemacht, exakt 60 Sekunden lang mit Höchstgeschwindigkeit auf der linken Straßenseite zu bleiben, unabhängig davon, ob und was ihnen entgegenkäme: Zur Not habe es immer

»Vertrauliche Ironie – das höchste Glück und
der haltbarste Grund jeder Freundschaft«, hat
Janssen zu dieser Zeichnung geäußert. Etwas
davon habe er, abweichend vom Original,
in Goyas »Selbstbildnis mit Doktor Arrieta«
hineingebracht.

noch den Alleengraben als Ausweg gegeben. In dieser Herbstzeit seien viele schwerfällige Treckerfahrzeuge unterwegs gewesen, aber zum Glück weniger bei Nacht.

Janssen kam von dieser Erinnerung auf die selbstquälerischen, von Beklemmungen und Verzweiflungsschüben bis hin zum Lebensekel reichenden Stimmungen, in die er immer wieder hineingefallen sei. Einmal habe er sich mit seinem Freund Reini Drenkhahn einen oder zwei Kanonenschläge ans Handgelenk gebunden und dann die Zündschnur in Brand gesetzt. Aber aus irgendeinem nie herausgefundenen Grund sei der Docht verglimmt, unmittelbar bevor sie hätten in die Luft fliegen müssen.

Überhaupt sei er zu jener Zeit ständig mit Selbstmordabsichten umgegangen; er habe sich in einem Dauerzustand von Hochmut, Leichtsinn und Entsetzen vor sich selbst befunden. Heute komme ihm das alles wie ein nie endender Albtraum vor.

23. JULI 1971

Er müsse mich noch mit Reini Drenkhahn bekannt machen, bemerkte Janssen. Das sei ein begabter Maler gewesen, wie er selbst als »große Hoffnung« gepriesen und ein breiter, hünenhafter Kerl. Er habe sich bald mit ihm angefreundet, weil er »mindestens so verrückt« wie er selber war. Reini hatte Kutscherhände, bewegte sich in Körper und Kopf reichlich schwerfällig und hatte etwas »Brütiges« an sich: »Reini, Du kannst nicht denken«, habe er ihm gern vorgehalten, »Du kannst nur grübeln.« Aber zugleich war er überaus verletzlich, eine Eiche sozusagen, die beim ersten Windhauch kippte. »Ungelenk wie in seinem Äußeren war er auch im Reden«, fuhr Janssen fort, »was meine Stärke war und wofür er mich grenzenlos bewunderte.« Ganz eng zusammengebracht habe sie dann die Kneipe, die sie 1953 an der Außenalster betrieben. Und natürlich die »Lafette«, wie sie das genannt hätten, die Reihe der hochexplosiven Ölkanister, über denen sie unausgesetzt mit dem Feuer spielten.

Besser als durch jede Beschreibung ließe sich Reini Drenkhahn durch eine Geschichte charakterisieren. Er habe mal bei Nacht auf einer Bank am Jungfernstieg eine Frau entdeckt, sich kurzentschlossen neben sie gesetzt und versucht, sie in ein Gespräch zu ziehen. Als die sichtlich unglückliche Frau stumm blieb, habe er ihr etwas Gutes tun wollen und schließlich auf den Mond gedeutet, den sie auf den Wellen herumhüpfen sahen: »Soll ich Ihnen den da rausholen?« habe er sie gefragt. Doch die Frau starrte weiter schweigend und offenbar verzweifelt vor sich hin. Das habe Reini, vom Mitgefühl überwältigt, als Aufforderung verstanden und sei, wie er war, ins Wasser gesprungen. Als er nach ein paar Minuten mit leeren Händen zurückkam, war die Frau weg – und er tief enttäuscht. »Schon für diese Geschichte habe ich ihn geliebt!« fügte Janssen hinzu.

28. JULI 1971

Von München zurück auf dem Weg ins Studio Station bei Janssen. An der Wand eine ganze Anzahl inzwischen gezeichneter und radierter Arbeiten; vorwiegend »Kopien« nach Dürer, Caravaggio, einigen Japanern. Auf dem Tisch ein paar flüchtig notierte Skizzen für morgen oder übermorgen.

Er sagte, eigentlich sei der Begriff »Kopie« unzutreffend. Wie sehr er sich auch um eine genaue Wiedergabe bemühe, werde doch immer Janssen draus. Wirkliche Kopien gebe es gar nicht – jedenfalls nicht in seinem Fall sowie bei keinem Künstler von einigem

Ausdruck und Charakter. Immer schlage sein eigenes Temperament durch. Wenn er demnächst einem begabten Zeichner begegne, werde er ein Experiment mit ihm verabreden. Von einem beliebigen Gegenstand, einer Keksdose oder einer Streichholzschachtel, soll der andere die erste Hälfte so pedantisch wie möglich und ohne alle »Kunst« abzeichnen, er die andere Hälfte. Er sei sicher, jeder Betrachter werde auf den ersten Blick den Unterschied wahrnehmen. Kein Zeichner kann sich so verleugnen, daß die Person ausgelöscht erscheint. »Immer wieder will ich die Dinge, so wie sie sind, einfach nur abbilden. Aber ich schaffe das nicht. Ich erfinde sie eigentlich immer neu.«

Janssen berichtet, neuerdings werfe man ihm vor, er würde aus Einfallslosigkeit die Kunstgeschichte plündern. »Aber den Laden«, sagt er dazu in sichtlich bewußt gewähltem Vulgärton, »möchte ich erst mal kennenlernen, aus dem ich klaue.«

29. Juli 1971

Wieder über Hitler. Er habe keine Vergangenheit zu bewältigen, bemerkte Janssen, nicht einmal durch die Flucht in den internationalen Stil beispielsweise der »Ecole de Paris« oder irgendeinen anderen Zeitgeist. Auf die Napola sei er als eine Art Waisenkind durch eine Parteikommission gelangt – unschuldig rein und unschuldig wieder raus. Verträumt, wie er gewesen sei, habe ihm nichts und niemand beikommen können: An der Unschuld beiße sich selbst das Böse die Zähne aus.

1. August 1971

Wenn er irgendwann die Fähigkeit zur Selbstkritik verliere, bemerkte Janssen, höre er mit dem Zeichnen, der Kunst und am besten mit dem Leben auf. »Dann gibt es keinen Janssen mehr.«

Nach einigem nachdenklichen Hin- und Herlaufen setzte er hinzu: Aber wie merke man das? Auf andere höre er bekanntlich nicht, und niemanden belüge man so gern wie sich selbst. »Ich auch!«

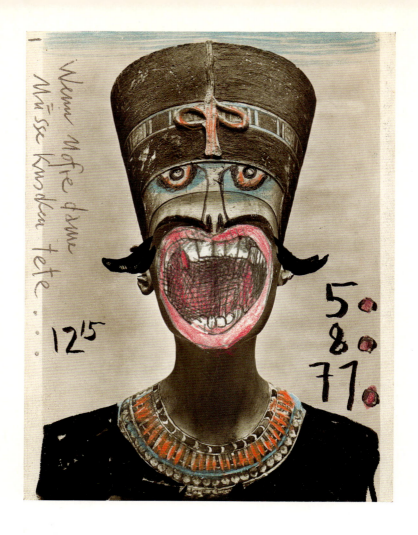

5. August 1971

Während unserer Morgenunterhaltung holt Janssen ein paar Kunstpostkarten und beginnt sie, wie in den vergangenen Tagen mehrfach schon, nach einem kurzen, prüfenden Blick umzuzeichnen. Aus Dürers Bild einer jungen Frau entsteht durch einige verändernde Striche und Übermalungen ein altes Marktweib, aus Anton van Dycks Bildnis einer Stuart-Tochter eine Turbanträgerin, aus Toulouse-Lautrecs Jane Avril ein zahnloser Alter mit aufgeschwemm-

Eine Zeitlang liebte Janssen es, Bildpostkarten umzuzeichnen, nicht selten Dutzende in einer Stunde. Die berühmte Büste der Berliner Nofretete verwandelte er in eine Nußknackerin mit aufgerissenem Maul. Dazu schrieb er in Albernheitslaune: »Wenn Notre dame Nüsse knacken tete.«

ten Backen und aus der Berliner Nofretete eine Nußknackerin mit dem albernen Text: »Wenn Notre dame Nüsse knacken tete«. Unablässig redend, arbeitet er noch etwa ein Dutzend weiterer Karten um. »Nichts Ernstes!« sagte er dazu. »Bloß ein kleines Picknick für die Phantasie!«

8. AUGUST 1971

Er liebe die Platitüden, eröffnete Janssen unser Morgengespräch, kaum daß ich eingetroffen war. »Heute morgen, 5 Uhr, stellte sich eine mit apartem Knicks bei mir vor und erklärte, ich brauchte wie jeder Mensch die Liebe. Aber ich sollte sie nicht nur als Krücke beim Weiterstolpern betrachten. Was mir fehle, sei die Fähigkeit, die Liebe um ihrer selbst willen zu lieben.

Das wollte ich mir nicht nachsagen lassen, und so gab's einen längeren Streit. Ich hielt dem Fräulein Platitüde entgegen, daß ich die Liebe nicht brauchte, wenn's keine Verzweiflung gäbe. Darauf ließ sie sich aber nicht ein. ›Das eben ist der Fehler!‹ meinte sie, und als ich zu einer langen Tirade ansetzte, war sie plötzlich verschwunden. ›Die Platitüden‹, rief ich ihr hinterher, ›haben auch kein Benehmen mehr!‹«

10. AUGUST 1971

Die Großzügigkeit, mit der Janssen Zeichnungen verschenkt, kommt nie ganz ohne Hintergedanken aus, wie mir heute deutlich wurde. Natürlich will er den gerade Anwesenden beglücken. Aber ebenso wichtig (oder manchmal noch wichtiger?) ist ihm, einen Dritten, dem die Arbeiten längst versprochen waren, dadurch zu kränken. Einmal verkaufte er mir eine Zeichnung und schrieb bei der Übergabe auf das Blatt: »Aus der Sammlung XY«. »Hoffentlich sieht's der vermeintlich Beschenkte beim nächsten Besuch!« sagte er dazu.

11. August 1971

»Herr Vollmer im Büro am Ausschlägerweg, wo ich als Gelegenheitsarbeiter mit Reini Drenkhahn einige Zeit arbeitete, war die Verkörperung des Büropedanten. Ein bißchen Spitzweg, ein bißchen feiner Herr, ein bißchen Gogol. Er trug nie anderes als einen abgeschabten Nadelstreifenanzug. Die Ellenbogen waren ausgebeult, der weiße Hemdkragen nicht ganz frisch, die Schuhe etwas zu schwerfällig für den Herrn, der er sein wollte und vielleicht auch war.

Wenn er mittags pünktlich kurz vor halb eins das Büro verließ, um in ein nahes Restaurant zu gehen, absolvierte er Tag für Tag das gleiche Ritual. Mit wenigen großen Schritten trat er vor den Garderobenspiegel, zog die Krawatte zurecht, versuchte, das lappig herunterhängende Kavalierstuch aufzuzupfen, feuchtete die Fingerspitzen an und fuhr sich damit über die dünnen Haarspitzen. Dann griff er nach dem Hut auf der Ablage, drehte ihn ein paarmal in Augenhöhe hin und her und setzte ihn nach kurzem Hochhalten mit beiden Händen auf, wobei er jedesmal einen kleinen Knicks vollführte. Jetzt war er gewappnet, rief noch ein knappes ›Mahlzeit!‹ zum Sekretariat hinüber und verschwand. So jeden Tag.

Drenkhahn und ich waren zu jener Zeit völlig mittellos. Das bißchen Geld, das wir für unsere Arbeit erhielten, reichte gerade für die zweimal 1 Mark 50, die wir für unsere Tagesration Doppelkorn und die Zigaretten brauchten. Aber für den Spaß, den wir uns eines Tages ausgedacht hatten, sparten wir und kratzten alles zusammen, setzten uns sogar eine Zeitlang auf halbe Ration. 7 Mark 30 war die Riesensumme. Damit kauften wir einen Hut der gleichen Marke, wie Vollmer ihn besaß. Die Pointe bestand darin, daß er zwei Nummern kleiner war.

Im Lauf des Vormittags vertauschten wir die beiden Hüte und machten uns zur Mittagszeit mit irgendeiner sinnlosen Tätigkeit rund um das Sekretariat zu schaffen. Als Vollmer um 12 Uhr 25 den Raum zu seinem Ritual betrat, die Krawatte gerichtet, das Kavalierstuch bezupft sowie die Haarenden geglättet hatte und schließlich nach dem Hut griff, um ihn senkrecht von oben auf den Kopf zu drücken, stellte er entgeistert fest, daß der Hut zu klein war. Er wiederholte die Prozedur, in der sich für ihn so etwas wie die unerschütterliche Ordnung der Welt spiegelte, ein ums andere Mal, blickte um sich, machte dann, unschlüssig und verwirrt, ein paar Schritte zu den Sekretärinnen hin, besann sich aber. Ein wütender Blick streifte auch uns, bevor er noch einmal vergeblich versuchte, den Hut aufzusetzen. Schließlich verließ er die Räume ohne Kopfbedeckung und ohne das gewohnte ›Mahlzeit!‹.

Als Vollmer in vermutlich unausdenkbarer Unruhe sein Essen eingenommen hatte und früher als üblich zurückgekehrt war, griff er als erstes wieder nach dem Hut. Aber, o Wunder! Der Hut paßte, da wir in der Zwischenzeit die beiden Kopfbedeckungen erneut ausgetauscht hatten. Kopfschüttelnd ging Vollmer in sein Büro, kam auch noch mehrfach in die Garderobe zurück, um mit immer neuer Verblüffung festzustellen, daß der Hut paßte. Die Welt schien wieder in Ordnung.

Doch am folgenden Tag machte er die seltsame Erfahrung aufs neue, und an allen weiteren Tagen der Woche auch. Schließlich suchte er einen jungen Arzt in der Nachbarschaft auf und berichtete ihm von der merkwürdigen Wahrnehmung, daß sein Kopf im Hungerzustand offenbar anschwelle und jeweils nach dem Essen wieder auf Normalgröße schrumpfe. Der sichtlich geistesgegenwärtige Arzt erwiderte, er habe soeben einen Aufsatz über dieses Phänomen in einer amerikanischen Fachzeitschrift gelesen. Zwar gebe es noch keine erprobte Therapie dafür, aber dem Aufsatz habe er, dank seiner medizinischen Kenntnisse, immerhin entnehmen können, welches Mittel der seltsamen Zivilisationskrankheit womöglich abhelfen könne. Er verschrieb Herrn Vollmer irgendeine weiße Salbe, und als wir rund acht Tage später aus Langeweile das Spiel beendeten, stand Vollmer morgens im Büro und sprach, entgegen aller sonstigen Wortkargheit, beseligt vom Wunder seiner Heilung.

Und wohin wir danach bei Erledigung der Firmenaufträge kamen, hörten wir das Lob des Dr. Dehnkamp singen, der es als junger, unbekannter Arzt im unansehnlichen Hamburger Büroviertel geschafft hatte, die Ursachen einer seltenen Krankheit zu erkennen und das geeignete Heilmittel dagegen zu verschreiben.«

14. August 1971

Janssen heute: große Konzeption und penible Ausführung oder das Ineinander von Inspiration und Pedanterie: Das sei, neben dem »guten Handwerk«, fast schon alles, was ein Künstler benötige, um ein Werk zustande zu bringen, das Beachtung verdient.

9. September 1971

Gespräch mit Janssen, wie in letzter Zeit schon mehrfach, über die Formveralberungen der zeitgenössischen Künstler. Ich äußerte wieder den Verdacht, die Willkür der Künstler komme nicht aus der souveränen Beherrschung der Form, die gleichsam zum Spielen freigegeben werde, sondern eher aus einem Mangel an Sicherheit. Wir sprachen über die stümperhafte Anatomie von Beuys, dessen unsicheren Strich, selbst wo er einen Elch zeichne, und daß die Kritiker die zitternde Linie gern auf die »Angst« als Grundgefühl der Epoche zurückführten. Angst dürfe man haben, sagte Janssen, aber nicht beim Zeichnen. Niemand sei ungeeigneter, die Angst darzustellen, als der ängstliche Zeichner oder Maler.

Später kamen wir darauf, mit welcher bis zur Verzweiflung reichenden Besessenheit die Künstler der italienischen Renaissance mit den Problemen von Perspektive, Vordergrund und Hintergrund gerungen hätten und daß noch Dürer sich damit abmühte.

»Zählen alle nicht!« meinte Janssen. Denn die Verachtung derer, die vor uns waren, gehöre auch zum Stümper, sei sogar dessen untrügliches Erkennungszeichen.

10. September 1971

Janssen noch einmal über das Thema von gestern: Bevor seine Angst zur Katastrophe führe, mache er eine Zeichnung. Das helfe fast immer. Ausgenommen die Zeiten im »tiefsten Alkohol«, weil er dann nicht so zeichnen könne, daß »die Angst das Weite sucht«.

27. September 1971

Janssen schreibt von einer Reise durch Norwegen/Schweden/Norwegen am 23.9.71, er habe während der Fahrt mehrfach, ganz ohne Zusammenhang, einfach nur »Mein Lieber!« gerufen, so daß Gesche sich geradezu erschreckte. Dann folgt die Begründung, die fast eine Art Liebeserklärung ist: Er habe immer wieder das Bedürfnis nach den Reflexionen, die wir anstellten. In allem, was ich vorbrächte, sei sozusagen auf die freundlichste Art keine Rücksicht darauf genommen, ob's seinen Vorstellungen oder seinem Geschmack entspreche. Er selber sei doch immer in der Sorge, etwas könne dem befreundeten Gegenüber nicht gefallen. »Deswegen vertraue ich mich nie dem anderen ganz an«, schließt er, »und meine ›Offenheit‹ ist nur eine partielle. Woraus zu ersehen ist: No home!«

Fünf Zeilen später der letzte Satz des Briefes: »Wind kommt auf.« Ich antwortete mit einer Karte, die diese Bemerkung zitiert und anfügt: »Hoffentlich nur klimatisch gemeint!«

10. Oktober 1971

Janssen wieder über Gesche. Die Natur: ein staubiger Feldweg, ein paar windschiefe Weidenstämme oder eine Wetterfront mit einem Regenvorhang komme ihr für alle Erotik auf, die sie benötige, be-

Anfang der siebziger Jahre habe er von der
Hochstapelei, die sich »Kunst« nennt, Abschied
genommen und die Welt der Erscheinungen
entdeckt: das Einfachste, das zugleich das
Anspruchsvollste ist.

merkt er. Vor einiger Zeit schon sei ihm aufgegangen, daß sie für die Liebe kein Bett brauche, sondern das meiste, was sie an Sinnenlust erwarte, beim Zusammensitzen auf einem der gewaltigen Norwegen-Kiesel vor dem rollenden Meer befriedige oder in einer Sandwehe hier um die Ecke mit dem Picknickkorb auf der ausgelegten Decke. Und alles, was da an der selig vor sich hin Dösenden vorbeigehe, sei nur der Tag, der aber so vertieft in sich selber daherkomme, daß er achtlos weiterläuft.

Zu Gesche passe auch, meinte Janssen weiter, was sie literarisch liebe: Knut Hamsun beispielsweise, Joseph Conrad, Hermann Löns und dergleichen. Dazu Schubert- und Schumann-Lieder. Ein paarmal habe sie ihn mit ihrer ganzen mädchenhaften Barschheit zurechtgewiesen, als er sich über die oftmals naiven Texte lustig gemacht habe, die da vertont worden seien: von schlagenden Nachtigallen und eingewachsenen Ritterbärten, von Müllerslüsten, wehen Waldhörnern und verführten Forellen.

Vielleicht verschaffe Gesche sich aber aus solchen Vorlieben das »sanfte Gleichmaß«, das er durch sie erst kennengelernt habe. Für sie existiere nur die Gegenwart, und deshalb, denke er manchmal, sei sie so ausgeglichen und immer zuversichtlich. Sie lasse sich nicht einmal auf Hoffnungen für irgendein Morgen ein. Und was vergangen ist, bedeute ihr noch weniger. Statt dessen finde sie sich in dem zurecht, was gerade ist. Irgendein Instinkt für das »Glück« sage ihr, daß Erinnerung zum Pessimismus verleite und Hoffnung zum Verdrängen.

Er wisse nicht, ob das richtig sei, meinte Janssen. Aber klüger sei es, wenn er an sich selber denke, auf jeden Fall.

16. Oktober 1971

Janssen berichtet von der Eifersuchtsschlägerei, zu der es 1953 mit und wegen seiner neuen Liebe Judith Schlottau gekommen sei. Um seine Verzweiflung zu »erwürgen« und sich stark zu machen, habe er zuvor eine »ganze Batterie Aquavit« geleert und noch Rum obendrauf geschüttet. Kaum daß er sich, »nicht ganz gewaltlos«, Zutritt zu der Wohnung der Schlottaus verschafft habe, seien schon die Krüge und die Messingaschenbecher herumgeflogen und er in einen Ringkampf mit dem Mann der Geliebten verwickelt gewesen. Bis er plötzlich, er wisse bis jetzt nicht wie, ein Messer in der Hand gehabt und Judith verletzt habe. Als er aus halber Benommenheit zu sich kam, sei schon die Polizei dagewesen und habe ihn ins Untersuchungsgefängnis abgeführt.

Das Gericht habe ihn im März 1954 zwar vom Mordversuch freigesprochen, aber wegen der Trunkenheit zu einer Bewährungsstrafe von sieben Monaten verurteilt. Vielleicht wäre er noch besser davongekommen, wenn er sich nicht so »prozeßblöde« verhalten hätte. Denn auf alle Fragen, ob er Judith Schlottau habe umbringen wollen, habe er wahrheitsgemäß geantwortet: »In dem Moment – natürlich ja!« Sein Rechtsanwalt habe ihn flehend angesehen. Aber er sei nicht umzustimmen gewesen – aus tiefem Respekt, den er als »Provinzmensch« vor dem Gericht empfunden habe.

20. Oktober 1971

Ich kam noch einmal auf Janssens Selbstbezichtigung in seinem Brief aus Norwegen zurück: Als Anpasser falle er eigentlich nicht gerade auf; und alle die Besucher, über die aus oft geringfügigen Anlässen die Schalen seines Zorns niedergegangen seien, wären von diesem Eingeständnis sicherlich überrascht.

Er meinte dazu, es sei immer nur »die irre Angst«, die ihn verleite, den Leuten zum Munde zu reden. In seiner Gefängniszeit habe er aus gewöhnlichstem Opportunismus CDU gewählt, weil er sich eingeredet habe, wo der Hauptschlüssel zur Macht liege, müsse auch der zum Gefängnistor zu finden sein.

24. Oktober 1971

Janssen nannte die annähernd dreißig Zeichnungen, die er von der Reise durch Norwegen mitgebracht hat, seine »Goethe-Zeichnungen«. Die klare, dem Auge selbst an warmen Tagen merkwürdig kalt erscheinende Luft des Nordens bilde alles Wahrnehmbare: die gestrichenen Häuser, die Geröllberge am Ufer oder ein paar im Wind herumtaumelnde Krähenvögel so gestochen scharf ab, daß er mit seinem bißchen Zufallskenntnis an Goethe gedacht habe. An die Ergebenheit vor der Natur jedenfalls, so daß man nur noch zu »notieren« habe. Vor dieser Landschaft falle alles »Ich« vom Betrachter ab.

10. November 1971

Janssen über Tantchen, die Schwester seiner Mutter, die sich seiner, als er 1944 nach Hamburg kam, angenommen hat. Sie sei seine unendliche, sogar angebetete und dennoch am Ende verratene Liebe gewesen. Sie habe ihn, als er noch minderjährig war, mit Schlaumeierei und etwas Bestechung auf die Landeskunstschule bugsiert und sich rasch ein liebenswertes, durch den Künstlerberuf noch ins Exzentrische idealisiertes Bild von ihm zurechtgemacht. Ständig sei sie dabeigewesen, die »kleine Ikone« mit frühen Lorbeerkränzen zu verschönern. Einem »Genie« dürfe man nicht kleinlich kommen, meinte sie und sah »in jeder meiner Ungezogenheiten oder Schlimmerem« bloß Himmelstürmerei. »›Ist es nicht verständlich?‹ hielt sie allen entgegen, die immer wieder Grund hatten, sich über mich zu beklagen, ›er muß sich nun mal abkühlen!‹ Sie glaubte unbeirrbar und mit dem Starrsinn einer in die Jahre gekommenen Frau an mich und mein Talent.« Alles werde sich beruhigen, hielt sie der Empörung entgegen, sobald »der Junge erwachsen« sei. Denn eigentlich sei er »herzensgut«.

»Bei der Gerichtsverhandlung wegen meiner Messerfuchtelei war

Janssen mit seiner Mutter Anfang 1935: Sie sei »streng und stolz« gewesen, hat er bemerkt, und ihm in seinen kindlichen Gedanken stets als »schöne Löwin« erschienen.

sie deshalb nach Verlesung der Anklageschrift ganz außer sich. Schnaufend sah sie unter ihrem Kapotthut immer wieder in die Runde. Als sie aufgerufen wurde, trat sie mit ein paar energischen Schritten an den Richtertisch, nestelte an ihrer Handtasche herum und zog schließlich ein vergilbtes, an den Rändern eingerissenes Foto hervor. ›Herr Vorsitzender‹, sagte sie und gab sich erkennbar Mühe, dem Protokoll der großen Leute da über ihr durch eine gewählte Ausdrucksweise gerecht zu werden, ›die Worte des Herrn Staatsanwalts haben mich tief erschüttert. Der Herr Staatsanwalt weiß nicht, wer Horst Janssen ist. Er hat ihn als unbeherrscht, zügellos und grausam geschildert, und das Herumstechen auf die arme Judith war sicherlich nicht schön.‹ Dann, mit einem überraschenden Gedankensprung: ›Aber das ist eben die Kunst! Man kann die Künstler nicht mit unseren Maßstäben messen. Wenn sie Kunst machen, gehen sie sozusagen aus der Welt raus. Was der Herr Staatsanwalt beschrieben hat, war der Horst Janssen, wenn er ›draußen‹ ist. Aber das ist nicht der wirkliche Horst Janssen!‹«

Dann habe sie dem Richter das mitgebrachte Foto so dicht wie möglich vors Gesicht gehalten. »Es zeigte mich«, fuhr Janssen fort, »mit fünf oder sechs Jahren auf dem Schoß meiner Mutter, etwas in sie hineingedrückt, mit engelsblonden Locken und verträumten Augen über dem gebügelten Rundkragen und den blitzenden Perlmuttknöpfen. ›Nicht das Bild, das der Herr Staatsanwalt gezeichnet hat!‹ rief Tantchen mit fester Stimme, so daß es der ganze Saal hören konnte: – das war nicht der eigentliche Horst Janssen! Das hier ist Horst Janssen!‹ Da mache sie keiner irre!«

17. November 1971

Er liebe, sagte Janssen heute, nicht nur die Maskerade, sondern ebenso die Entblößung: »Der venezianische Karneval war vielleicht die schönste Erfindung der Menschheit«, meinte er. Aber der wirkliche Höhepunkt sei die Stunde vor Aschermittwoch gewesen, wenn die Masken abgenommen wurden und jeder als der erkennbar wurde, der er war – worauf jedoch nur ein neues, maskenloses Maskenspiel einsetzte.

18. November 1971

Über Wolf Stubbe, den »Kaplan des Hamburger Kupferstichkabinetts«, wie Janssen ihn nennt. »Der konnte«, sagt Janssen, »zwei Stilleben so präsentieren, daß man meinte, sie seien von ein und demselben Künstler. Aber dann begann er zu erklären, warum die Arbeiten aus zwei verschiedenen Jahrhunderten stammten und eine völlig andere Sichtweise bezeugten; daß sie nicht einmal entfernt verwandt miteinander waren, sondern ganze Galaxien zwischen ihnen lagen. Unglaublich!«

6. Dezember 1971

»Immer, wenn ich in eine dieser jubilierenden Stimmungen gerate, die mich glauben machen, daß die Welt zu meinen Füßen liegt, setzt schon die Angst vor dem Absturz ein.«
Den reinen Jubel gebe es für ihn nicht, sagte Janssen. Wer empfindliche Organe habe, könne es im Untergrund schon poltern hören, während er oben noch alle Welt umarme.«
Dann: »Hütet Euch vor meinen Hochstimmungen!«

8. Dezember 1971

Janssen nachmittags in aufgeräumter Laune bei uns in der Holztwiete. Er spricht mit der Gewißheit dessen, der sich im Sicheren weiß, von seinen »euphorischen Depressionen« mit dem immer wiederkehrenden Augenblick, »an dem die überspannte Sehne reißt«. Manchmal allerdings sei der Riß auch von ihm herbeigeführt, weil er sich in die Selbsttherapie retten wolle. Gegen Depressionen helfe nichts besser als ein Wutausbruch.

Später die Frage, wie viele Leute eigentlich zur gleichen Zeit den gleichen Unfug über eine Sache reden müßten, damit man vom »Zeitgeist« sprechen könne.

26. Dezember 1971

Janssen in Hochstimmung, aber ohne das Überborden und die exaltierte »Wackelei«, die sich vor seinen Abstürzen in aller Regel einstellt. Einmal sagt er, man müsse viele Lügen erfinden, damit die Wahrheit den Menschen wahr vorkommt. Als spräche er von einem anderen Menschen, meint er im weiteren, für sich betrachtet sei sein Leben ganz logisch, denn es bestehe aus lauter Widersprüchen. Als der Worterfinder, der er ist, spricht er in anderem Zusammenhang von seinem »ozeanischen Glücksgefühl«. Ungewöhnliche Wendung, die aber das sich streckende Behagen, die Weite und Umarmungslust seines derzeitigen Gemütszustands treffend ausdrückt.

29. Dezember 1971

Janssen versichert, er habe von den Mordgedanken, die ihn immer wieder überfielen, seit dem fehlgeschlagenen Versuch gegen Judith Schlottau nie ganz lassen können. Da die wirklichen Morde aber stets im Kopf erdacht und ausgeführt würden, wo alles in schöner, gedehnter Grausamkeit ablaufe, könne man auf den wirklichen Mord, der doch nur ein kurzer, banaler und blutiger Vorgang sei, mühelos verzichten. »Denn alle Lust will Langsamkeit«, verballhornte er Nietzsche.

Er jedenfalls, meinte er resümierend, führe seine Morde nur noch in Gedanken und natürlich auf dem Papier aus.

2. Januar 1972

Seine große Schwäche sei, sagte Janssen heute, daß er immer alles todernst nehme, auf dem Zeichenblatt wie im Leben. Er habe sich nie Abenteuer geleistet. Meinen Widerspruch, wonach meine Vorstellung von einem abenteuerarmen Leben anders aussehe als so vieles, was ich von ihm wüßte, wischte er beiseite. Als ich beharrte, lenkte er schließlich ein: »Im Leben vielleicht, ja, im Leben manchmal.« Um dem Thema eine harmlose, ins Unterhaltende überleitende Wendung zu geben, erzählte er dann von einigen frühen Eroberungen. Die Geschichte mit der melancholischen H. beispielsweise.

Das Problem sei immer das Nachher gewesen, ließ er sich aus. »Vor dem Bett« habe er sich stets aufgekratzt, übermütig und voll von Einfällen gegeben. Die Auserwählten hätten große Augen gemacht, ihm andächtig an den Lippen gehangen, auch sich vor Lachen gebogen. Denn Menschen zu bestricken und für sich einzunehmen sei vermutlich das stärkste Talent, das er mitbekommen habe. »Irgendwann«, fuhr er fort, »gingen wir nach dem fröhlichen Aufgalopp in ihre Wohnung, warfen uns aufs Bett, rissen die Kleider herunter – naja, das kennt man. Aber was tat man, wenn alles vorbei war? Das war die ewige Verlegenheit. Ich lag dann da, die Hitze weg, die Gier, die Sehnsucht, und dachte nur noch: Wie kommst Du hier wieder raus? Du willst sie nicht kränken, wirst sie ja morgen oder irgendwann wiedersehen, ihre Blicke und ihr Lachen waren bezaubernd gewesen und die fröhliche Turnstunde auch.« Aber im Augenblick habe er nur noch zurückgewollt ins Eigene.

Dieses Verlangen sei jeweils bald so aufdringlich geworden, daß er fast verzweifelte – bis ihm einmal, bei der milden H., der rettende Gedanke gekommen sei. »Mühsam und mit schwerfällig wirkenden Gliedern erhob ich mich vom Lager«, berichtete er, »schlurfte durch das dunkle Zimmer die paar Schritte zum Fenster hinüber und starrte versonnen ins trübe Licht der Straße.« Und dann, nach einer längeren Pause, habe er zu einem tief aus dem Innersten kommenden Seufzer ausgeholt, ihn langsam verenden lassen und in die Stille hinein, wie unter Tränen und mehr zu sich selbst hervorgebracht: »Wir sind alle so einsam!« Und dann noch einmal, möglichst tonlos: »So unendlich einsam!« Nach kurzem Innehalten habe er die Geliebte raschelnd aus dem Bett steigen und auf nackten Sohlen neben sich ans Fenster treten hören. »Sie umarmte mich, sah mich in herzzerreißender Ergebung an und nickte still vor sich hin. Ein, zwei Schluchzer noch, die ich erwiderte, und dann ließ sie mich gehen, überwältigt von der Einsicht, daß es mit der Einsamkeit wohl so sei, wie ich gesagt hatte.«

»Diesen Abgang hab ich mir von da an mehrfach verschafft. Keine hat ihn mir je nachgetragen. Manche bekamen noch Jahre später, wenn wir uns wiedertrafen, feuchte Augen. Denn inzwischen hatten sie, was einst bloß eine treuherzig-schöne Redensart für sie gewesen war, als eine Lebenswahrheit erfahren.«

10. Februar 1972

Bemerkungen aus den letzten Tagen, aufgrund meiner großen Zeitnot zusammenhanglos auf einzelnen Notizzetteln vermerkt:

– Er sei »von Elend, Alkohol und Angst« manchmal geradezu paralysiert; aber das Zeichnen mache ihn wieder frei.

– »Nie darf aus einer Zeichnung die Anstrengung heraussehen, die man hineingesteckt hat. Kunst ist Anstrengung, die am Ende, wenn alles vorbei ist, wie Vergnügen daherkommen muß.«

– »Es belustigt mich zu hören, daß die Welt aus dem Chaos entstanden sei. Chaos ist immer noch, überall. Nur auf dem Zeichenpapier stellt sich Ordnung ein – die einzige, die es gibt.«

– »Man muß das Publikum mit der Wahrheit belügen oder auch in die Wahrheit hineinbetrügen. Ich frage mich, ob das geht. Aber ich versuche es jeden Tag.«

12. Februar 1972

Am Ende sprach Janssen heute von seinem Vater, den er nie kennengelernt hat und dessen Existenz von der Familie allezeit verschwiegen wurde. Er habe ihn nie vermißt. Das Leben bestehe aus großen und kleinen Sehnsüchten, sagte er. »Nach dem Vater empfand ich nicht mal die kleine. Er hätte nur meine schöne, geordnete Welt, in der alles am rechten und manchmal unrechten, aber liebgewonnenen Platz war, durcheinandergebracht. Was sollte er da? Es gab nicht mal die leere Stelle, wo sein Platz hätte sein müssen.«

Die Zweifel, die ich dazu anmeldete, räumte Janssen etwas zu ungeduldig beiseite, als daß ich ihm glauben mochte. Man rede zwar vom »Vaterinstinkt«, sagte er, den jeder besitze. Er jedoch wisse nicht einmal, was das sei; seine Abstammung offenbarten die Zeichnungen an der Wand. Er habe viele Väter, und die habe er sich sozusagen adoptiert. Von Baldung Grien über Velasquez bis zu Menzel. »Kann man eine bessere Herkunft haben?« fragte er.

29. März 1972

Gestern und heute mit Janssen über Thomas Mann, über den »Zauberberg«, »Lotte« und den »Erwählten«. Dann über die »Buddenbrooks«, deren Leitgedanke ihm offenbar bekannt war, doch ließ er sich den Verlauf der Romanhandlung in großen Zügen noch einmal erzählen. Ich fügte nach bestem Vermögen das eine und andere Porträt der auftretenden Personen ein, von Christian und seiner »Qual auf der linken Seite«, von »Tränen-Trieschke«, dem Makler Gosch sowie Sesemi Weichbrodt. Die Skurrilitäten, die Thomas Mann den Figuren gegeben hat, die leicht karikaturhafte Aura, die bis hin zu Tony Buddenbrook, Herrn Grünlich und dem unsäglichen Herrn Permaneder reicht, entzückten ihn. Von Hanno sprechend, memorierte ich die lexikalische Darlegung, die mit den Worten beginnt: »Mit dem Typhus ist es folgendermaßen bestellt ...« und die in dem Gedanken ausläuft, daß es vom Willen des Erkrankten, sei es zum Leben, sei es zur Abwehr der bunten, wirren Stimmen, die dafür stehen, abhängt, ob er gesunden oder sterben werde. Er bat mich, das Buch mitzubringen.

30. März 1972

Ich las Janssen die Passagen über den Tod Hannos vor und, weil er mehr hören wollte und ich einmal am Zuge war, auch noch die Sterbeszene der Konsulin. Als ich endete, liefen ihm die Tränen herunter, und um ihm etwas Distanz zu seinen Gefühlen zu verschaffen, erzählte ich ihm von der Äußerung Thomas Manns, mit dem Tod wisse er umzugehen, in Todeskämpfen sei er »nun mal stark«. Noch während er sich die Tränen mit dem Hemdkragen wegwischte, schien er plötzlich eine Art handwerklicher Eifersucht zu empfinden und rief dazwischen: »Ich aber auch! Ich auch!«

8. April 1972

Wir sprachen über seine »hochtrabende Hitze«, wie ich das nannte, und wie in seinen Verdammungslaunen die ganze Welt zu Bruch gehe. Er hörte sich alles ruhig und mit einer fast blasierten Gravität an, als setzten ihn meine nicht unkritischen Bemerkungen geradezu ins Recht. Am Nachmittag brachte ein Taxibote einen »Merkzettel«, der die Worte enthielt: »Nirgends ist's hübscher als in sichtweiter Distanz zum Größenwahn. Nur wer ihn sieht, glaubt sich wirklich und genießerisch groß und vermeidet den Wahn.«

11. Mai 1972

Auf dem Papier hasse er jede Flüchtigkeit, jeden Konzentrationsmangel und die Unordnung; alles, was ungenau sei aus Übereilung oder genialischer Pfuscherei. Er brauche Ruhe, Ausgeschlafenheit,

Erinnerung an die Reise ins Tessin und
nach Italien vom Sommer 1972: Blick vom
Hotelfenster auf die Dächer von Venedig.

Sammlung, Regelmäßigkeit. Also alles, was der Welt draußen entgegen sei. Habe man je bemerkt, fragte er, daß das Wort »Trubel«, das dafür steht, die gleiche Wurzel hat wie das englische Wort »trouble«?

Als eine Pointe setzte er hinzu: »Vor dem Papier bin ich gewissermaßen ein Engländer.«

2. JUNI 1972

Janssen in einiger Aufregung über die Reise nach Locarno, zu der ihn Gesche offenbar erst überreden mußte. Jetzt aber glücklich, den Entschluß gefaßt zu haben. Er werde unsere Morgengänge vermissen, meinte er. Drei Wochen, immerhin. Doch habe er sich vorgenommen, mir täglich zu berichten. »Und keine Antwortbriefe, bitte!« fügte er hinzu. »Ich schreibe nur, um etwas loszuwerden – Geschehenes, Gedachtes, Empfundenes, was ich nicht für mich behalten kann. Meine Briefe sind, wie mein Reden und mein Zeichnen, eigentlich nur Monologe.«

25. JUNI 1972

Janssen wieder zurück. Unsere Morgenunterhaltung, die ich vor Jahr und Tag zu seinem Unwillen auf dreißig bis vierzig Minuten beschränkt hatte, heute fast zwei Stunden, weil er die ungezählten Erlebnisse: Maggia, Verzasca und Venedig, nicht für sich behalten konnte oder wollte. Dazwischen immer wieder überaus anschauliche Schilderungen von den dunstigen Bergwänden, dem unter einem Wolkenspalt aufleuchtenden Grün unterhalb der Baumgrenze oder den »bunten Lampions auf der Spiegelfläche des Sees«, sobald die Nacht hereinbrach. Einmal sprach er auch von den Abwaschweibern am Tresen ihres Frühstücksrestaurants und dem Kater um

ihre »dökrigen Augenpartien«, wenn sie, wie er vermute, an die vergangene Nacht zurückdachten und an den kleinen Pagen vom Seehotel nebenan, dessen ungelenke Strampeleien ihnen aber nicht die Befriedigungen verschafft hatten, auf die sie aus gewesen waren. Alles sehr wirklichkeitsnah und von großer Einfühlungskraft.

Er hatte an die fünfunddreißig Zeichnungen mitgebracht, eine annähernd nochmal so große Anzahl als Gastgeschenk hier und da zurückgelassen. Ich fragte ihn, warum er sich soviel Mühe mit der Zeichnerei mache, wenn er mit Worten offenbar weit leichter und nicht weniger anschaulich zu zeichnen verstehe. Er fühle sich, sagte er, sehr geschmeichelt und habe für diesen Tag beschlossen, alle Ironie in meiner Bemerkung zu überhören.

13. AUGUST 1972

»Die Götterknilche da oben haben sich's einfallen lassen, mich reich zu beschenken. Aber da sie Kaufleute sind, haben sie sich's bezahlen lassen. Sie haben mir ein verrücktes Temperament und obendrauf noch den Alkohol gegeben. Wenn sie mich gefragt hätten: Ich hätte diese Geschenke nicht geschenkt haben wollen.«

> Janssen mit seiner ersten Ehefrau Marie Knauer, der es gelang, ihn – auf Zeit zumindest – aus der hektischen Unrast seiner frühen Jahre zu befreien: »Es waren herznahe Zeiten«, hat er in Erinnerung an sie gesagt.

15. August 1972

Wir sprachen von seinem, wie ich es nannte, »Hang zum Apokalyptischen«, zu »großen und kleinen Weltuntergängen«.

»Nur zu den kleinen«, erwiderte er, »oder denen, die den Leuten klein erscheinen.« Und er mache die Weltuntergänge noch ein bißchen kleiner, weil er am liebsten den winzigen Augenblick vor dem Eintritt der Katastrophe festhalte, wenn alle sich noch an eine aberwitzige Hoffnung klammerten: »Die ist das Fürchterlichste.« Aus diesem Grund habe er immer wieder Blumen und Stilleben gezeichnet, die kaum wahrnehmbare »Weltsekunde«, wenn die Ränder sich unter der verborgenen Hitze oder einfach aus Altersschwäche zu kräuseln beginnen, manche auch schon einen ersten Anflug des Verwelkens zeigen, das sie morgen umbringen wird. »Wäre ich nur mit meinen Gefühlen davor, hielte ich es nicht aus. Zum Glück muß man beim Zeichnen ganz kalt sein. Also mache ich mich kalt und ziehe mich sozusagen am Bleistift aus der Krise.«

»Achtung, Kalauer!« kommentierte er den letzten Satz. »Leider nicht«, entgegnete ich, »nur ein verunglücktes Bild!«

16. August 1972

An der Wand vor Janssens Arbeitstisch einige gerade fertiggestellte Kopien. Ich nannte ihn einen Vielfraß und neuen Gargantua. Angesichts der guten Laune, in der er sich befindet, nahm er die Bemerkung als Kompliment. In der Tat sei sein Hunger riesengroß und wachse noch mit allem, was er in sich hineinstopfe.

Dann malte er das Bild noch aus. Das Goya-, Rembrandt- oder

Füssli-Fleisch sei köstlich, eine Delikatesse. Aber bei den Künstlern der zweiten Reihe höre er manchmal im »kopierenden Kauen«, wie die zarten Knöchelchen krachten und glatt den Schlund hinuntergingen. »Wunderbar!«

17. AUGUST 1972

Janssen über seine Ehe mit Marie Knauer, die er gegen den entsetzten Widerstand der »stockbürgerlichen Eltern« geheiratet habe, bald nachdem er aus dem Gefängnis gekommen sei – weil er endlich »ein bißchen Sicherheit« haben wollte. Die Flitterwochen hätten sie auf Sylt verbracht, weit weg von der Welt. Alle Verrücktheiten, alle Schlägereien und Abführungen auf die Polizeiwachen seien plötzlich weg gewesen: »Sie schlief, ich arbeitete und wachte über unsere Idylle – es waren herznahe Zeiten.«

Leider habe er das, wie immer, nicht durchgehalten. Ein paar Jahre immerhin. Auch habe Marie ihn, als ihre Tochter Lamme geboren wurde, vom Alkohol weggebracht. Es sei die Zeit gewesen, als die Holzschnitte entstanden: »Mein Durchbruch zu mir selbst.« Dann sprach er unvermittelt von seinem »langen, unsäglich kurzen Leben«.

18. August 1972

Janssen wieder, so gerührt wie belustigt, über Tantchen, die Schwester seiner Mutter, die ihn adoptiert und bei sich in der Warburgstraße aufgenommen hatte; über ihre Eigenarten, Verdrehtheiten und liebenswerten Marotten. Am Ende habe er sie in die Flasche »hineingeschupst«, weil sie es anders nicht mehr mit ihm ausgehalten habe. Aber um ihn nicht zu verführen, habe sie den Doppelkorn immer aus der Kaffeetasse getrunken. »Wir dürfen ihm doch kein schlechtes Beispiel geben«, sagte sie zu Hans-Werner, ihrem riesenhaften Begleithund, sowie zu den Nachbarn die Straße rauf und runter. »Sie sagte übrigens immer ›neif‹ statt naiv; sie fand es, so gesprochen, lautmalerisch weitaus treffender.«

20. August 1972

Janssen über die herrschende Kunstideologie: »Schrecklich, die Künstler, die was zu sagen haben oder sich was zu sagen machen. Sie stellen nicht die Welt in ihren Erscheinungen dar, sondern lauter Gedanken dazu, die sie gar nicht haben.«

10. Oktober 1972

Janssen wieder bei uns in der Holztwiete. Zu »Oma Siemers«, einer seiner Zeichnungen von 1962, die er dort sah: Sie sei eine dieser spinnwebfeinen, vom Alter gleichsam entmaterialisierten Damen der guten Hamburger Gesellschaft gewesen. Da sie schon in natura wie von ihm gestrichelt gewirkt habe, durfte er kein »Strichel«-Porträt von ihr zeichnen. Folglich habe er sich einfallen lassen, ihr gesamtes Gesicht aus lauter kleinen und größeren Totenköpfchen zusammenzubasteln. Denn schon damals habe er damit begonnen, sich technische Aufgaben zu stellen.

Später sei ihm dieser Damentypus, fuhr er fort, noch oft in den Elb-Cafés aufgefallen, wo sie mit spitzen Fingern, den kleinen rechten kokett abgespreizt, in ihren Tassen rührten und dabei dünn und glucksend lachten. Alles edelgrau in edelgrau. Die Sinnlosigkeit, die ihre Tage ausmachte, hätten sie wie ein lange zurechtgelegtes, etwas mottiges Sterbekleid getragen – aber zierlich, nach der Art junger Mädchen, die sie ihr Leben lang geblieben waren.« »Und wenn man genau hinguckte«, schloß er, »entdeckte man die tausend Totenköpfchen in ihren blaßrosa Gesichtern – wie bei Oma Siemers.«

24. NOVEMBER 1972

Verena, Janssens dritte Frau, gestern zusammen mit ihrem gemeinsamen Sohn Philipp im Mühlenberger Weg. Ausführlicher Bericht, wobei Janssen vergessen zu haben scheint, daß ich zeitweilig dabeigewesen war. Er äußert sich in milder, väterlich stolzer Stimmung. Anekdote über Philipp, der zeitweilig bei »Tante« Gatermann, einer ehemaligen Nachbarin aus der Warburgstraße, gewohnt habe. Nach einem der Alkoholexzesse, in die ihre Besuche bei Janssen fast regelmäßig ausarteten, habe sie einmal erschöpft, verwirrt und sozusagen »auf den Tod krank« in ihrem Zimmer gelegen, als Philipp hereinkam. Er sah das zerschwitzte Bett und vernahm das anhaltende Stöhnen, so daß er sich auf Fußspitzen in die Küche begab, um ein feuchtes Tuch zu holen, das er ihr anschließend behutsam auf die heiße Stirn legte. Tante dankte es ihm mit einem kaum merklichen Nicken des Kopfes und einem ersterbenden Blick, woraufhin Philipp herzzerreißend zu schluchzen anfing. Bewegt von seiner Fürsorge, hob »Tante« die schwache Hand zu ihm hin und flüsterte dazu die Worte: »Aber Philipp, mein guter Philipp! Du mußt nicht weinen! Es ist ganz fürchterlich! Aber sterben muß ich noch nicht! Nicht heute, lieber Philipp!«

Philipp muß sie so verblüfft angesehen haben, daß eine Ahnung davon noch durch alle feuchten Tücher in ihren verkaterten Kopf drang. Jedenfalls hat sie später behauptet, ihr sei sofort aufgegan-

»Manche älteren Damen der Hamburger Gesellschaft«, sagte Janssen, »waren so entmaterialisiert, daß man bei genauerem Hinsehen die ungezählten Totenköpfchen entdeckte, aus denen ihre Gesichter eigentlich gemacht waren«: Porträt der Frau von Siemers aus dem Jahr 1962.

gen, daß sie irgendeinem Irrtum erlegen war. Der kam auch sofort ans Licht. Denn kaum hatte Philipp das Würgen im Hals und das Weinen halbwegs überwunden, sagte er, noch immer mit den Tränen kämpfend: »Ich weine doch nicht, Tante, weil Du sterben könntest! Du wirst schon nicht sterben! Ich weine über mich! Weil ich so gut zu Dir bin!«

Janssen meinte, das hätte auch er sagen können, und schob gleich noch eine weitere Anekdote hinterher. Tante habe eines Tages für irgendein Familienfest einen Korb mit vierzig Eiern gekauft und in der Küche abgestellt. Als Philipp ihr während der nachfolgenden Aufräumarbeiten mit verdächtigem Interesse um die Beine strich und trotz ihrer mehrfachen Aufforderungen nicht in sein Zimmer ging, habe sie, nichts Gutes ahnend, den Korb hoch auf dem Tellerschrank plaziert, bevor sie zu neuen Erledigungen aufbrach. Bei ihrer Rückkehr habe sie dann gleichwohl die befürchtete Bescherung vorgefunden: Der Korb mitsamt den Eiern lag auf dem Boden, der Schrank selber war über und über mit einer seimig ziehenden Masse bedeckt, während Philipp mit einer Miene scheinheiliger Ahnungslosigkeit tat, als könne er sich keinen Vers auf das Geschehene machen.

Zornig habe sie den etwa Sechsjährigen hochgehoben und geschüttelt, als wolle sie ihn gegen die Wand werfen. Als sie nicht von ihm abließ, habe Philipp in höchster Not gerufen: »Tante! Hör auf! Keine Gewalt! Und ehe Du mir jetzt was antust: Bedenke den Kräfteunterschied!«

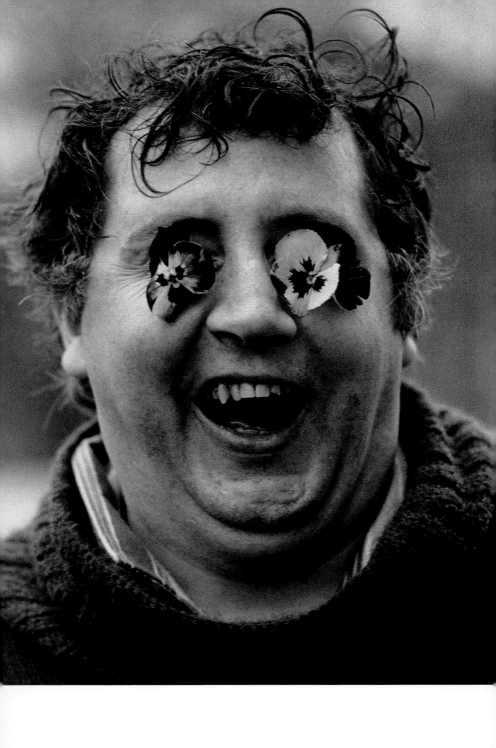

25. November 1972

Janssen kommt noch einmal auf die »wunderbaren Verena-Jahre« zurück. Sie seien gerade zu Ende gegangen, als unsere Freundschaft begann, so daß ich Verena nie »nach Verdienst« kennengelernt hätte. Er habe immer gewußt, was ihm mit ihr verlorengehe, aber seine Unruhe habe ihn von ihr weggetrieben. Vielleicht habe er auch geahnt, daß er, um nach rund drei Jahren endlich aus den Gummistiefeln rauszukommen, eine andere Frau benötigte und ein »unverbrauchtes« Regiment. So ähnlich jedenfalls. Aber das Glück, der Übermut und die schöne Verlottertheit der letzten Verena-Jahre seien nirgendwo genauer festgehalten als auf dem Thomas-Höpker-Foto, wo er als fetter Kerl aus vollem Halse mit zwei Stiefmütterchen auf den Augen in die Kamera lache. Natürlich sei das eine »affige Pose«. Aber er werde, sooft ihm die Aufnahme vor Augen komme, gerührt, weil im Hintergrund immer, mit sozusagen duldend-besorgtem Blick, Verena sei.

26. November 1972

Er sei, sagte Janssen, Ende der sechziger Jahre aus der geliebten Warburgstraße und damit vom Rand der Innenstadt weggezogen, weil das Haus Nr. 33 zum Abbruch vorgesehen war. Aber daß er bis zum Mühlenberger Weg nach Blankenese »flüchtete«, habe auch mit den Aufgeregtheiten jener Jahre zu tun. »Plötzlich spielt die Zeit verrückt, sagte ich mir. Was sollte ich da noch mit meinen Verrücktheiten?« 1968 sei bekanntlich das Jahr der Studentenrevolte gewesen, und den Umzug habe er gewissermaßen als seine persönliche

Das berühmte, verschiedentlich sogar nachgestellte Foto von Thomas Höpker hielt Janssen für »affig«. Aber der Anblick rühre ihn jedesmal, sagte er, weil er sich dadurch an die Zeit mit Verena erinnert fühle.

Im Hinterhof des Hauses Warburgstraße 33.
Obere Reihe von links nach rechts: »Tantchen«
Anna Johanna Janssen, der Regisseur Hark
Bohm, Verena Janssen und Bohms Frau.
Untere Reihe: Philipp Janssen, Janssen sowie
»Tantchens« Labrador Hans-Werner.

Revolte gegen die Revolte aufgefaßt. Jedenfalls habe er sich das so zurechtgelegt. »Gegen die Bilderstürmer auf der Straße zog ich mich in meine private Bilderburg zurück. Manche sagten, sie sei aus Elfenbein.« So was müsse man wohl ertragen.

Einzig leid sei es ihm um Tantchen gewesen. Er habe sie nicht mitnehmen können, weil es am Mühlenberger Weg zu eng gewesen sei. »Aber sie klagte: ›Der Junge geht weg! Er läßt mich allein!‹ Das ist mir lange Zeit nicht aus den Ohren gegangen. Sie starb dann aber noch vor dem Umzug.«

27. NOVEMBER 1972

Über die großformatigen Zeichnungen und den Sommer im Haus des Architekten Garten, als er fast jeden Tag als »Belästigungshonorar« eine Arbeit anfertigte und seinen »Wirtsleuten« am Ende eine ganze Sammlung vermachte. Die Zeichnungen sicherten seinen Ruf als »Genie«. Janssen erzählte die amüsante Geschichte, wie er zu dem Ruf gekommen sei, sich für Rembrandt zu halten. Irgendein Kritiker, womöglich Wieland Schmied, habe von einem Selbstporträt mit Pudelmütze gesagt, die ungewöhnliche Kopfbedeckung lasse in Form eines ironischen Zitats, wie es für Janssen bezeichnend sei, an Rembrandts Mann mit dem Goldhelm denken. Im Handumdrehen sei in den Hamburger Zeitungen daraus gemacht worden, man müsse »diesen Janssen schon mit Rembrandt« vergleichen. Das ließ die Redakteure in Lüneburg oder Buxtehude aufhorchen, und einer aus Winsen schrieb dann, Janssen halte sich »mindestens« für Rembrandt.

Das wurde einem der ernsthafteren Kunstkritiker denn doch zu bunt. In einem bekümmert-attackierenden Artikel schrieb er, wie man höre, vergleiche Janssen sich inzwischen mit Rembrandt, fühle sich ihm sogar überlegen (»Man kennt Janssens Maßlosigkeit!«), und meinte, man solle Janssen zu seinem eigenen Besten vor so viel Selbstüberheblichkeit warnen. In einem offenen Brief habe er, Janssen, dann dem Kritiker für die Attacke gedankt. Nach all den Eseleien, die er in der zurückliegenden Zeit über die Gleichsetzung mit Rembrandt gelesen habe, seien die Dinge wieder klargestellt. Es sei höchste Zeit gewesen, habe er hinzugefügt. Denn inzwischen habe er selber schon begonnen, manchmal jedenfalls, sich für Rembrandt zu halten.

Wir kamen dann wieder auf die außerordentliche Serie von Zeichnungen im Haus Garten zurück. Sie lägen derzeit weit hinter ihm, sagte er, eine oder zwei Welten mindestens. Natürlich denke er gern an jenen Sommer zurück und an die Freiheit, die er sich damals erobert habe. Aber mitunter, in selbstkritischen Augenblicken, beschleiche ihn der Verdacht, er habe in jener Zeit weniger gezeichnet als nach Art eines Hochstaplers »Kunst« hergestellt.

28. November 1972

Er habe, sagt Janssen in Ergänzung zu unserem Gespräch von gestern, niemals der Gesellschaft die Schuld an seinen Ungezogenheiten gegeben. Anfangs habe er gedacht, mit diesem Argument leisteten sich ausgemachte Schlaumeier einen ziemlich dummen Witz. Aber dann habe er beobachtet, wie alle darauf flogen: die Anwälte, Gutachter, Richter, Zeitungen und wer sonst noch mitreden wollte. Er habe, wie jeder wisse, immer Sinn für Albernheiten gehabt. Aber die inzwischen von jedermann nachgeplapperte Behauptung, alle Schuld liege bei der Gesellschaft, sei ihm zu weit gegangen. So kaputt oder weinerlich sei er nie gewesen, um nicht mehr »Ich« zu sagen.

7. Dezember 1972

Janssen nannte sich heute einen »Kreuzungspunkt«, an dem unendlich viele Hysterien, Komplexe, Überspanntheiten zusammenliefen. Alles, was er gegen die Übermacht aufzubieten habe, seien die mühevollen, im Ausgang unsicheren Plackereien da am Tisch. »Ein ungleicher Kampf!« meinte er. Manchmal sei er versucht, aufzugeben, jetzt gerade wieder. An der Wand gegenüber steht ein Selbstporträt mit dem Titel »Na is gut«.

8. Dezember 1972

Am Abend kam Janssen vorbei: Er war bester Dinge und teilte nach allen Seiten »Knickse und Komplimente« aus. Er setzte sich zu den Kindern an den Tisch, unterhielt sie mit verdrehten Geschichten und »verbesserte« einige ihrer Zeichnungen. Entwarf dann noch, für einen bevorstehenden Kindergeburtstag, ein Dutzend phantasievolle Tischkarten, indem er mit den Namen oder Vorlieben der Eingeladenen spielte: alles unter Staunen und lautem Jubel. Mir brachte er drei Platten mit: »zum beliebigen Gebrauch«, wie er sagte, »für lediglich einen Abzug, für fünf, zehn oder dreißig. Aber möglichst nicht mehr«.

Man konnte jedem Wort und jeder Geste anmerken, welchen Kraftaufwand ihn die gute Laune und zumal die Kindergesellschaft kostete. Er ging bereits nach einer Stunde. Wir fragten uns hinterher, ob er wieder »an der Flasche« hänge und lediglich den Tag »trocken« verbracht habe, um uns jede Peinlichkeit zu ersparen. Oder ob er, wie er einmal andeutete, krank sei. Jedenfalls sagte er beim Abschied, er fühle sich »zerschlissen«.

9. Dezember 1972

Er lasse sich, sagte Janssen zu den Kopien, die er, willkürlich zwischen den Epochen herumspringend, seit längerem anfertigt, durch die Meister der Vergangenheit, die Stile, Schulen und Tech-

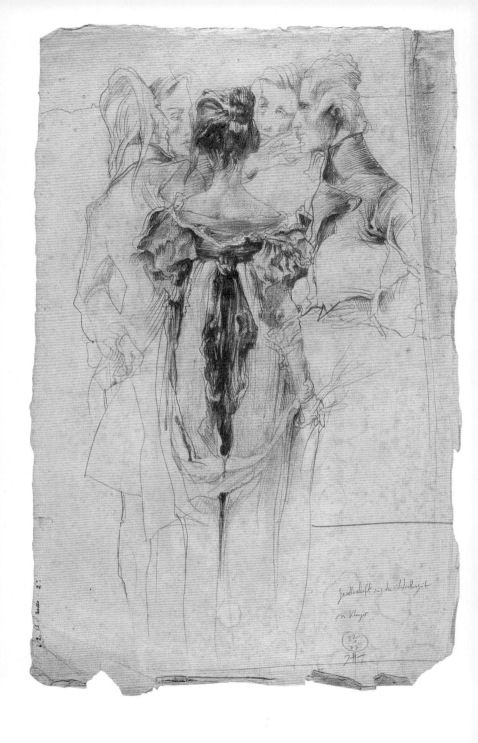

niken niemals einschüchtern oder gar bremsen, sondern nur inspirieren. Nie habe er die Gefahr verspürt, zum Eleven oder Jünger eines anderen zu werden. Weit größer erscheine ihm die Gefahr, sich selber zu kopieren, zum Sklaven einer »Masche« zu werden. Deshalb breche er unentwegt ab und mache sich zu neuen Wegen auf. Er zählt die höchst unterschiedlichen »Perioden« auf, die er bisher durchlaufen habe. Spricht von insgesamt sieben oder acht »Phasen«, wie er später sagt – weil »Periode« zu sehr nach Picasso klinge. Und jedesmal liege eine Krise dazwischen. Sein Prinzip sei seit Jahren schon: »Hochkommen – oder umkommen.«

11. Dezember 1972

Janssen zitierte wieder die Bemerkung, mit der »Tantchen« seine »Rüpeleien« zu entschuldigen liebte: »Ungemein spielerisch, aber im Kern gut.« Er fügte, sooft er auf das Wort zurückkam, hinzu, kein Mensch sonst habe sein Wesen mit einem derartigen »Röntgenblick« erfaßt.

14. Dezember 1972

Janssen nach einem längeren Gespräch, in dem die Meinungen heftig hin- und hergegangen waren, am Ende aber doch eine Art Übereinstimmung zustande kam, mit einer Entschuldigung für die Lautstärke, in die er mitunter verfallen war: »Ich sage ungern was Falsches. Aber manchmal gelingt es, und der Masochist in mir überwältigt den Verstand. Immer dann werde ich laut.«

Nie habe er so viel erfunden wie in der Zeit,
als er Kopien zeichnete, hat Janssen bei Gelegenheit versichert: »Gesellschaft aus der Wertherzeit
nach Klinger« von Anfang 1975.

18. Dezember 1972

Gespräch über die Themenverlegenheit der zeitgenössischen Kunst. Mit der Gegenständlichkeit habe die Kunst mehr eingebüßt als den Gegenstand, sagte Janssen; sie habe ganze »Areale der Phantasie« preisgegeben. Er behauptet, in »höchstens 300 Sekunden« fünf Einminutenzeichnungen von jeweils ganz unterschiedlichen Motiven anfertigen zu können. Auf das Kommando »Los!« wirft er hin: einen Prinzen, der eine gekrönte Prinzessin umwirbt; einen »Galgenvogel« vor seinem schwarzmaskierten Henker; ein Liebespaar in der Umarmung; einen überführten und sichtlich reuigen Mörder vor dem Richterthron sowie eine Landschaft mit Dorf und Kirche unter einer tiefhängenden Gewitterwolke. Er triumphiert, als er hört, daß er vier Minuten und fünfunddreißig Sekunden benötigt habe. »Keine modernen Themen vielleicht«, sagt er dazu. »Aber allezeit gültig – wenigstens, um ganze Traumwelten in Bewegung zu setzen!«

Eine der fünf Einminutenzeichnungen
vom Dezember 1972: ein Prinz, eine gekrönte
Prinzessin umwerbend.

23. Dezember 1972

Janssen kommt noch einmal auf die Austreibung des Gegenstands aus der Kunst zurück. Er sagt: »Irgendwann wird einer aufstehen, auf einer Welt-Vernissage vielleicht, und rufen: ›Gebt uns unsere Bilder wieder! Ihr habt uns die Anschauung der Welt genommen! Wir wollten sie doch niemals nur anglotzen! Es waren alles Denkbilder! Und mit den Bildern ist jetzt auch das Denken weg!‹«

27. Dezember 1972

Janssen hat innerhalb weniger Tage die Folge »Hanno's Tod« verfertigt, die auf unsere verschiedentlichen Gespräche über Thomas Manns »Buddenbrooks« zurückgeht: 27 kleine Kupferplatten, von denen aber die eine oder andere noch überarbeitet oder »ausjuriert« werden soll. Er ist glücklich und zugleich »erschöpft wie nie«. Bei bestimmtem Lichteinfall gleicht sein knochiges, von den Hautpartien wie behängtes Gesicht einem der Porträts aus dem Endstadium der Serie, kurz bevor nur noch das Relikt von Stirn- und Nasenknochen über die Szene geistert. Er hat je drei Abzüge auf weichem Japanpapier anfertigen lassen, will aber die Auflage auf verschiedenfarbigem Grund drucken lassen. Wie sehr ihn die Arbeit daran in offenbar jedem Sinne ergriffen hat, kommt zum Vorschein, als er mir einen der Probeabzüge übergibt. Feierlich war unser Umgang miteinander nie gewesen, diesmal allerdings wirkte er seltsam bewegt. Als wolle er seine Gefühle unterdrücken, sah er angestrengt ins Leere und sagte nur: »Hier!« Auf den Dank hin erwiderte er, die Idee dazu gehe schließlich auf mich zurück.

Als ich später zum Abschied schon in der Tür stehe, fügt er hinzu: »Vielleicht habe ich da was Neues gemacht.« Und danach, ganz

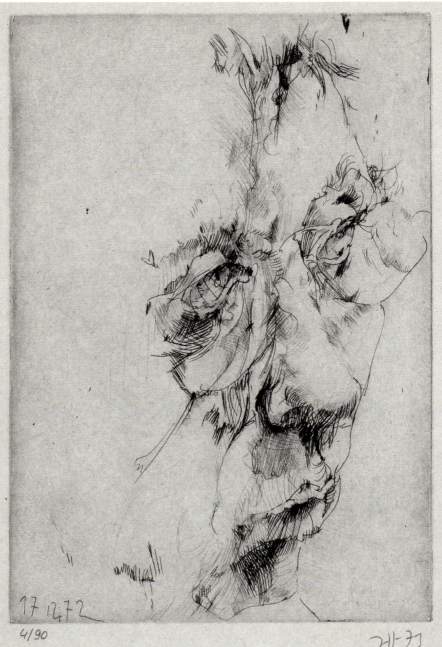

ungewöhnlich bei ihm: »Ein Höhepunkt, wie ich es sehe.« Als ich schon ein paar Stufen die Treppe hinunter war, rief er, als wolle er sich korrigieren, von seinem Arbeitsplatz aus hinterher: »Unserer Freundschaft, meine ich natürlich!«

30. Dezember 1972

Janssen, die vergangenen Jahre mit ihren dauernden, jeweils bis zum Äußersten getriebenen Wechseln überblickend: Er sei nicht so sehr maßlos, wie alle behaupteten, sondern vermessen. Dann dozierte er über den Unterschied zwischen dem einen und dem anderen, indem er alle Register seiner Sophisterei zog. Am Ende: »Schöner Disput zum Jahreswechsel!«

31. Dezember 1972

Zwei Stunden vor Mitternacht kam zu aller Überraschung Janssen und brachte einen Sack voller Feuerwerkskörper mit. Er war, im Gegensatz zu seiner »philosophischen« Verfassung vom Tag zuvor, in einer seltsam gespannten Stimmung, redete laut, kalauerte und lachte dröhnend über die eigenen Einfälle, so daß sich eine abwartende Unruhe ausbreitete. Auf dem Fußboden im großen Zimmer breitete er die »Sprengsätze« der Firma »Nico-Feuerwerk« aus und ernannte folglich unseren Sohn Nicolaus zu seinem »Pyrogehilfen« und »Luntenmeister«.

Gemeinsam begaben sie sich auf den Balkon. Janssen streckte sich der Länge nach auf dem eingeschneiten, stellenweise vereisten Boden aus und erteilte geschäftig Anweisungen, um, wie er sagte,

---

Ein Höhepunkt im Schaffen Janssens war die Radierfolge »Hanno's Tod« nach einem Kapitel aus Thomas Manns »Buddenbrooks«. Die Abbildung zeigt eines der einundzwanzig innerhalb einer Woche geschaffenen Selbstporträts, die den allmählichen Verfall eines Gesichts darstellen.

die »Lafetten in Stellung« zu bringen. Sichtlich genoß er bei alledem die Aufmerksamkeit des Kinderpublikums, dem er erzählte, daß er Zeichner nur im Nebenberuf und eigentlich ein »Flammenleger«, »Zündbote«, »Feuerpostillon« sei, wobei jeder dieser Begriffe wahre Kaskaden neuer, mit ebensoviel Grausen wie Bewunderung vernommener Erklärungen nach sich zog. Kurz darauf tauchten die ersten Böller über das Nachbarhaus in die nachtschwarzen Bäume des Jenisch-Parks, explodierten dort und verfingen sich torkelnd im kahlen Geäst. In hektischem Hin und Her entzündete er meterlange »Piepmanscher«-Ketten, lief dann vor das Haus und nagelte Feuerräder an Pfosten oder Stämme, deren pfeifendes Kreisen er mit seligem Johlen verfolgte. Als die Uhr zwölf schlug, veranstaltete er eine »Feuerparade«, wie er das nannte, und reagierte enttäuscht, sooft die Knallkörper aus den umliegenden Häusern die von ihm mitgebrachten »Super-Kanonenschläge« übertönten. Er sei betrogen und begaunert worden, empörte er sich.

Erst eine Stunde nach Mitternacht war sein Vorrat an »Knall- und Glitzerzeug« erschöpft. Atemlos kam er ins Haus zurück und meinte, nur der eigene Lärm und das selbstgelegte Feuer bereiteten dem gelernten Zündboten Vergnügen. »Was haben die anderen überhaupt zu feiern?« fragte er, »warum zünden sie Knallkörper?« Er habe schließlich seine bösen Geister zu vertreiben; die anderen dagegen erschreckten nur die eigenen Gartenzwerge. Als er gegen halb zwei Uhr abzog, schien er immerhin halbwegs beruhigt. Er sagte, er sei während des ganzen Abends den verrücktesten Gedanken auf der Spur gewesen, immer gefährlich nahe dran. Zum Glück habe er sie nicht zu fassen bekommen. Wir fragten uns, ob er zum Jahresbeginn wohl an der »Alkoholklippe« vorbeikommen werde.

2. Januar 1973

Janssen offenbar schon am Neujahrstag, den ich mit soviel Unbehagen erwartet hatte, an eine neue »Herz-Schmerz-Dame« geraten, wie er sagt. Er macht ein großes Geheimnis daraus und spricht in reichlich ungenauen Andeutungen darüber. Er nennt auch keinen Namen, sagt aber, diesmal sei es »ernst und endgültig«. Als ich nach wenigen Minuten eine Vermutung äußere, erwidert er, er wolle noch nichts preisgeben. Da indessen Verliebte nicht umhinkönnen, von der Liebe zu reden, erzählt er, befeuert sowohl vom Glück der Erinnerung wie vom Glücksversprechen der Gegenwart, von seiner lange zurückliegenden Affäre mit Gabriele Gutsche.

Draußen in Bergedorf hätten die Gutsches ein gastfreies Haus geführt mit Musikabenden und Dichterlesungen. So gut wie alles, was er an literarischen Kenntnissen besitze, komme von da her. Mittelpunkt sei der »alte Gutsche« gewesen, wie er von jedem genannt wurde, ein Privatverleger, der wie Fontane aussah, nur listiger und wohl durchtriebener, weshalb er auch »der Fuchs« hieß.

Natürlich sei er, fuhr Janssen fort, nicht allein wegen Goethe, Kleist, Trakl, Edgar Allan Poe und wer sonst noch zu den Vorzugsautoren des Hauses gehörte, dorthin gegangen, sondern auch in noch einigermaßen unschlüssiger Verliebtheit. Denn Gabriele Gutsche sei seine erste große, aussichtslose Liebe gewesen, vor allem seit er sie als »Mozart-Page« auf einem Künstlerfest erlebt hatte. Wie immer sie seither auftrat, habe er sie stets in dieser »Hosenrolle« gesehen, wie man das wohl nennt. Und in der Hosenrolle habe sie ihn, wie der Begriff es nahelegt, eines Tages verführt.

Trotz aller »Glücksverrücktheit« habe er lange unter seinem »Vater-Verrat« gelitten, sagte Janssen, und manchmal denke er, daß er nur deshalb darüber hinweggekommen sei, weil er weder einen Vater noch das Gefühl der »Vatertreue« gekannt habe. So daß es kam, wie es kommen mußte: Eines Tages seien sie vom alten Gutsche halbwegs in flagranti ertappt worden. Gabriele sei mit dem ebenso üblichen wie albernen Satz aus dem Bett gesprungen: »Lieber! Es ist nicht, was Du denkst! Ich kann dir alles erklären!« Was sie erklären wollte, war natürlich, daß es sich bei dem, was er vor sich sah, nicht um eine banale Bettgeschichte handelte, sondern um eine unvergleichliche, mit der Gewalt einer Naturkraft über sie beide hereingebrochene Liebe. Verliebte glaubten das, wie man wisse, immer, und er habe sie für das, was sie da hatte sagen wollen und in ihrer Verwirrtheit nicht loswurde, mehr als irgendwann zuvor oder später geliebt. Paradox, wie es in der Liebe zugehe, sei der Augenblick des größten Kummers der Höhepunkt seines Glücks gewesen.

Ein paar Tage darauf, fügte Janssen hinzu, habe der alte Gutsche ihre Freundschaft mit einem Brief beendet, der mit den Worten begann: »Beim Schreiben dieser Zeilen habe ich mir Handschuhe angezogen...«

11. JANUAR 1973

Janssen in »dulci-jubilo-Laune«, wie er sagt, und »unweihnachtlich rossig« gestimmt dazu. Spricht vom unvermutet zurückgekehrten Vergnügen an der Welt, an den »blauen Frosttagen vor der Tür« und den »Blitzlichtern auf der Elbe«. Immer aufs neue verwundere ihn, wie eine Frau die Wahrnehmung aller Dinge verwandeln könne. Gestern habe ihm noch der Posaunenschall aller jüng-

Janssen als Student der Landeskunstschule vor dem Aufbruch zu einem Hamburger Künstlerfest 1948.

sten Gerichte den Kopf vollgelärmt, heute klimperten die lustigen Zimbeln ihr »Ehre sei Gott in der Hölle«. Leider bekäme das Posaunenblech dem Arbeiten besser als das Geklingel und Geläute. Aber noch mache er sich nichts daraus; das eine habe seine Zeit und das andere auch. Dann sprach er wie ein großer Junge von den »Wundern des schönen Fleisches«.

13. JANUAR 1973

»Bei allem Zeichnen, das meine Form der Selbstinszenierung ist«, bemerkt Janssen, »muß eine Frau dabeisein. Sie ist das Ideal des Publikums, ohne das keine Aufführung auskommt.« Seltsamerweise hole er das Beste aus sich heraus, wenn, in Gedanken wenigstens, ein anderer anwesend ist.

Janssen 1967 in der Wohnung des Kunstsammlers und Janssen-Freundes Siegfried Poppe. Im Hintergrund ein Gemälde von Richard Oelze; links die Janssen-Zeichnung »Zwei« von 1966.

22. JANUAR 1973

Angesichts der Arbeiten aus jüngerer Zeit (»Hanno« ausgenommen) und in Erinnerung an das eine und andere Morgengespräch stieß ich wieder auf die auffallende Unfähigkeit Janssens, sich in andere, auch geliebte Menschen hineinzuversetzen. Zwar kann er seine Verliebtheit jeweils grandios inszenieren. Aber der Eindruck stellt sich ein, die Inszenierung bedeute ihm mehr als die Person, der sie gilt.

Die eigentliche Frage lautet aber, wieso dieser phantasiebesessene, von Gesichten gejagte Mensch nichts von der »Unterwelt« zeichnet, von den Gespenstern und Lemuren, die ihn pausenlos behelligen, und das heißt ja wohl, nichts davon zeichnen kann oder will. Ich fragte ihn heute, was ihn daran hindere. Gewiß nicht das technische Problem, sagte ich, das ihn, wie alle technischen Probleme, wohl eher herausfordern würde. Jedenfalls falle mir seine Dauerflucht vor dem »Gespensterzoo« auf, von dem er redet, mitsamt der Vorliebe für Selbstbildnisse, Blumen beziehungsweise Landschaften. Figurales nur auf dem Umweg über die Kopie. Warum nicht die Gestalten der eigenen Phantasie? Ob sie ihm schon zu sehr »fremde Person« seien? Oder handele es sich auch da wieder um seine Angst? Wobei noch hinzuzufügen wäre, daß die Beschwörung der Unterwelt immer auch ein Mittel war, die Angst davor zu überwinden. Seines jedoch offenbar nicht.

Er sei nicht in der Stimmung, darauf zu antworten, erwiderte Janssen in plötzlich unmutiger Laune. Außerdem sei alles, was ich da redete, falsch. In Zeichnungen wie »Trio für Carl Vogel« oder »Zwei« sei das »Gespensterpack« durchaus anwesend. Aber er habe keine Lust, darüber zu streiten. Merkwürdig auch das, dachte ich im Weggehen, daß er nicht einmal darüber reden will.

24. Januar 1973

Janssen in den vergangenen Tagen mit seiner neuen Liebe Bettina in Zürich. Auf einer Postkarte von der Limmatmündung mit einigen Schwänen heißt es: »Sechs Schwäne – unheimlich glücklich!«

Bei der Rückkehr erzählt er in großer Erregung von einem Erlebnis, als er gerade die Postkarte an mich eingeworfen hatte: Da sei ein Schwan auf offener Straße, unmittelbar vor seinen Augen, überfahren worden, und das hochstäubende Gefieder habe wie eine explodierende weiße Wolke alles eingehüllt. »Frau Holle aus dem Kanalloch«, sagte er. »Und dann nur noch ein zuckender, sich langsam streckender Balg unter rieselnder Federwolle.« Er sagte, es habe ihn als »unheimlich« berührt, daß sich der Unfall ereignete, nachdem er Minuten zuvor das Schwanenbild an mich in den Briefkasten getan hatte.

25. Januar 1973

Janssens langjähriger Freund Michel Hauptmann, den er von den Abenden bei Gutsches kennt, meinte heute, es sei Janssens Unglück, daß er nur auf sich selbst verwiesen bleibe. Er sei zwar überaus anregend im Gespräch, aber eine wirkliche Auseinandersetzung kenne er nicht. Er habe nur eine Autorität in künstlerischen Fragen gekannt und zu früh verloren: seinen Lehrer auf der Landeskunstschule, den sanften Mahlau.

Janssen beherrsche, setzte Michel Hauptmann noch hinzu, von Beginn an fast alles, was er können wollte, und reichte dazu frühe Holzschnitte im Stil der deutschen Expressionisten herüber. An einigen Lithographien, Radierungen und Zeichnungen demonstrierte er dann, daß Janssen sich dank seiner »juvenilen Meisterschaft« bald geradezu formale Hindernisse aufgebaut habe. Leider entdecke er keine Entwicklung als Persönlichkeit (oder Mensch). »Hektischer Stillstand« auf hohem Rang. Janssen habe eine Art Loge im Welttheater bezogen und verfolge von dort aus das »Tollhaus«, dessen sämtliche Fenster für ihn weit offen stünden.

Erstaunlich schroffes, wenn auch von Besorgnissen durchsetztes Urteil. Ich sagte etwas von »bewunderndem Herzklopfen«, das man aus seinen Worten heraushöre. »Jeder, der ihm je näherkam, hat vom ersten Tage an sozusagen liebende Angst um ihn«, entgegnete Hauptmann.

19. Februar 1973

Wo das Gefühl herumjage und Kapriolen schlage, sagte Janssen, müsse ausgleichshalber der Verstand die Herrschaft übernehmen. Auf die Frage, ob nach all der Schuljungen-Schwärmerei der vergangenen Wochen die ersten Spannungen und Mißgelauntheiten mit Bettina aufgetreten seien, verneinte er jede Trübung und geriet augenblicklich wieder in die »Rage« der jüngsten Zeit. Allerdings hatte ich den Eindruck, er rede sich nicht ohne Bemühtheit in seine Gefühle hinein.

Später behauptete Janssen, es gebe die Engel durchaus. Doch wer nicht aufpasse und in blinde Anbetung verfalle, könne den »Hinkefuß« nicht wahrnehmen, »die böse Kralle«, die aller Engel Erbteil sei. Bezeichnenderweise hätten die Menschen den verkrüppelten »Engelsfuß« zunächst auch nicht an Lucifer entdeckt – oder jedenfalls erst lange nach dem Höllensturz.

6. März 1973

Janssen weiter »wolkenfrei«, wie er das nennt, »lüstern nach Arbeit und Liebe«. Ich unterdrücke die Bemerkung, daß ich ihn nie ohne Bekümmerung auf diesem Hochseil sähe. In der Tat ist ein Überschwang wie derzeit regelmäßig der Vorbote seiner Abstürze ins Bodenlose.

Hellhörig, wie er allezeit ist, entgeht ihm meine Besorgnis nicht. Diesmal indessen habe er ein »Amulett« dagegen, behauptet er: das Rubinherz, das Bettina bei ihrem Besuch am Neujahrstag getragen habe und das er seither als Beschwörungszeichen auf nahezu allen Arbeiten unterbringe.

7. März 1973

Seine Vorliebe für die Landschaft, bemerkt Janssen, die langen Ausflüge mit Gesche und dem Freund Schack nach Rissen, in die Haseldorfer Marsch oder sonstwo hin, habe weniger, als immer gesagt werde, mit seiner Lust an der Anschauung zu tun. Meinen Einwand, das sei ungefähr das Gegenteil alles dessen, was er bislang dazu geäußert habe, tat er mit einem kurzen Kopfschütteln ab, das sichtlich sagen sollte, er wolle in dem Gedanken, zu dem er gerade unterwegs sei, nicht gestört werden.

Weit stärker, fuhr er fort, sei das Gefühl seiner engen, geradezu verwandtschaftlichen Beziehung zur Natur. Wie sie betreibe er einen verschwenderischen Aufwand, um weniges zustande zu bringen. In der Natur sei alles Übermaß, Ungeduld und Schwelgerei, unabsehbare Vorkehrung gegen die Vergänglichkeit und die Drohung des Verschwindens. Im Verzicht auf jede Art von Ökonomie fühle er so etwas wie eine Übereinstimmung mit allem da draußen. »Wohin ich sehe, wird gerechnet. Nur die Natur rechnet nicht.« Wer ihn kenne, werde das auch von ihm sagen.

8. März 1973

Janssen sprach heute, in offenbar poetischer Stimmung, von seinen »resedagrünen Glückszeiten« und meinte dann, »ein bißchen kitschiges Himmelrosa« müsse auch dabeisein. Jedenfalls brauche er das, wenn er die Balance finden und im Chaos seines Arbeitstischs die verborgene Ordnung erkennen wolle, die unter allen Oberflächen herrscht. Das wirkliche Glück sei, schloß er, ein »Zustand ohne alle Vehemenz«. Und nach kurzem Nachdenken: »Leider sehr selten.«

10. März 1973

Alles, was man »Glück« nenne, sei dicht an die Langeweile gebaut, meinte Janssen heute. Es würde die Nerven quälen, wenn man nichts vom eigenen Gefühlsüberschuß hineingäbe, womit man die

Sache freilich ein bißchen zum Abgrund hin rücke. Aber erst dadurch würde die Monotonie, die einen wie ihn umbringen könne, zur »reinsten Herrlichkeit« und jeder Tag zum »Überraschungsfest«. Erste Warnzeichen?

14. März 1973

Janssen über seine Mutter: Sie sei streng und stolz gewesen und habe »das schönste Pferdegebiß weit und breit« gehabt. Daß er die Ängste, die ihm später so zugesetzt hätten, in frühen Jahren nicht einmal als Ahnung gekannt habe, sei vor allem ihr Verdienst gewesen. »Sicher wie in Marthas Schoß«, liebe er seither die Redewendung vom alten Abraham abzuwandeln. In seinen kindlichen Gedanken sei sie ihm immer als schöne »Löwin« erschienen. Niemand kam ihr bei. Einmal überhäufte sie sogar einen dreisten »Parteimenschen« mit einer solchen Flut von Vorwürfen, daß ihrem Sohn die Hitlerjugend erspart blieb. Vielleicht hatte sie aus dem »Fehltritt mit meinem Erzeuger« den Schluß gezogen, meinte er, daß man alles im Leben entweder freiwillig und aus vollem Herzen tun – oder lassen müsse.

»Dabei war sie empfindsam«, fuhr er fort, und von gewissermaßen stürmischer Sentimentalität. »Von Zeit zu Zeit habe ich aus meinem Winkel heraus beobachtet, wie sie ihren Unglückstränen freien Lauf ließ. Richtiger gesagt, war sie nahe am Wasser gebaut und sprang, wenn ihr danach war, kopfüber hinein. Zugleich aber hatte sie sich auf eine fast herrische Weise in der Gewalt. Als ich einmal im Alter von noch nicht zehn Jahren, überwältigt von einem ihrer Verzweiflungsausbrüche, aus meinem Versteck hervorkam und sie trösten wollte, lachte sie mich mit tränennassem Gesicht scheinbar vergnügt aus, so daß ich das Gefühl hatte, weit unglücklicher zu sein als sie.

Mein einziger Vorwurf gegen sie war und ist, daß sie mir nichts von ihrer stolzen Selbstbeherrschtheit weitergegeben hat. Dazu starb sie auch zu früh.«

16. März 1973

Womöglich durch das Gespräch über seine Mutter angeregt, erzählte Janssen heute, wie er seine »Hasenzähne« verlor. Bei irgendeinem Auftrieb halbfeiner Leute sei plötzlich ein riesiger Kerl zur Tür hereingekommen. Nach Seemannsart habe er die Hüften so ausladend hin- und hergeschmissen, daß man gleich erkannte, er sei nie zur See gefahren. Mitten im Raum habe er zur allgemeinen Überraschung sein Hemd aufgerissen und die zum Teil noch frischen Narben auf der Brust herumgezeigt, die von irgendwelchen

Janssen als Schüler
in Oldenburg 1936.

Schlägereien herstammten. Neugierig seien alle herangetreten; einige Frauen hätten ihn sogar halb bewundernd, halb mitfühlend gestreichelt.

Das sei, fuhr Janssen fort, zuviel für ihn gewesen. »Narbenbrust«, habe er dank seiner Kenntnis amerikanischer Kriminalfilme zu ihm gesagt, »mach, daß Du wegkommst! Du hast hier nichts verloren!« Aber der Mann habe sich nicht gerührt und ihn einfach ausgelacht. »Vielleicht schon unsicher geworden, stieß ich ihm auffordernd gegen die nackte Brust, als er plötzlich auf mich losging und einzuschlagen begann. In meiner Not griff ich nach irgendeinem Gegenstand, einem Bierglas oder einem Aschenbecher, und schlug ihm damit direkt unter dem Auge ins Gesicht. Aber er blieb einfach stehen, wie Frankenstein, dachte ich noch und raste dann in atemlosem Schrecken zur Tür hinaus und die ABC-Straße hinunter. Als ich mich nach ein paar Metern umsah, prallte ich mit voller Wucht gegen einen Laternenpfahl, drehte mich mehrmals um meine Achse und spuckte dann, immer schön nacheinander, meine Zähne aus. Zum Glück war mir einer meiner Freunde nachgelaufen. Blutüberströmt, wie ich war, zog er mich in einen Hauseingang, unmittelbar bevor mein Verfolger auftauchte. ›Narbenbrust‹, erfuhr ich später, war Boxer.«

»Als gelernter Angsthase, der ich seither bin, wußte ich von diesem Tag an, daß man sich auf der Flucht niemals umsehen darf. Wenn einen nicht der Jäger schnappt, kann es zur Not auch ein Laternenpfahl sein.«

18. MÄRZ 1973

Während unserer Morgenunterhaltung wurden von der Straße her Rufe laut: »Janssen! Janssen!«, und vom Fenster aus beobachteten wir, wie sich A., einer von Janssens »Zechkumpanen«, am ver-

schlossenen Tor zu schaffen machte. Als ich mich etwas später nach Janssen umsah, stand er steif wie ein Brett in die Zimmerecke gepreßt und gebot mir mit dem Ausdruck blanken Entsetzens äußerstes Stillschweigen. Ein paar Schritte vom Fenster zurücktretend, verfolgte ich anschließend die Bemühungen des ungebetenen Gastes, mit seiner mächtigen Figur über den Gartenzaun zu steigen. Etwas später kam noch der Zeitungsjunge hinzu, und während sie

Auf einer Kunstveranstaltung gegen Ende der fünfziger Jahre ließ sich Janssen unvorsichtigerweise auf einen Streit mit einem Berufsboxer ein. Als er seine aussichtslose Lage erkannte und die Flucht ergriff, lief er in der Hamburger ABC-Straße gegen einen Laternenpfahl und schlug sich die Vorderzähne aus.

offenbar beratschlagten, wie am besten in den verriegelten Bau zu gelangen sei, verschwand Janssen plötzlich wie auf spitzen Sohlen.

Ein paarmal waren noch die »Janssen! Janssen!«-Rufe zu hören, dann zogen beide ab. Ich rief ins hintere Zimmer, wo ich Janssen vermutete, daß die Gefahr vorüber sei und er sein Versteck verlassen könne. Als sich nichts rührte, ging ich ins sogenannte Turmzimmer. Erst nach einigen weiteren Aufforderungen kam Janssen schließlich, verlegen und am ganzen Leibe zitternd, unter dem Bett hervorgekrochen.

Während er sich den Staub aus den Kleidern klopfte, sagte er: »Es war A. Mit dem besonderen Trinkersinn ahnt er immer, wann eine Krise naht. Dann steckt er sich eine Flasche ›Oldesloer‹ ein und macht sich auf den Weg zu mir. Er ist ein gutmütiger, etwas täppischer, bärenhafter Kerl. Aber zugleich kündigt er das Unglück an, der Bote der Katastrophe. Deshalb meine Angst. Ich bin sicher, daß er auch diesmal wieder die ›Pandoraflasche‹ dabeihatte.« Beim nächsten Mal werde er ihn fragen.

21. April 1973

Neulich, gegen Mitternacht, Anruf von Bettina. Aufgeregt und mit fliegender Stimme berichtete sie von einem offenbar fürchterlichen Streit mit Janssen, wobei es zuletzt zu wüsten Beschimpfungen und offenbar sogar zu Tätlichkeiten kam. Es sei das Ende, sagte sie. »Alles vorbei!« Sie habe soeben das Haus am Mühlenberger Weg verlassen und werde »Nie! Nie mehr!« zurückkehren. Janssen habe bei ihrem Weggang gedroht, er werde sich »noch diese Nacht« umbringen, aber selbst damit habe er sie nicht umstimmen können. Wenn sie die völlig desolate Verfassung bedenke, in der sie ihn zurückgelassen habe, fürchte sie, daß er dieses Mal Ernst mache. Ich solle, bat sie, zu ihm gehen, um ihn vom Schlimmsten abzuhalten. Als ich erwiderte, ich hätte den Tag mit einer Grippe im Bett verbracht, meinte sie, dann müßten die Dinge eben ihren Lauf nehmen; sie könne und wolle nichts mehr unternehmen. Er habe sie zweimal fast umgebracht und ihr vor ein paar Tagen, während einer Autofahrt, ins Lenkrad gegriffen.

Der Anruf alarmierte mich, zumal Janssen in den zurückliegenden Wochen, sei es nun dieser oder irgendeiner anderen Krise wegen, mehrfach über Depressionen geklagt oder verdächtig viel von seinem »Glück« gesprochen hatte. Alle Arbeiten der »Nach-›Hanno‹-Zeit« hielt er für mehr oder weniger mißlungen, für einfallslos, ungelenk und, wie er einmal bemerkte, sogar für »elende Selbstkränkungen«. Nur das sich gelegentlich einstellende Fertigstellungsglück habe ihm kurzzeitig über seine Verzweiflungen hinweggeholfen. »Die Schlinge zieht sich zu«, hatte er im Telefongespräch am Vortag gesagt, »ich japse nur noch und werde bald wie einer meiner blaugeschuppten Fische auf der Marmorbank liegen.«

Mit einem der bewährten Scherze hatte ich ihn daraufhin aufzurichten versucht und erwidert, wer so metaphernverliebt sei, wie er gerade mit dieser Bemerkung, sei noch längst nicht am Ende. Doch diesmal verschlug dergleichen nichts. Ich redete so, meinte er, als wüßte ich nicht, daß er alles, im Reden wie im Zeichnen, in Metaphern übersetze. Das höre sich zwar manchmal komisch an und führe mitunter auch in die Irre – aber nur für die »blöden Leute in Hamburg«, die so gierig darauf seien, sich hinters Licht führen zu lassen. Dagegen sollte ich eigentlich wissen, wie ernst es ihm selbst bei seinen Wortbildern immer sei, todernst sogar. Ergriffen von sich selbst wiederholte er dann das Wort »todernst« mehrfach und mit zunehmender Dehnung.

Am Mühlenberger Weg standen bei meiner Ankunft das Gartentor und der Wohnungseingang weit offen, das Haus war hell erleuchtet, und man konnte bis auf die Straße das wiegende Kratzen hören, das vom Leerlauf einer abgespielten Schallplatte kam. Mehrfach lief ich durch die Räume, bis ich vor der geschlossenen Tür zum Badezimmer stand. Ich rief »Janssen!« und noch einmal »Janssen!«. Als alles still blieb, trat ich kurzerhand die Tür zum Bad ein.

Der Anblick, der sich bot, war überaus dramatisch. In der leeren Badewanne kauerte in einer Art tiefgerutschtem Liegesitz Janssen. Als die Tür aufsprang, sah er mit kurzem bösem Blick zu mir hoch und fingerte mit einer Rasierklinge weiter an seinem rechten Handgelenk herum. Das andere Gelenk hatte er bereits aufgeschnitten, die Wanne war bis an den Rand und ein Stück weit die Wand hinauf mit Blutspritzern übersät. Ohne in seinem Tun innezuhalten, sagte er, wie ich da stand: »Was willst Du denn hier?! Damit hast Du doch nichts zu tun!« Ohne zu antworten, schlug ich ihm die Hand mit der Rasierklinge weg und stieß ihm, als er sich zur Wehr setzen wollte, mit der Faust vor die Brust. Er war darüber so fassungslos wie ich selber jetzt, wo ich mir den Vorgang in Erinnerung rufe, auch. Immerhin hatte seine Verblüffung zur Folge, daß er sich aus der Wanne helfen und in die Küche hinüberführen ließ. Seltsam willenlos nahm er hin, daß ich ihm die Handgelenke unter den Wasserhahn hielt und die Wunden verband.

Anschließend gingen wir ins Arbeitszimmer, er legte den noch immer leerlaufenden Tonarm an den Anfang der Platte zurück, und wir begannen, ohne uns bei dem Vorgefallenen aufzuhalten, eines unserer »Gott-und-die-Welt-Gespräche«. Alle ungefähr zwanzig Minuten, sobald das unpassend muntere Stück zu Ende gespielt war, ging er zum Plattenteller hinüber und ließ den Marsch von Mozart, den er bei Bettinas Abgang »zur eigenen Beruhigung« aufgelegt hatte, neu beginnen.

Nach annähernd einer Stunde hatte er die tiefste Niedergeschlagenheit überwunden und redete, je länger das Gespräch fortging, in zunehmend großen Tönen. Er habe die »Badewannengeschichte«, erklärte er, natürlich nur als »Rühr- und Rachestück« für Bettina inszeniert. Seine Hoffnung sei gewesen, daß sie zurückkehren, ihn halbtot auffinden und den Schrecken davontragen werde, den sie lange verdient habe. Und später: Sein Irrtum sei gewesen, nicht daran zu denken, daß sie mich zu so später Stunde aus dem Bett holen und losschicken werde. »Ein typischer Weibergedanke«, behauptete er.

Das fand ich nicht und blieb auch skeptisch hinsichtlich der »Inszenierung«, als die er den Vorgang ausgab. Ich hätte, ganz im Gegenteil, den Eindruck gehabt, hielt ich ihm vor, daß er buchstäblich blutigen Ernst mache. Doch statt einer Antwort lachte er, nun schon wieder ganz bei Stimme, laut los: Er habe doch nie die Absicht gehabt, sich umzubringen! Wovon ich da redete! Schließlich sei er ein Fachmann auch in Selbstmordfragen und wisse daher, daß kein Mensch mit einem Schnitt quer zum Handgelenk seinem Leben ein Ende setzen könne. Wenn er es tatsächlich ernst meine, werde er sich die Pulsadern fünf bis sieben Zentimeter längslaufend aufschneiden. Er sage das, damit ich Bescheid wisse, falls ich noch einmal zu Hilfe gerufen würde, denn dann sei alle Mühe umsonst. Minute für Minute redete er sich mehr in seine Rabulistik hinein und höhnte über die falschen »Aufschneider«, wie er, nun schon wieder mit gewohntem Witz, sagte, die von den Techniken, mit denen man sich einzig zu Tode bringe, nicht den »blassesten Schimmer« hätten.

Später kam, vermutlich ebenfalls von Bettina aufgestört, Verena hinzu, und wir redeten vereint noch geraume Zeit auf ihn ein. Dann hatte er offenbar die zwangsläufig samariterhafte Monotonie satt. Wir verließen ihn zwischen vier und fünf Uhr morgens, als wir ihn halbwegs im Sicheren wußten. Durch die offenstehenden Fenster dröhnte, als wir zum Auto gingen, noch immer das Mozart-Stück in Baur's nachtdunklen Park hinüber. Sich mit seinen verbundenen Handgelenken auf die Balustrade seines vorgebauten Balkons stützend, rief er uns, weit vornübergebeugt, irgend etwas hinterher. Mit dem lauten Gehabe schien er mir aber, wie im Verlauf der ganzen letzten Stunde, eher eine Art Rührung und wohl auch Dankbarkeit über den Freundschaftsdienst verbergen zu wollen. Vielleicht war es ihm peinlich, uns damit behelligt zu haben.

Nachtrag, lange Zeit später: Janssen und ich haben über den Vorgang in allen Jahren nie ein Wort verloren. Was daran erinnert, ist die Radierung »Marsch D-Dur KV 249«: Sie zeigt nichts als einen in der Schwärze sich verlierenden Handschuh und zwei abgefallene Blüten. Als er mir den gewidmeten Abzug übergab, sagte er nur: »Du weißt schon!« und fügte hinzu, er wolle davon keine Auflage drucken lassen. Auch auf dem Selbstbildnis, das den im folgenden Jahr fertiggestellten »Großen Totentanz« eröffnet, hat er eine Anspielung auf jene Nacht untergebracht.

23. April 1973

Janssen hat für die Gutsche-Tochter Friederike, die ihre Prüfung als Flötistin abgelegt hat, ein Instrument gekauft, das beste, das sich auftreiben ließ. Obwohl er sich mit dem »alten Gutsche« längst ausgesöhnt hat, fürchtet er, das Geschenk könne mißverstanden werden. Da er für das Einfache wie eh und je keinen Sinn hat, stellt er komplizierte Überlegungen an, wie es überreicht werden könne.

In einigen zunächst umständlich tastenden, erst ganz allmählich mit dem Anlaß herausrückenden Briefen teilte er der zu Beschenkenden schließlich seine Absicht mit. Statt der erwarteten Antwort traf vor Tagen ein Brief des womöglich nicht ganz grundlos besorgten Vaters ein, der mit den Worten begann: »Lieber Herr Janssen, ich bin ein alter König und wünsche nur noch gute Nachrichten ...« Unmittelbar darauf ließ Janssen das Geschenk überbringen.

30. Mai 1973

Janssen heute, schon als er mir auf der Treppe entgegenkam und das Tor aufschloß, merkwürdig aufgedreht. Er wolle wieder einmal ein paar schöne »Gedankentürme« errichten, auch auf die Gefahr hin, daß ich zuletzt alles zum Einsturz bringe, was für ihn schließlich ein ebenso großes Vergnügen sei. Wir sprachen über Literatur, und ich drückte meine Verwunderung darüber aus, wie merklich wenig er gelesen habe und wieviel er gleichwohl kenne. Noch heute, so käme es mir vor, verbringe er mehr Zeit über seinen »Comic«-Heften als über dem angeblich geliebten E. T. A. Hoffmann oder über Thomas Mann.

Janssen meinte, viele Bücher, die ihm ins Haus kämen, lese er nicht zu Ende. Aber er »nippe« daran oder klopfe sich mit dem Buchdeckel mehrfach an den Kopf, danach wisse er, was davon zu halten sei. Die große Serie mit den Dichterköpfen für seinen Buchhändler Hermann Laatzen, damals in der Warburgstraße, habe er vor allem gemacht, um sich den Ruf eines Literaturkenners zu verschaffen. »Reine Hochstapelei!« sagte er. »Wie es ein Autodidakt eben nötig hat.«

Dann über die Radierungen zum »Großen Totentanz«, die er gerade in ersten Skizzen vorbereitet, sowie über den Tod als Gegenstand der Kunst und wie er den Zeitgenossen abhanden gekommen sei. Trotz aller Hektik wirkt Janssen niedergeschlagen, grämlich und klagt über das »viele schwarze Licht«, das ihm zu schaffen mache. Wie weit das Drama der vergangenen Wochen dennoch zurückliegt, macht seine Antwort deutlich, als ich von meinem Eindruck spreche, daß er sich in seinen Entgleisungen ebenso austobe wie in seinen Selbstquälereien. Ohne zu zögern, gibt er zurück: »Als der Genußmensch, der ich bin, liebe ich das eine ebenso wie das andere.«

2. Juni 1973

Janssen berichtet, daß er eines der Motive für den geplanten »Großen Totentanz«, das zum wollüstigen Menuett schreitende Pärchen von altem Mann und junger Frau, der Farbanzeige eines Modehauses entnommen habe. Er zeigt mir die Annonce und sagt dazu: »Wo der Kleinbürger den ›Playboy‹ benötigt, reicht mir der Katalog von Peek & Cloppenburg.«

4. Juni 1973

Janssen heute eröffnet, daß ich zum Jahreswechsel nach Frankfurt gehe, allerdings noch für geraume Zeit jeweils an den Wochenenden in Hamburg sei, so daß wir uns nicht abhanden kämen. Zunächst starrte er mich ungläubig an, lachte dann kurz auf und sagte, er sei derzeit nicht in der Verfassung für solche Scherze.

Sichtlich war er tief getroffen, als ich dabei blieb, und ging lange schweigend auf und ab. Dann wollte er Einzelheiten wissen, wartete mit Einwänden auf, sprach von »Verrücktheit«, »Journaille« und von Flucht, der »preußischen Untugend schlechthin«. Er ließ sozusagen alle Minen springen und kam, kaum daß seine erste Entgeisterung überwunden war, mit Versprechungen, die durchweg darauf hinausliefen, mich in Hamburg zu halten. Er sprach von hundert Zeichnungen und »wenigstens« fünfzig Radierungen pro Jahr, alles unter langanhaltenden, wortlosen Pausen hervorgebracht. Was immer ich einwarf, erreichte ihn offenbar nicht.

Schließlich sagte Janssen, er habe mich in all den Jahren als seinen engsten Freund betrachtet und, so habe er jedenfalls bis heute vermutet, vice versa. Aber nun hätte ich ihm alles vor die Füße hingeworfen. Als ich widersprach, milderte er die Bemerkung etwas ab und erklärte, ich hätte unsere Freundschaft »mindestens tief und auf Dauer verletzt«. Natürlich werde er andere Freunde finden, habe sie auch schon. Aber das seien nur Behelfe, wie ich am besten wisse. Auf meinen abermaligen Widerspruch entgegnete er: »Vielleicht keine Behelfe, na gut!« Aber einen Freund, der ihm so weit entfernt und dennoch so nahe sei, daß er von gleich zu gleich mit ihm reden könne – den habe er nicht und werde er auf lange Zeit nirgendwo finden.

Auf diesen Punkt lief jede seiner Äußerungen zu. Wortreiche Rhetorik. Am Ende fragte er, ob die Entscheidung noch rückgängig zu machen sei. Als ich verneinte, entgegnete er knapp: »Dann will ich jetzt mal allein sein.« Und mit einer resigniert wirkenden Geste der Verabschiedung: »Zur Einübung, sozusagen.«

7. Juni 1973

Drei Tage nichts von Janssen. Aber heute meldete er sich wieder und rückte im Verlauf unseres Morgengesprächs auch mit einem der Gründe für die »Kränkung« heraus, die ihm die Nachricht von meinem Weggang zugefügt habe. Er sprach davon, daß er mich seit langem als seinen Biographen ausersehen habe. Und die gerade zum Abschluß kommende Hitler-Biographie mache ihm den Gedanken noch verlockender. »Hitler und Janssen«, sagte er, »der große Massenmaniac und der große Einzelmaniac, der Inszenierer von Menschenhaufen und der Inszenierer eines Haufens von Mensch« – beides aus der gleichen Feder: das habe er als unüberbietbar empfunden. Zu den Erinnerungsbildern an seine todkranke Mutter, die ihn immer wieder heimsuchten, gehöre auch, wie er an ihrem Sterbebett »heiligste Versprechungen« murmelte, sie einmal berühmt zu machen durch seinen Ruhm. Ein Stück weit habe er das Versprechen, denke er, wohl eingehalten. Aber so, wie es gemeint gewesen war, und sozusagen vor der ganzen Welt wäre es erst eingelöst worden durch diese Biographie.

Das Geständnis blieb nicht ohne Eindruck auf mich, rührte mich sogar. Aber zugleich drängte sich die Überlegung auf, daß Janssen meinen Entschluß, nach Frankfurt zu gehen, auch als eine verlorene Schlacht ansehe, eine Niederlage in dem nach allen Seiten geführten Dauerkampf, auf den sich das Leben jenseits des Arbeitstischs für ihn reduziert. Mir fiel wieder das Bild von der Spinne ein, über das wir vor Jahr und Tag gesprochen hatten, nur daß die Spinne diesmal Janssen selber war, der ein zunehmend weiter gespanntes Netz wob und regelmäßig die Fäden inspizierte, in denen er die anfangs verzweifelt summenden, bald jedoch in immer selteneren Befreiungsstößen zappelnden Insekten gefangenhält. Und wie er sie dann, wenn sie so leblos wirkten, daß sie nicht einmal mehr seine sadistischen Lüste befriedigten, kurzerhand aus dem Netz warf.

8. Juni 1973

Im Nachgang zu einem Gespräch von Anfang des Jahres, auf das ich noch einmal zurückkomme, sagt Janssen abwehrend: Er habe es sich zur Gewohnheit gemacht, den Gespenstern »schönzutun«, sie sozusagen als Hausgenossen bei sich aufzunehmen. Der zutrauliche Umgang mache sie, wie man an den Bluthunden beobachten könne, zahm und sei die wirksamste Waffe gegen ihren Hunger auf Menschenfleisch. Meinen Einwurf: »Na, na! Ein bißchen weniger ungestüm!« überhörte er oder tat jedenfalls so. Ernst bleibend, fügte er hinzu, ich solle mir das von einem gelernten Dompteur sagen lassen.

10. Juni 1973

Aus dem heutigen, etwas diffusen Gespräch in Eile nur die Bemerkungen:
»Alle Freundschaft ist aus Zuneigung geborene Verkleidungskunst.« Und: »Nichts in der Kunst aus allen Vergangenheiten bedeutet mir etwas, sofern ich mit der gebotenen Einfühlung nicht selbst darauf hätte kommen können. Grenzenlose Bewunderung habe ich für alles, was ich auch zustande bringen könnte.«

16. Juni 1973

Janssen redet fast täglich, mitunter fast jungenhaft flüsternd, über Bettina. Sie sei seine Melusine, sein Mauersegler, seine Undine und sein Tanzmädchen für den Tod. Sie sei die Verkörperung seines katastrophalen Glücksverlangens.

Auffallend, daß er auch nach vielen Wochen noch immer im Präsens von ihr spricht. Auf die Frage, warum ihre Beziehung zerbrach, entgegnet er, er habe zu viele Träume in sie hineingelegt, ihr auch zu schwierige Rollen aufgedrängt – mit ihm als Regisseur. Sie sei aber, trotz ihrer Jugend, zu selbständig gewesen für soviel Anpassung. So habe er sie einfach »totgeliebt«.

10. Juli 1973

Die Arbeitsschübe, Einbrüche und ewig neuen Besessenheiten Janssens, all das, was ich seine »Infernalien« nenne, ließen während der vergangenen Wochen die Fragen nicht zu, die ich kürzlich wenigstens einmal angedeutet hatte. Heute endlich schien er so ausgeglichen und entspannt, daß ich wissen wollte, warum er sein Motiv-Repertoire auf Blumen, Landschaften, Stilleben beschränke und im Zeichnen die Gespensterwelt auslasse, die ihm so offensichtlich zu schaffen mache.

Vom gleichen Augenblick an schlug seine Laune wiederum um. Vermutlich witterte er eine Kritik und reagierte fast gereizt: »Die Kumpane, mit denen ich mich herumschlage, reichen mir für meine Nächte. Sie noch bei Tage heraufzurufen, wäre verrückt und kann als Vorschlag nur von einem kommen, der keine Ahnung hat.« (»Peng!« warf ich ein.)

Er sah mich aufgebracht an. Um ihn zu beruhigen, versuchte ich, das Gespräch in ein sachliches Fahrwasser zu lenken: Die zeichnerische Beschäftigung damit, sagte ich, sei doch eine Art Beschwörung der Spukwelt und folglich ein vielverwendetes Mittel ihrer Bändigung, wie beispielsweise Füssli zeige, den er so bewundere. »Bei mir nicht«, unterbrach er heftig. »Niemals! Ich habe es versucht! Aber wer dieses Gelichter kennt und sich lebenslang mit ihm herumgeschlagen hat, läßt es nicht von der Kette! Und wer Augen im Kopf hat, entdeckt seine Schatten außerdem über jeder Blume, jeder Landschaft, die ich je gezeichnet habe. Das sind doch keine Idyllen wie von Schwind oder Ludwig Richter! Aber wer hat schon Augen im Kopf? Ich dachte immer, daß wenigstens meine Freunde die Bilder hinter den Bildern wahrnähmen.«

Ich bemerkte wiederum, daß ich einen wunden Punkt getroffen hatte. Er brachte bald das Gespräch auf anderes, so daß ich nicht einmal den naheliegenden Einwand loswurde, ob er denn der Ansicht sei, daß Füsslis Albträume, die nun wirklich nicht »durch die Blume« gezeichnet seien, von schwächerer Art gewesen wären.

13. Juli 1973

Janssen wieder einmal über die »Avantgarde«: Es handle sich in Wirklichkeit um lauter wie Künstler daherkommende Seifenblasen. Er vernehme schon seit Jahren das leise, nur für empfindliche Ohren hörbare »Blopp!«, mit dem sie samt ihren gestern hochgejubelten Werken zerplatzten. Und er werde das schöne Geräusch bis in die Stunde seines Todes wahrnehmen – kein Geringerer als der Tod selber habe es ihm versprochen, damit er wohlgemut und getröstet hinübergehe. Er spricht vom Tod, fiel mir auf, wie von seinem besten Kompagnon.

14. Juli 1973

Man sehe nie mit den eigenen Augen allein, meint Janssen heute. Sondern immer zugleich mit allen Augen, die vor uns waren. Er betrachte die Landschaft, die Claude Lorrain sah – könne aber nie vergessen, wie Lorrain sie sah. »Er macht mir mein Ich streitig.«

Er hätte diese Selbstpreisgabe ohne Ausgleich vielleicht niemals ausgehalten. Doch indem er sich der Landschaft zuwandte, habe er ein für allemal mit der Zeitkunst gebrochen. Seine Schwäche gegenüber der Vergangenheit sei zur Stärke angesichts der Gegenwart geworden. »Lorrain oder Seghers waren mir nun mal näher und wichtiger als Bargheer oder Hartung.«

21. Juli 1973

Dem Gewisper auf vielen Seiten läßt sich entnehmen, daß Janssen sich noch immer nicht mit meinem Weggang abgefunden hat. Jedenfalls verstärkt sich mein Eindruck, daß er einige der »Hintersassen«, wie er zu sagen liebt, mobilisiert hat. Nicht auszuschließen ist auch, daß er sie mit Hinweisen versorgt, die sie womöglich erweitern und mit abfällig gemeinten Spitzen versehen. Um Janssen herum hat stets eine Stimmung erbitterter Rivalität geherrscht, die er selbst umsichtig genährt und befördert hat, glücklich über den »Intrigentrubel«, über den er zugleich wortreich zu klagen pflegt.

> Janssen pflegte Zeichnungen, die ihm mißlungen schienen, in den Papierkorb zu befördern oder zu zerreißen. Diese Kopie nach Botticellis »Der Frühling« verwarf er mit der Begründung, Botticelli habe »die Frauen stets dargestellt, bevor sie den Apfel vom Baum der Erkenntnis pflückten; diese jedoch hat ihn sozusagen schon verzehrt.«

Ich sagte ihm das heute aufs freundschaftlichste und bat ihn um Abhilfe. Er gab sich unschuldig, sogar kopfschüttelnd empört. Bestritt, mit alledem zu tun zu haben.

Dann über dieses und jenes. Dabei Janssens Geständnis: »Ich kann tun und lassen, vor allem lassen, was ich will: Ich habe die Kraft zur Ruhe nicht.«

22. Juli 1973

Janssen heute unter anderem, was ausführlich aufzuschreiben keine Zeit bleibt: »Ich kopiere, um meine unfertige Ausbildung zu ergänzen; was nicht an meinem Lehrer Mahlau lag, sondern an meinem ungebärdigen Wesen damals, an den ›Fluchthöhlen‹, in die ich mich mit Reini Drenkhahn verkroch, den Frauen, bis Marie kam, und an vielem anderen. Damals schon bin ich aus der Gegenwartskunst ausgeschieden, ein Fremder in der Zeit geworden.«

Der größte Unterschied sei, fuhr er fort, daß er Tradition und Gegenwart nie als Gegensatz aufgefaßt habe: »Ich verdammte und verbrannte die alten Meister nicht, sondern stellte mich auf ihre Schultern, um bei Dürer oder Rembrandt zu lernen, wie man eine Landschaft zeichnet, bei Goya oder Menzel, wie man an ein Gesicht herankommt, bei Schnorr, wie ein Körper beschaffen ist, bei Guardi die perspektivische Flucht einer Häuserzeile und, und, und.« Dann: Aber ebenso wichtig wie das Lernen sei das Hintersichlassen. Alles, was man »erkannt« habe, müsse man bei Strafe des Selbstruins gleich wieder vergessen.

23. JULI 1973

Erst am Abend bei Janssen. Auf dem Boden, wie häufig, ein paar zerrissene Zeichnungen, daneben ein weiteres, offenbar ebenfalls verworfenes Blatt nach Botticellis »Frühling«. »Viel zu geil und schafsgesichtig«, meinte er abschätzig; Botticelli habe die Frauen stets dargestellt, bevor sie den Apfel vom Baum der Erkenntnis pflückten. Diese hier habe ihn schon verzehrt.

Von dem wenige Tage zuvor gezeichneten Frauenporträt nach Kobell sagt er: Auch die habe wieder das schläfrige, höckernasige Schafsgesicht, das derzeit alle seine Frauenköpfe unwillkürlich annähmen. Es sei immer noch Bettina, die brünstige, beißlustige Bettina, der er den Schleier abgenommen habe. Am Ende fragte er, ob ich wahrnähme, daß diese Gesichter die Frau in ihrer nacktesten Nacktheit darstellten und auf »reine Pornographie« hinausliefen? Als ich zögerte, meinte er, Mahlau habe zu den Leuten, die an den »Verstecktheiten« einer Zeichnung achtlos vorbeiblickten, gern gesagt: »Und wenn Sie jetzt noch die Augen zumachen, sehen Sie gar nichts!«

4. September 1973

»Meine Vision von Glück, Ruhe, Gemütlichkeit: Ich liege an einem stürmischen Wintertag mit wirbelndem Schneetreiben im Zeitungskiosk auf dem Jungfernstieg, ein Kanonenofen bullert, draußen ist schon Dunkelheit, und man hört das Hasten und Hüsteln der vielen Leute, die in der vorweihnachtlichen Hektik unterwegs sind.

Und neben mir liegt Verena oder Bettina, am besten Verena, und wir geben uns, in dem kleinen Inferno ringsum, irgendwelchen seligen Flüstereien hin. Der Kiosk ist geschlossen, und wenn man die Ohren weit aufmacht, kann man die Schneeflocken hören, die auf das Dach des Häuschens fallen. Alles Widerwärtige und Angstmachende ist aus der Festung unserer Hütte ausgesperrt – es ist nah und unendlich weit weg.« Zeit seines Lebens habe er sich das Paradies, im Gegensatz zu dem alten Traumbild davon, nie als bunten, immergrünen Garten vorgestellt, sondern als enge, verwunschene Höhle.

Später noch: Seine Glücks- und Geborgenheitsvorstellung habe etwas vom Prinzip der russischen Puppe: immer noch eine Figur, umschlossen vom Panzer der jeweils größeren. Er wolle die letzte Puppe sein.

5. September 1973

»Also spielen wir mal Krise!« begrüßte mich Janssen in unerfindlich gereizter Stimmung. Als ich den Grund wissen wollte, ging er sichtlich nervös ein paarmal im Zimmer auf und ab und erzählte dann, statt einer Antwort, noch einmal von unserer Jahre zurückliegenden Fahrt zu einer Druckerei in Ahrensburg, bald nachdem wir uns kennengelernt hatten. Er wisse, daß er an diesem Tage unerträglich gewesen sei. Aber die Kräche und Giftigkeiten, die er witzigerweise »Sargnageleien« nennt, machten bei ihm den Beginn jeder Freundschaft. Er wolle die Beziehung gewissermaßen frühzeitig dem Druck aussetzen und gegebenenfalls »unter die Erde« bringen.

Zugleich seien seine Aggressionen aber auch der Ausdruck der Niederlage und das Eingeständnis, daß er gegen die Selbstauslieferung, die jede Bindung bedeute, nichts ausrichten könne. Manche reagierten darauf gekränkt, andere unterwürfig. Beides sei dann das Ende und für ihn eine große Erleichterung.

Ich hätte mich auf jener Fahrt nach Ahrensburg im Grunde unerhört verhalten, fuhr er fort, arrogant bis zur Schnödigkeit. Weder verletzt noch überhaupt betroffen, sondern nachsichtig wie einem ungezogenen Kind gegenüber. Einige Tage lang habe er die Erinnerung an diese »Demütigung durch so was wie ein olympisches Phlegma« zu verdrängen versucht. Als er damit nicht zurechtkam, sei ihm klar geworden, daß er verloren habe. Da habe er, wie ich wisse, zum Telefon gegriffen, um mich anzurufen. Alles weitere sei mir bekannt.

Ich wiederholte die Frage nach seiner Übellaunigkeit am Beginn. Er meinte, wenn ich die Geschichte unserer Autofahrt und den Grund, warum er sie hervorgekramt habe, nicht begriffen hätte, sei mir nicht zu helfen. Längere, übellaunige Auseinandersetzung.

Am Nachmittag kam ein Taxifahrer und brachte ein Selbstporträt Janssens. Darunter die Worte: »Anstatt reuig!«

10. September 1973

Janssen ist der vermutlich seltene Fall eines Trinkers, der Herr über seine Trunksucht ist. Das zeigt sich immer wieder. Gesche hatte wiederholt gedroht, bei der ersten Andeutung einer Alkohollaune das Haus zu verlassen. Wenn Janssen meinte, er müsse oder wolle für einige Zeit allein sein, stellte er einfach eine Flasche Korn auf den Küchentisch. Sobald Gesche nach dem Aufstehen die Flasche entdeckte, verließ sie fluchtartig das Haus.

Janssen erzählt heute, er habe das eine oder andere Mal bei Gesches Auszug keineswegs gewußt, ob er überhaupt »den Sprung in die Flasche« machen werde. Vielmehr habe er einfach einen Urlaub im immer anstrengenden Zusammensein einlegen wollen und nur deshalb die Karte mit der Flasche gezogen. Andererseits berichtet er aber auch von den kleinen Betrügereien, mit denen er Gesche über den Beginn einer Alkoholphase täuschte, indem er beispielsweise einen Aquarellierpinsel in ein Glas mit Schnaps stellte. Gesche habe sich gar nicht vorstellen können, daß die graubraune Flüssigkeit da vor ihm auf dem Arbeitstisch »wunderbarsten Doppelkorn« enthalte. Zur Sicherheit habe er außerdem noch einen Topf mit terpentinversetztem Asphaltlack neben das Glas gestellt, so daß der Alkohol nicht zu riechen war.

Ähnlich stellte er es mit dem Aufhören an, wenn er in blutig Erbrochenem auf dem Fußboden lag. Er schleppte sich in seine Schlafhöhle, lag zwei Tage und zwei Nächte in einer Art Koma auf dem Bett, zitternd angesichts der giftgrünen Männchen und der Deliriumsfratzen im Kopf. Dann verabreichte er sich etappenweise erst zwei, dann vier und später sechs Löffel Haferschleim, bis er wieder auf den Beinen war, und machte anschließend »Großen Hausputz«. Ich sagte, er sei eigentlich kein Trinker, wenn er seine

Wiedergutmachung nach einem Streit:
»Anstatt reuig«, Selbstporträt 1973.

Abstürze und sein Wiederhochkommen derart organisieren könne. Überhaupt hätte ich den Eindruck, er baue den Alkohol geradezu in seine Produktivität ein. Sogar sein Gerede über den »Todfeind« Alkohol diene ihm, wie ich vermutete, nur dazu, den Alkohol als eine übermenschliche Macht auszugeben. Das lasse die Entziehungskuren, die er sich abnötige, geradezu als Triumph erscheinen.

Janssen hörte sich das alles einigermaßen belustigt an. Am Ende lachte er, als sei ich ihm auf die Schliche gekommen. Aber geschmeichelt fühlte er sich offenbar auch, da meine Bemerkungen ihn als eine Art Meister selbst über den Alkohol auswiesen.

1. Oktober 1973

Janssen erklärte, im Panorama, von weitem, sehe alles proper, liebenswert, menschlich aus. Aber wenn der Blick nahe heranrücke, entdecke man überall die Verheerungen, Widerwärtigkeiten und Elendsspuren.

Er habe keinen »Panoramablick«, sei ihm von seinem Fahrlehrer bei einem seiner Anläufe, das Autofahren zu erlernen, erklärt worden. Statt das Ganze wahrzunehmen, fasse er immer die Einzelheiten ins Auge – wie alle Angsthasen, habe der Fahrlehrer überflüssigerweise hinzugesetzt. »Er riet mir dringend davon ab, mich weiterhin mit dem Führerschein herumzuquälen.«

6. Oktober 1973

Als ich mich heute mit Janssen im Restaurant Becker am Strandweg auf der Terrasse traf, näherte sich uns ein älterer Herr und blieb, um uns nicht im Gespräch zu unterbrechen, einen Moment lang in gehörigem Abstand stehen. Janssen fuhr ihn plötzlich an: »Was wollen Sie denn? Eine Kritzelei? Ein Autogramm? Mann, lassen Sie mich doch in Ruhe!« Darauf der Herr verblüfft: »Von Ihnen will ich gar nichts! Ich weiß nicht mal, wer Sie sind und warum Sie Autogramme verteilen. Nach dem Ton, den Sie hier anschlagen, will ich es auch gar nicht wissen. Ich möchte nur Herrn F. begrüßen und ihn fragen, ob seine Hitler-Biographie schon erschienen ist, von der so viel geredet wird!« Janssen entschuldigte sich, bot ihm eine rasch hingeworfene Zeichnung an und meinte dann zu mir, das habe »gesessen«.

20. Oktober 1973

Janssen, so fällt mir unversehens auf, in wenigen Wochen erschreckend gealtert. Als ich ihn am Abend besuchte, wirkte er krank und sogar fast moribund. In seinem lappigen Bademantel bewegte er sich mit krummem Rücken und matten, schleppenden Bewegungen. Erstmals sprach er vom Krebs, der ihn, wie man deutlich sehe, befallen habe. Schuld daran seien die scheußlichen Säuredämpfe, die beim Ätzen der Radierplatten sowie überhaupt im Umgang mit der rauchenden Salpetersäure aufstiegen. Ängstlich, wie er nun einmal sei, habe er es bisher nicht gewagt, einen Arzt aufzusuchen.

Ich versuchte, ihn mit einigen Worten aufzurichten: Er sei vor einem Jahr, während der »Hanno«-Serie, schon einmal vermeintlich am Ende gewesen. Damals habe sein Zustand noch besorgniserregender gewirkt, weil er zuvor mehr als zwei Zentner gewogen und auf alle, die ihn kannten, wie der »halbierte Dickwanst von ehedem« gewirkt habe. Doch unterbrach er mich ungehalten: »Laß das!« sagte er. »Mit Schmusereien muß man mir nicht kommen. Sie entsprechen auch nicht unserem Umgang.«

Dann setzte er sich schwerfällig an seinen Tisch und zeichnete ein Selbstbildnis, unter das er später den Titel setzte: »Hübsches Elend – meins«. Und während die Zeichnung entstand, redete er ohne Unterlaß und als spräche er zu sich selbst: »Man muß mir nicht sagen, daß ich krank bin. Krank war ich immer. Nur in Oldenburg und Haselünne vielleicht nicht. Aber schon auf der Kunstschule brach das aus, in den ›Spinnwebereien‹ mit Reini Drenkhahn, den Besäufnissen und vielen Todeswetten, die wir, alle Tage wieder, abschlossen. Er war konsequenter als ich und hat seine Krankheit besiegt, indem er sich umbrachte; mich hat nur meine

Feigheit davor bewahrt. Oft frage ich mich, ob er jetzt glücklich ist, glücklicher als damals? Ich laufe seither immer am Steilhang entlang, bin auch verschiedentlich abgestürzt, wenn auch nie tödlich. Aber nahe dran war ich oft.«

»Eines meiner großen Talente«, fuhr er fort, »besteht vielleicht darin, daß ich aus meiner Dauerkrankheit eine Folge von Scheingesundheiten machen kann. Doch infiziert ist alles. Jede Zeichnung verrät mich. Mein Glück ist, daß die meisten das Gezeichnete nicht lesen können. Noch das gelöst Wirkende ist der Angst abgerungen, auch das nur Botschaft aus einer übererregten Welt. Verschlüsselt eben. Aber alle sagen, und manche schreiben sogar, ich sei in mich verliebt. Das gibt ihnen ihre Eigenliebe ein und ist ihr ganzer Horizont. Weiter können sie nicht denken. In Wahrheit hasse ich mich, und am meisten in dem, was man ›normale Zustände‹ nennt: wenn ich als der Armleuchter auftrete, der wie alle ist. Recht machen kann ich es niemandem. Überall lauern sie mit diesen gierigen Blicken. Wenn ich nach ihren Vorstellungen ›gesittet‹ auftrete, beschäme ich mich. Wenn ich ausbreche, erwarten sie, daß ich mich schäme. Ein Ausweg ist da nicht.«

Er brachte das alles, fast eine Stunde lang ohne Unterbrechung vor sich hinredend, mit seltsam ruhiger Stimme vor, während er der vor ihm liegenden Zeichnung immer wieder einige Striche hinzufügte, mit prüfendem Blick den Kopf zurücknahm, eine Schattenpartie hineinwischte und zuletzt ein paar Verbesserungen an-

Der stark übergewichtige Janssen nahm Anfang der siebziger Jahre im Lauf eines seiner besessenen Arbeitsschübe innerhalb weniger Wochen über zwanzig Kilo ab. Das Foto zeigt ihn beim Aufbau eines kleinen Geschenktischs für eine Freundin. »Die Blumen fehlten noch, als die Aufnahme gemacht wurde«, sagte er dazu, »und die Zeichnung kann man nicht sehen.«

brachte. »So«, sagte er am Ende, »wirklich hübsches Elend. Wie ich es wollte.« Ich fand dann doch noch einige Worte, die seinen Unwillen nicht erregten, und er dankte mir sogar für mein geduldiges Zuhören: »Freunde müssen mitunter auch als Ascheimer herhalten«, sagte er beim Abschied. Das sei mir bewußt, entgegnete ich, und was es mir erträglich mache, sei nichts anderes als meine »Normalität«. An der Tür, im Gegenlicht, wirkte er wie das Gespenst seiner selbst.

29. O<small>KTOBER</small> 1973

Wiederum erst, wie in den vergangenen Tagen stets, am Abend bei Janssen. Er sagte, er habe das »hübsche Elend« zerrissen, weil es tatsächlich zu hübsch geraten sei. Man könne sich auch mit den eigenen Selbstbildnissen betrügen. Damit solle nun Schluß sein. Er habe sich in der letzten, trotz aller Mittel schlaflos verbrachten Nacht noch einmal an ein Selbstporträt gemacht, offener als die Zeichnung neulich, die schon in ihrer Detailverliebtheit das Elend verleugnete, das sie behauptete. Er überreichte sie mir als Dank dafür, daß ich ihn vor ein paar Tagen nicht unterbrochen hätte und aus ihm herausließ, was, wie er sagte, »einmal herausmußte«.

17. N<small>OVEMBER</small> 1973

Janssen bemerkte, das Rätsel Hitler löse sich für ihn weitgehend, wenn man ihn als Typus des Massenselbstmörders in den Blick nähme. Das heißt, sein gesamtes Dasein als einen Weg zum Selbstmord betrachte, für den er als einzelner zu feige und folglich auf Mit- und Nachläufer angewiesen gewesen sei. Aus keinem anderen Grund habe er den Leuten die Köpfe verdreht, die Gemüter versulzt und womöglich sogar die gewaltigen erotischen Energien mobilisiert, die man von den kreischenden, tränenverzückten Gesichtern ablesen könne. Hitlers tiefste Lustvorstellung sei gewesen, wie alle diese Millionen: die wunderbar vermehrten Großdeutschen, die Germanen, aber natürlich auch die Slawen, die Juden sowieso und wer sonst noch einzufangen wäre, auf breiter Front, in gewissermaßen geschlossener Linie über den ganzen Kontinent hin, mit ihm zusammen in den Tod hineinliefen: ein ultimativer Weltparteitag mit Massenuntergang.

Ob irgendein Historiker diese Auffassung vertrete, wollte er wissen. Ich sagte ihm, erhebliche Gründe sprächen dafür, daß Hitler spätestens seit dem Scheitern des Rußlandfeldzugs, Winter 1941, nicht mehr den Sieg, sondern mit weit größerer Leidenschaft den Untergang mit Massenselbstmord gesucht habe. Belege dafür. Längere Debatte. Janssen begreiflicherweise ohne Kenntnis irgendwelcher Einzelheiten, aber mit bisweilen ungemein psychologischem Scharfsinn argumentierend.

18. November 1973

Die Beschwörung des totalen Untergangs sei von Hitler womöglich auch taktisch gedacht gewesen, meinte Janssen in Fortführung des Gesprächs von gestern: »Einer wie der vergißt das psychologische Manövrieren nie.« Indem er die äußerste Katastrophe herbeiphantasierte, machte er alle, die noch einen Funken Hoffnung auf ihn setzten, zu den Exzessen bereit, die er verlangte, selbst die biedersten Leute, die im privaten Leben keiner Fliege was zuleide tun konnten. Wenn das Debakel unvermeidlich und jeder mit hineingerissen war, muß Hitler gedacht haben, kam es auf ein Verbrechen mehr nicht an: Besudelt ist besudelt! Der prophezeite Untergang stellte jedem einen moralischen Freibrief aus. Ihm, dem Führer selber, übrigens auch.

19. November 1973

Auf den Vorwurf, den ich ihm wegen seiner Attacken gegen M. machte, gab Janssen schließlich klein bei. Er spiele nun mal gern den Teufel, sagte er, weil der Teufel eine so attraktive Rolle sei: weit verlockender als die aller Erzengel zusammen. Selbst wo er den Harlekin mache, müsse immer der Beelzebub aus dem karierten Rockmuster sehen.

20. November 1973

Janssen heute: »Ich bin kein Bohemien und nie einer gewesen. Die Bohemiens sehnten sich nach dem großen Durcheinander, dem Chaos. Ich dagegen sehne mich nach Ordnung, Bürgerlichkeit, Regel. Doch statt dessen lande ich Mal um Mal in irgendeiner Verwirrung, einer Art seelischen Heiserkeit und Erschöpfung.«

In diesem Zusammenhang etwas später: »Die Bohemiens hielten sich allesamt für Genies. Aber ich nie! Ich bin kein Genie – dafür bin ich einfach nicht dumm genug!«

21. November 1973

Im Nachgang zum Gespräch vor drei Tagen wollte ich von Janssen wissen, ob seinen Fragen nach der besonderen Selbstmörder-Konstitution Hitlers eine persönliche Erfahrung zugrunde liege. Jedenfalls sei mir aufgefallen, sagte ich, daß er im Lauf seines Lebens drei Selbstmordversuche unternommen habe – dies aber auffallenderweise immer mit einer Art Beistand und offenbar ermutigt von einem Mittäter: mit Reini Drenkhahn, als sie sich mit ein paar Kanonenschlägen aneinandergekettet hatten, der schon sprühende Zünddocht jedoch verblüffenderweise verglimmte; mit Helga Gatermann rauchend auf dem soeben abgefüllten Heizöltank, als sie jede neu hervorgekramte Zigarette mit sechs oder acht Streichhölzern entzündeten und die noch brennenden Hölzer in den offenen Stutzen warfen, wo sie unter lautem »Oh!« und »Wie schade!« im Öl ertranken, sowie schließlich die nächtlichen »Alleenfahrten« mit Harry Hubaleks Porsche. Die Selbstmorde dagegen, die er ohne Kompagnon erwogen habe, seien nie bis zur Planung geraten, sondern immer nur Ankündigung geblieben – die Nacht, als ich ihn aus der Badewanne holte, ließe ich mal aus, da er selber sie als Rachetheater für Bettina ausgegeben habe. Alles in allem dränge sich für den Beobachter geradezu die Frage auf, ob er für den sozusagen »einsamen« Selbstmord ebenfalls zu feige sei.

Obwohl er die Antwort sichtlich bereit hatte, gab Janssen sich eine Nachdenklichkeitspause. Dann sagte er, solche Überlegungen, wie er sie zu Hitler angestellt habe, kämen niemals aus ganz unbeteiligter Distanz.

17. Dezember 1973

Janssen: »Ich kann die Geister rufen – und sie kommen. Manchmal allerdings nur aus der Flasche.«

23. Dezember 1973

Nach einer halben Stunde kam K., der Janssen unlängst einen Brief geschrieben und etwas förmlich um eine »Audienz« gebeten hatte. Dabei wieder, was ich Janssens »zweites Gesicht« nenne. Er erfaßt selbst bei wildfremden Menschen schon auf den ersten Blick deren insgeheime Schwächen sowie jede Unsicherheit oder Angriffsfläche und stößt dann mit meist brutalem Witz zu: Was er K. auf den Kopf zusagte, glich einem Feuerwerk hellsichtiger Einfälle. Er sprach von den Schwierigkeiten, die K. mit seinen Vorgesetzten habe, den enervierenden Streitereien mit seiner Frau, den wiederholten Anläufen, sich eine Geliebte zu nehmen, und den Ängstlichkeiten, die ihn daran hinderten – dies und anderes, ohne mehr als ein paar hingesagte, allgemein gehaltene Andeutungen zu kennen. Alles, was der arme Mann zu entgegnen wußte, war ein mehrfach eingeworfenes, stammelndes »Wer sagt Ihnen das?« Unschwer war aber zu bemerken, daß jedes Wort ihn gleichsam entblätterte. K. zog bald ab.

In diesen Zusammenhang gehört, wie es Janssen gelang, Gesche ausfindig zu machen, wenn sie angesichts einer beginnenden Alkoholphase das Weite gesucht hatte. Sobald er wiederhergestellt war, ließ Janssen einen seiner Freunde oder Gesches Mutter kommen, setzte sich ins Auto und gab die Richtung an, in der er suchen wollte. Zweimal, mindestens, hat er Gesche auf diese Weise »punktgenau«, wie er sich rühmte, aufgespürt: einmal in irgendeinem Nest am Rand der Lüneburger Heide, ein andermal vor dem Stand eines Krabbenverkäufers in Husum.

25. DEZEMBER 1973

Janssen wieder in weit besserer Verfassung als unlängst. Zwar noch sehr abgemagert, zwanzig Kilo weniger, behauptet er, aber ohne die kranken, zu Tode erschöpften Bewegungen der vergangenen Wochen. Als ich ihm das Foto, das er von jedem hergegebenen Blatt haben will, für das Selbstporträt vom 28. 10. übergab, meinte er, ein Beigeschmack von der Betrügerei, mit der er doch Schluß machen wollte, sei immer noch dabei: »Viel zu sehr auf Mitleid gemacht«, urteilte er. Er sei nicht so krank gewesen, wie die Zeichnung vorspiegele.

Um ihn abzulenken, brachte ich ihn auf die ungezählten Selbstbildnisse überhaupt, die er gezeichnet und radiert habe. Er widersprach und meinte, es seien, aufs Gesamtwerk bezogen, keineswegs so viele, wie immer behauptet werde. »Prozentual sind es nicht mehr als bei Rembrandt«, erklärte er. Am Ende, nachdem er sich mit seiner Rechthaberei in jene Rage geredet hatte, die ich seit einiger Zeit an ihm vermißt hatte, entwaffnete ich ihn mit der Bemerkung, es seien in seinem Falle unbestreitbar mehr, weil selbst ein plattgefahrener Frosch oder ein abgebranntes Streichholz von seiner Hand eine Art Selbstporträt sei. Jedenfalls habe kein Künstler sich noch im entlegensten Gegenstand so offenheraus entlarvt. Er wolle mit jeder Arbeit, wie beiläufig sie auch sei, aller Welt sagen, das habe kein anderer als er verfertigt.

»Zu sehr auf Mitleid gemacht«, meinte Janssen über dieses Selbstporträt vom 28. Oktober 1973, als er seinen eigenen Worten zufolge »zu Tode erschöpft« war.

26. Dezember 1973

Janssen bemerkte zum Selbstbildnis vom 28. 10. noch, wie oft er sich nach einer Zeichnung wie dieser vor dem eigenen Gesicht erschrecke. Aber die Fassungslosigkeit, die ihn dann überfalle, werde aufgewogen durch den Gedanken, wieviel Kälte gegenüber sich selbst und wieviel Virtuosität aufgebracht werden müßten, um dergleichen zustande zu bringen.

27. Dezember 1973

Über Caspar David Friedrich: »Diese Hochknospe der deutschen Romantik – wunderbar! Aber leider nicht voll aufgeblüht.« Janssen sprach über das tiefe Verwandtschaftsgefühl, das ihm schon während der Vorarbeiten zu der Radierfolge »Caspar David Friedrich« gekommen sei, über Friedrichs Liebe zu den Niederländern und zu Lorrain, den Dauerschatten von Tod und Vergänglichkeit über seinen Bildern, die Selbstmordgedanken, die ihn von frühauf heimsuchten, und daß er die ganze Zeitgenossenschaft, die er für armseliges »Pinselwickeln« hielt, gegen die Lehre der Natur hergegeben habe.

Wir kamen dann darauf, ob einer der Gründe für Friedrichs »Stillstand« darin liege, daß er sich vorsätzlich nie nach Italien - begeben und, wie die Deutsch-Römer, fremden Einflüssen ausgesetzt habe. Janssen meinte, Friedrich sei eher antirömisch gewesen und erfüllt von protestantischen Komplexen gegen die katholische Rührseligkeit, die für ihn mit der italienischen Anhimmelei der »Bellezza« zusammenfiel. Aber vor allem habe er das Risiko gescheut, dort sein Ureigenstes zu verlieren, und augenblicklich kam er gleich darauf wieder auf sich selbst: »Wie ich diese Risikoangst aus den frühen Jahren kenne!« meinte er. Heute behellige sie ihn kaum noch. Ein Kunstschüler allerdings, der ohne diese Angst anfange, sei so gut wie verloren. Und eine »Prise« davon müsse man sich ein Leben lang bewahren.

Er erzählte dann, wie er einmal mit Freunden im Auto bis nach

Sizilien gefahren sei. Doch schon bei den ersten Schritten durch die Gassen von Palermo habe er bemerkt, wie das grelle südliche Licht das Zeichnen »umbringt«. Gegen den Protest der Freunde habe er daraufhin das erste Flugzeug bestiegen, um zurückzukommen. Und das ohne alle antirömischen Komplexe.

29. DEZEMBER 1973

Janssen-Bemerkungen von heute, als wir vor allem über das Zeichnen sprachen:

Beim Zeichnen müsse man den Willen ganz ins Abseits stellen und dem »Gefühl«, das aber nur in Anführungszeichen stehen dürfe, eine Art somnambuler, von allem je Erlernten entfernte Herrschaft überlassen: »Folgsamkeit ist die Tugend des Zeichners«, erklärte er dann im Ton eines Dekrets, der Zeichnende sei wie ein Nachtwandler auf dem Dachfirst. Der Gedanke, daß er abstürzen könne, müsse ganz in seine Existenz eingehen, zu einer Art »Natur« werden. »Wer das nicht schafft, stürzt wirklich ab.«

Später: Er hänge am Leitseil von Gefühlen. »Das ist meine Schwäche. Aber meine Stärke auch.«

»Artistik ist die Gefahr des Zeichners. Aber Artistik läßt sich nie ganz vermeiden. Man muß sie einsetzen, sich aber zugleich vor ihr hüten.«

30. DEZEMBER 1973

Janssen kam auf sein Schreiben, das er als eine Folge halbgelungener »Versuche« bezeichnete. Er sei noch nicht »im reinen« damit und weit unter seinen Möglichkeiten. Er glaube, mehr zu können, als er bisher gezeigt habe. Vielleicht werde er besser schreiben, wenn er einmal mit dem Aquarellieren begonnen habe. Denn: »Die Zeichnung bildet ab. Das Wort tupft die Bilder zusammen.«

Während er in dem belehrenden Eifer, den er liebt, seine Einsichten von sich gab, dachte ich, wie weit er sich in dieser kurzen Zeit von allem Krebsverdacht entfernt hatte. Ob er sich die Krankheit nur eingeredet hatte und der Körper seinen Angstphantasien gefolgt war? Man muß nicht fragen, ob der Medizin vergleichbare Fälle bekannt sind. Wenn es überhaupt den Bruch mit der Regel gibt, würde er ihn darstellen.

31. Dezember 1973

Janssen sagte, er habe sich für das neue Jahr ein Motto gewählt, und der Hintergedanke dabei war geradezu mit Händen zu greifen: »Niemals die Freunde enttäuschen; die Gesellschaft dagegen immer.«

2. JANUAR 1974

Janssen tut sich einigermaßen schwer mit dem Verzicht auf unsere »rituellen Morgengänge«, wie er das nennt. Er sei ein Mensch, sagt er, für den eine Gewohnheit die einzige Verläßlichkeit spiegle, die in der Welt zu haben sei. Die sei ihm nun, da ich mich die Woche über in Frankfurt aufhielte, abhanden gekommen, einfach weg. Und die Folge sei eine Art Gleichgewichtsstörung, für deren Auswüchse er schon im vorhinein um Vergebung bitte. Mich überraschte der ungewohnt selbstgerührte Ton seiner Worte.

Um die Unterhaltung weit weg, aber doch auf einen ihm naheliegenden Gegenstand zu lenken, brachte ich das Gespräch auf seinen Oberarm-Fetischismus, den die gerade entstandene Radierfolge »Füssli« wieder unverhohlen feierte. Zwar hätten wir schon das eine und das andere Mal darüber gesprochen, sagte ich, doch habe mir die Lakonie, mit der er sich, ganz im Gegensatz zu seinem sonst so auffälligen exhibitionistischen Drang, darüber geäußert habe, nicht viel Aufschluß verschafft.

Auch Janssen schien erleichtert über den Ausweg, den die Frage ihm bot. Er führte die »Arm-Seligkeit«, wie schon bei früherer Gelegenheit, auf seine ersten erotischen Erfahrungen zurück. Aber diesmal erzählte er breit und fast etwas umständlich von der etwa zehnjährigen Linde, einem Mädchen aus Oldenburg, das eine Art unschuldiger Sehnsucht in ihm erweckt und ihn eines Tages ohne lange Umstände in einen Geräteschuppen abgeschleppt habe. Kaum sei die Tür hinter ihnen ins Schloß gefallen, habe sie sich mit leicht geöffneten Beinen auf den Boden gelegt, die nackten Arme

Eine Oberarm-Paraphrase: Janssens Vorzugsmotiv vieler Jahre, das auf ein Kindheitserlebnis zurückging und von ihm als »Arm-Seligkeit« ironisiert wurde.

ausgebreitet und ihn, der blöd und stieselig über ihr stand, aufgefordert: »Na los! Steh nicht so rum! Komm schon!« Er habe sich daraufhin auf ihre Oberarme gekniet und mit dem »Muskelreiten« begonnen, dem schmerzhaft-wunderbaren Spiel, das damals ihrer aller Schulhof-Vergnügen war. Man setzte langsam und mit weichen Bewegungen an, steigerte den Rhythmus dann, und er erinnere sich, wie die Pupillen sich in Lindes schmalen Augenschlitzen allmählich wegdrehten: Es sei überwältigend gewesen, meinte er, obwohl oder weil er keine Ahnung hatte, was sie mit ihm anstellte. Aber das Zusammensein mit der spilligen Lilith in ihrem ärmellosen und fransigen Wollpullover habe ihn gelehrt, daß es Geheimnisse gab, von denen sich sein »tumbes Gemüt« nichts hatte träumen lassen.

Die seltsam ziellose Gier, zu der er von Linde erweckt worden sei, habe ihn jahrelang begleitet. Er sei der kleinen Kindfrau dann in wechselnden Gestalten immer wieder begegnet, erst kürzlich noch in der Person von Roswitha, von Bettina natürlich und all den Erdnymphen, Sybillchen und Meeresprinzessinnen. Wo immer er mit einer von ihnen zusammengetroffen sei, habe er sich schon auf den ersten Blick ergeben müssen, und nie sei er den Gedanken losgeworden, daß sie ihm irgend etwas vorausshätten und von Bewandtnissen wüßten, die ihm verschlossen seien. Die Oberarme seien lediglich das Symbol dafür. Aber keines der Feenwesen, die ihm über den Weg gelaufen seien, auch die derberen nicht, hätten ihm das Versprechen eingelöst. Er werde daher mich und die Leute noch lange mit seinen »Arm-Seligkeiten« behelligen – bis das Rätsel entschlüsselt oder ihm die Lust an der Entschlüsselung vergangen sei.

Später: Über seinen »Arm-Tick« sei er sozusagen an die Landschaft geraten. Der Oberarmmuskel habe sich beim Zeichnen in einen Hügel verwandelt, hinter dem eine unbekannte Ebene lag. »Sie liegt da«, schloß er, »noch immer.«

23. Januar 1974

Schon kurz nach meiner Ankunft in Hamburg überraschender Besuch Janssens. Nach dem »Eröffnungspalaver«, das mich über die neuesten Verfeindungen, Kräche und »Entzückungssachen« ins Bild setzt, ging er zum Tisch hinüber und begann mit Gelegenheitszeichnungen für, wie er sagte, »einigermaßen vernachlässigte Freunde«. Während der Beschäftigung kam er auf Alfred Hentzen, den langjährigen, berühmten Direktor der Hamburger Kunsthalle, auf die Wertschätzung, die sie füreinander empfunden und rasch bis zur Herzlichkeit entwickelt hätten. Ihm verdanke er, daß er 1968 mit seinen Arbeiten zur Biennale nach Venedig eingeladen worden sei. Dort, in den unvergeßlichen Tagen der Ausstellung, habe er unter anderen »den Herrn Karl« Qualtinger kennengelernt sowie den »schrägen« Herrn Hundertwasser, und gemeinsam hätten sie ein Terzett abgegeben, das sich zugetraut habe, die ganze ehrwürdige Dogenstadt aus den Angeln und, wenn's denn sein müßte, sogar aus der Lagune zu heben.

Irgendwann während der »Gummistiefel-Phase«, die seine Achtundsechziger-Zeit gewesen sei, habe er in »indolenter«, aber auf »Herz und Liebe« gestimmter Verfassung Hentzen besucht. Beflügelt vom Wiedersehen, habe man sich zu Tisch gesetzt, habe gegessen und getrunken, unter endlosem Reden nochmal getrunken und nochmal. Alles gute Weine, wie Hentzen bei jeder neu herbeigeschafften Flasche bemerkte. Irgendwann habe sich in seinem ausgelassenen Kopf dann die Vorstellung festgesetzt, daß man von »guten Weinen«, deren Etikett Hentzen jedesmal mit andächtiger, aber zusehends schwererer Stimme verlas, nicht so leicht betrunken werden könne. Das eben, habe er sich gesagt, sei der Unterschied zu dem billigen Zeugs, das es auf dem Blankeneser Wochenmarkt gab, während dies hier aus einem richtigen Keller kam.

»So gingen die Stunden dahin. Gegen Mitternacht standen sechs oder sieben leere Flaschen herum, wir waren aufgekratzt, verbrüderten uns und ließen der Reihe nach unsere Freunde, unser geliebtes Blankenese sowie mein gerade bezogenes Kutscherhaus, dann aber auch, großzügig wie wir waren, Deutschland, das traurigschöne Venedig, Italien und zuletzt die ganze Welt hochleben.

Etwas später hatte Alfred Hentzen einen unseligen Einfall. Er deutete auf die Bilder an der Wand und brachte erst auf mich, dann aber auch auf die Künstler, die er darüber hinaus schätzte, ein ›Prosit!‹ aus.

Unglücklicherweise waren das die Leute von der ›Ecole de Paris‹. Ich war zwar inzwischen ziemlich betrunken, aber so völlig von Sinnen nun doch nicht, um all die Poliakoffs, Soulages und Vasarelys, denen Hentzens Bewunderung gehörte, für große Meister zu halten. ›Alfred‹, hub ich in fast flehendem Ton an, ›lieber Freund und Duzbruder, Du kannst doch nicht die Arbeiten dieser Schaufensterdekorateure da unvergleichlich finden und meine Zeichnungen auch.‹ Hentzen sah mich verblüfft und mit glasigen Augen an, aber alles, was sein armer Kopf zustande brachte, war wie mit dickgewordener Stimme gesprochen: ›Doch, mein Lieber! Das kann ich!‹ Und mit Betonung noch einmal: ›*Ich* kann das!‹

Als ich, um ja keinen Streit auszulassen, eine Begründung von ihm verlangte, starrte er mich eine Zeitlang schweigend an, brachte aber nur einen Trinkerschluckauf zustande, während es, wie ich deutlich sehen konnte, hinter seiner Stirn aufgeregt arbeitete. Doch am Ende kam immer nur das schreckliche ›*Ich* kann das!‹ heraus.

So ging das eine Weile hin und her. Ich immer wieder mit meinem bittenden: ›Alfred! Sieh doch mal!‹, und er mit seinem wirklich nicht viel einfallsreicheren: ›Doch, ich kann das!‹ Verrückterweise fügte er schließlich noch hinzu: Er, Alfred Hentzen, habe nun mal ein weites Herz.

Irgendwas an dieser Bemerkung muß mich gestört haben. Mei-

Selbstbildnis für Verena: eine der Zeichnungen,
die Janssens frühen Ruhm begründeten.
Bleistift, 12. April 1965.

nem überwachen Mißtrauen nötigten diese Worte geradezu den Verdacht auf, Alfred Hentzen schätze auch mich nur aufgrund seines weiten Herzens, was ja zugleich heißt, daß er es so genau gar nicht wissen wolle. Jedenfalls stand ich plötzlich auf und nahm die erstbeste meiner Zeichnungen von der Wand. Das gerahmte Bild drohend über meinen Kopf haltend, wiederholte ich meine dämliche Frage und fügte hinzu: ›Alfred! Lieber Alfred! Zum letzten Mal!‹ Aber Hentzen hatte sich nun mal auf sein stupides ›Er-liebe-mich-*und*-die-Ecole‹ festgelegt, und kaum hatte er das jetzt wiederholt, zerschlug ich das Bild über meinem angezogenen Knie. Als er mit jener lächelnden Ungerührtheit, die er womöglich für ›Haltung‹ hielt, sitzen blieb und keine Anstalten machte, mir in den Arm zu fallen, griff ich zur nächsten meiner Zeichnungen, stellte ein weiteres Mal meine Frage und zertrümmerte auf Hentzens lächelndes Gestammel hin auch die. Und so die ganze Reihe durch. Am Ende hingen nur noch die Poliakoffs und Soulages an der Wand. Aber Hentzen zeigte weiter ›Haltung‹.

Es war fürchterlich. Als mir am folgenden Tag das Vorgefallene halbwegs bewußt wurde, schrieb ich ihm einen Reuebrief und versprach, jede der zerstörten Zeichnungen durch wenigstens zwei neue Arbeiten zu ersetzen. Noch heute finde ich, daß ich mit meinem Argument im Recht war; aber völlig blödsinnig in meinem Tun.«

30. MÄRZ 1974

Janssen wiederum über seinen Vater, einen Vertreter irgendwo aus Süddeutschland, über den er aber außer dem Namen nichts Näheres wisse. Nur daß er sich eines Tages über seine Mutter »hergemacht« und sie dann sitzengelassen habe.

Als ihm in frühen Jahren das Hörensagen darüber zu Ohren gekommen sei, habe er zunächst wütend reagiert. Aber inzwischen denke er, daß er es ganz gut getroffen habe. Auf diese Weise nämlich könne er sich als Sohn sozusagen seinen Vater selber zeugen, seinen Großvater auch und so die ganze Leiter rauf und runter bis zu Menzel, Goya, Rembrandt und Dürer. Bei ihm sei eben nichts so wie bei den Leuten, sondern immer alles »andersrum«.

Manchmal denke er, er müsse seinem entlaufenen Vater sogar dankbar sein. Wer könne sich schon, wie er, seine Herkunft ausdenken und dabei die wildesten und ehrenvollsten Phantasien spielen lassen.

Es war das zweite oder dritte Mal innerhalb kurzer Zeit, daß er von seinem Vater sprach. Aus dem Hinweis auf seinen frühen Zorn und mancher anderen verräterischen Bemerkung ging hervor, daß er doch darunter leidet. Er berichtete auch, daß sich »Opa Fritz Janssen«, als er von der Schwangerschaft seiner Tochter erfuhr, umbringen wollte. »Die Schande!« habe er auf seinem Schneidertisch oder manchmal, mitten beim Essen, mit sozusagen geschlossenen Lippen vor sich hingeflüstert, »die Schande!« So jedenfalls habe es ihm Tantchen erzählt.

12. April 1974

Janssen strahlend, mir schon auf der Treppe seltsam aufgeregt entgegenkommend. Er habe, beginnt er sofort, in einer naturwissenschaftlichen Abhandlung gelesen, daß das Auge der Eule durch eine einzigartige Reaktionsgeschwindigkeit ausgezeichnet sei. Innerhalb einer Tausendstelsekunde oder gar eines Bruchteils davon, so habe man festgestellt, könne es einen Lichtreiz wahrnehmen und sogar parieren. Nie jedenfalls sei es den fotografischen Eulenjägern bislang gelungen, eines der Tiere mit geöffneten Augen im Bild festzuhalten. Da die Eulenvögel vor allem bei Nacht unterwegs seien, habe man ihr Geheimnis noch kaum entschlüsseln können.

Ich fand das bemerkenswert. Immerhin, sagte ich, werde man weiterforschen und irgendwann dahinterkommen. Die Verhaltenslehre sei eine junge… »Du lieber Gott!« fiel Janssen mir ins Wort. Ob ich nicht ahne, welche Ungeheuerlichkeit in dieser Erkenntnis stecke? Als ich nichts zu erwidern wußte, meinte er außer sich: Angenommen, man könnte den Mechanismus des Eulenauges auf den Menschen übertragen! »Ja und?« sagte ich, noch immer begriffsstutzig. »Er versteht nix!« rief Janssen mit verzweifeltem Blick zur Zimmerdecke. Und zu mir: »Alles wäre anders! Keine Angst mehr! Klar? Endlich Sicherheit oder soviel wie Sicherheit! Denn man würde den Tod erkennen, selbst wenn er unerwartet um die Ecke kommt. Könnte Platz machen für irgend jemanden hinter uns, den er ebenso gern nimmt; oder eigentlich noch lieber. Könnte sich nach einiger Zeit, wenn man aneinander gewöhnt ist, vielleicht sogar mit ihm verbünden, Absprachen treffen. Verträge mit dem Tod! Man stelle sich das vor! Verträge!«

Er war wieder bei seinem Thema. Ich glaubte ihn gut zu kennen, aber mich verblüffte doch die Besessenheit, mit der er sich aus so absonderlichem Anlaß darüber hermachte.

5. Mai 1974

Janssen in Balance, sehr gesichert wirkend. Natürlich gibt er sich, wie in seinen halb gefestigten Stimmungen immer, unangreifbarer, als er ist. Er behauptet, der Alkohol habe nun endgültig die Macht über ihn verloren. Mitunter komme es ihm schon vor, die tausend Nöte damit lägen in einer unendlich weit entfernten Zeit, und alle Katastrophen, in die er wieder und wieder hineingerannt sei, seien einem ganz anderen Menschen zugestoßen.

Gelegenheit, einmal mehr mit ihm über die wütenden Anfälle zu sprechen, die ihn noch immer außer Rand und Band bringen. Ich sagte ihm, in seinen Tiraden sei er mir oft wie der verkrüppelte Mythengott Hephaistos erschienen, über den er einmal eine Art Impromptu geschrieben und mir vorgelesen habe: wie er da, feuerrot beschienen, vor seiner riesigen Esse im Berg stehe und mit dem Blasebalg die glühenden Lavamassen schüre, die er dann auf die ihm feindlichen Götter herabregnen lasse. So ähnlich jedenfalls habe er es mit aller Freiheit gegenüber dem Original geschildert. »Schöner Vergleich!« dankte er, doch wolle er gleich hinzusagen, daß niemand ihm die wunderbar böse Laune, die ihn bisweilen überfalle, wegkomplimentieren werde. Wer ihm die Feinde ausreden wolle, müsse sich darauf gefaßt machen, eines Tages selbst einer zu werden. Ich sagte ihm, er täte besser daran, die Haßenergien auf dem Zeichenblatt abzureagieren.

6. Mai 1974

Wir sprachen über seine Vergänglichkeitsangst, die sich sowohl auf die Erscheinungen wie auf das eigene Dasein bezögen. »Im Augenblick nicht«, erwiderte er, »und morgen oder übermorgen auch nicht!« Drama werde gerade nicht gespielt. Der Vorhang sei zu.

Janssen als Meisterschüler seines Lehrers
Alfred Mahlau Anfang der fünfziger Jahre.

Obwohl die »Parkettaffen« allesamt auf den nächsten Akt warteten.

Er schien nicht aus der Ruhe zu bringen. Erst meine Bemerkung, ich fragte mich mitunter, ob er die Schönheit der Erscheinungen nicht zuletzt darstelle, um sie sogleich ein bißchen »zerkratzen« zu können, holte ihn aus der Reserve hervor. Er sei, was meine Auffassung gewissermaßen voraussetze, kein Taktiker des eigenen Œuvres, der nach Belieben entweder seine Ängste, seinen Zorn oder seine Glückszustände abrufe. Das eine wie das andere stelle sich einfach ein, er rechne nichts aus. Wovon ich da spreche, sei der dumme, schöne Sündenstand vergangener Zeiten. Auch »zerkratze« er das Schöne nicht; was andere als Verunstaltung ansähen, sei für ihn noch immer schön. Wenn es häßlich wäre, würde er es nicht wahrnehmen und schon gar nicht zeichnen.

Später noch: Man müsse nur die Vernunft zu Rate ziehen, und alle Unerträglichkeiten lösten sich auf. Er jedenfalls vertraue nun auf die Vernunft. Es sei ganz einfach: Die Selbstkontrolle, die er vor dem Papier so mühelos aufbringe, müsse er nur »auf das bißchen Leben übertragen, das er neben der Arbeit auch noch führe«.

In dieser Weise redete er geraume Zeit weiter. So lange und mit so vielen Worten, daß mir der Verdacht kam, »ganz so einfach«, wie er gesagt hatte, sei die Sache mit der Selbstkontrolle doch nicht.

7. MAI 1974

Janssens unbezähmbare Lust, Menschen zu korrumpieren. Wer immer in seine Nähe kommt, gerät ersichtlich in diese Gefahr. Er hecke beim Morgengang über seine Teppiche, wenn die Welt noch in schöner Ahnungslosigkeit schlafe, mit sich steigernder Emphase Pläne aus, um einen Gegner lächerlich zu machen oder sonstwie zur

Strecke zu bringen; auch setze er seine Arbeiten bewußt zu Bestechungen ein, indem er irgendwen aufs tiefste demütige und erniedrige – und ihn anschließend reich beschenke: dies meist natürlich spontan, aus irgendeiner Emotion, deren Opfer er sei, aber mitunter eben auch als berechneten Angriff auf die Integrität des anderen. Er erzählte von stundenlangen, zwischen Nacht und Morgen entwickelten Strategien. Wenn es besonders schlecht um ihn stehe, könne auch eine Geliebte zur Beschuldigten werden oder ein Freund. »Alles ungerecht, natürlich!« sagte er, »und alles notwendig!«

Sein schönstes »Rachefest« habe er sich, von langer Hand eingefädelt, mit Professor Hassenpflug bereitet, dem einstigen Direktor der Hamburger Landeskunstschule: ein »Revanche-Menü in mehreren Gängen«, sagte er. Hassenpflug sei der Mann gewesen, der es sich herausgenommen hatte, das an den Mahlauschen Meisterschüler Janssen gegangene Stipendium der Studienstiftung des Deutschen Volkes eigenmächtig mit einer Bedingung zu verknüpfen: daß er, Janssen, zuvor die Klasse Geometrie und Schrift absolviere, was der unter keinen Umständen wollte. Wie die Sache ausging, sei bekannt: »Ich lehnte notgedrungen das Stipendium ab, und als die Studienstiftung bei ihrer Entscheidung blieb, war Hassenpflug blamiert. Er gab dann keine Ruhe, bis er mich mit irgendwelchen Tricks von der Kunstschule entfernt hatte.

Seltsamerweise wuchs mein Zorn gegen ihn mit den Jahren ständig an. Hassenpflug, muß ich an dieser Stelle einfügen, hatte eine Geliebte, Birgit Sandner, die eine kleine Galerie betrieb. Als ich zunehmend bekannt wurde und, in Hamburg jedenfalls, so etwas wie eine Berühmtheit, begann sie, sich für meine Arbeit zu interessieren. Sie wollte partout eine Janssen-Ausstellung, und dieser Wunsch brachte mich bei meinen schon damals üblichen bösen »Morgenandachten« auf einen Gedanken. Ich begann meinerseits, sie zu umwerben, was mir nicht besonders schwerfiel, da sie eine reizvolle Person war. Um sie für mich einzunehmen, schuf ich für sie meine erste Radierserie überhaupt, die ›Nana‹.

Ich merkte bald, daß ich bei ihr nicht ganz erfolglos war, und in den kommenden Wochen genoß ich es geradezu, mir die Streitereien zwischen Birgit und Hassenpflug vorzustellen und wie er überm Frühstücksei seine immer neue Verärgerung über unsere Flirterei zeigte und allmählich ausfällig wurde. Kaum hatte ich diese Phantasien genügend ausgekostet, ging ich einen Schritt weiter und fing ein Verhältnis mit ihr an. Das kühlte mich schon einigermaßen ab, war mir aber bald nicht öffentlich genug. Jeder in Hamburg sollte wissen, daß ich dem großmächtigen Professor Gustav Hassenpflug die Geliebte ausgespannt hatte. Das war nicht besser als durch eine Heirat zu erreichen, und folglich heiratete ich Birgit Sandner – wenn auch nur für ein paar Wochen, nicht viel mehr als drei oder vier. Da wußten es wirklich alle. Und nochmal drei oder vier Wochen dauerte dann die Scheidung. Mein Racheglück war vollkommen.«

Welcher Haß, sagte ich mir beim Weggang, trotz aller Zweifel an seiner Geschichte, welches Vergeltungsbedürfnis an der Welt! Auch welche erschreckend konsequenzenlose Einsicht in die eigenen Anstößigkeiten! Ich erinnerte mich an einen oft von ihm gehörten Satz, wonach das Böse keine Ursache habe und keine Gründe benötige, sondern einfach da sei. Wer das nicht begreife, wisse nichts vom Menschen und nichts von der Welt!

8. Mai 1974

Kopien bilden, wie ich ihm heute sagte, nach einer Formulierung von Adolf von Hildebrand, die Wirklichkeit nicht einfach ab, sondern erfinden sie neu: Janssen seltsam elektrisiert. Das habe Hildebrand von ihm gestohlen, behauptete er, und erging sich in längeren Gedankenpirouetten über die Möglichkeit des vorweggenommenen geistigen Diebstahls. Als ich Mal um Mal Einwände erhob, brach er das Gespräch mit dem Bemerken ab, mit »Spielverderbern« sei kein Disput zu machen. Der Gedanke des Spiels sei Anfang und Ende jeder Auseinandersetzung.

20. Mai 1974

Ich nannte sein Haus, das heute einen besonders unaufgeräumten Eindruck macht, eine »Rumpelkammer mit vorgebauter Studienrats-Loggia«. Er erwiderte, er habe nichts gegen Rumpelkammern, nichts gegen Studienräte, die er sowieso nie kennengelernt habe, und schon gar nichts gegen Loggien. Aber er verbrauche alles, was er an Ordnungssinn mitbekommen habe, vor dem Zeichnungspapier, so daß für die Wirklichkeit nichts übrigbliebe.

30. Mai 1974

Janssen erzählt von L., die einmal zu ihm gesagt habe, er rede so unendlich viel, ein Wortschwall nach dem anderen praßle auf jeden hernieder, der an ihn gerate. Er behaupte gern, dabei seine Seele zu entblößen. In Wirklichkeit aber dienten ihm die vielen Worte nur dazu, sich zu verbergen und den Zuhörer in die Irre zu führen. Unfreiwilligerweise mache er sich deshalb aber leicht durchschaubar und sei eigentlich nichts anderes als »ein großes, sich ungeheuer schlau dünkendes Kind«.

Weil L. sich trotz der zurechtweisenden Strenge, mit der sie meistens auftritt, nie über ihn geäußert habe, sagte er, sei er um so überraschter gewesen, daß sie mit einem fertigen, wenn auch etwas schlichten Konterfei von ihm aufwartete. Nach einer anerkennenden Verneigung habe er daher ihre Worte mit dem Satz quittiert: Eine Ahnung davon trage er koketterweise schon lange mit sich herum.

4. Juni 1974

Janssen beschreibt in ausgedehnten, immer wieder ergänzten Äußerungen die »Rumtreiber« in seiner Umgebung. Zwar hörten sich, sagte er, manche dieser Typenporträts unfreundlich an, aber er könne nun mal nicht anders. Lieb seien ihm alle. »Irgendwie jedenfalls.«

— Er nennt zunächst den ergebenen Diener, der ihm die Schuhe küßt, den »Laufjungen« spielt und einen fast erotischen Genuß aus seiner »Zwergenhaftigkeit« zieht. Er habe es unzählige Male beobachtet: die Verbeugungen und Kriechereien, zu denen dieser Typus von niemandem genötigt werde, erfüllten ihn mit einer Art »Erektionsstolz«. Er erhebe keine Ansprüche. Für ein paar »lumpige Radierungen« nehme er jede Demütigung hin. Alles, was er sich erhoffe, seien die Beglückungen der Unterwürfigkeit.

— Dann sei da der »aufdringliche Kunstfreund«. Wohin er blickt, sieht er nur Stile, Richtungen, historische Schulen oder große und kleine Kunst. Im günstigeren Fall ist er kenntnisreich und anregend. Verläßt sich weniger auf seine Gedanken als auf seinen Instinkt. Zugleich furchtsam. Immer ein bißchen halbgebackenes Brötchen, teigig im Wesen wie in der Erscheinung. Beim geringsten Anzeichen von Ungemach oder gar Krise sucht er das Weite. Sandalenträger. Nie um ein Alibi verlegen, selbst wo es nicht verlangt wird.

– Auftritt des immer hungrigen Parasiten. Aller Welt werfe das Schicksal mit vollen Händen die Gaben zu, meint er, nur er selber gehe leer aus. Betrachtet das Leben als eine Mastanstalt, doch stoße er, als ewig zukurzkommender, in dem gierigen, drängelnden Geschiebe nie bis zum Trog vor. Malt sich unablässig eine bessere Ordnung aus. Die Tücken, die er bedenkenlos anwendet, rechtfertigt er mit dem hohen Ziel der Gerechtigkeit, die ihm angeblich am Herzen liegt. Unmoralisch wie alle, die von der »Weltmoral« reden.

– Der liebenswerte Tagedieb, der irgendwann erkannt habe, daß er, Janssen, zwar nicht unbedingt ein Gegenüber, aber doch eine Echowand für seine pausenlosen Redereien benötige. Schlicht im Wesen, weiß er doch, wann »Janssen-Zeit« ist, das heißt eine erschöpfende Arbeitsphase zu Ende geht und »vergeudende Wochen« anstehen. Dauert ihm das Warten zu lange, läßt er schon mal, wie aus Versehen, eine »zufällig mitgeführte Flasche« bei ihm stehen.

– Zuletzt noch der selbstlose Verehrer, der in Notzeiten stets zur Stelle ist und soviel Uneigennützigkeit wie Weltfremdheit zeigt. Vom Aussterben bedrohte Spezies, meinte Janssen, der zum guten Ende denn auch rasch ein Rock übergezogen werden solle, in dem sie als die aufopfernde Frau im kleinen Rampenlicht steht. Der Dank, den keine von ihnen je verlangt und er nie ausgesprochen habe, solle endlich, sagt er, abgestattet sein. Und zugeben wolle er auch, daß er sich den ganzen wirren Typenkatalog nur ausgedacht habe, um zu dieser kleinen Huldigung an die Frauen seines Lebens zu gelangen.

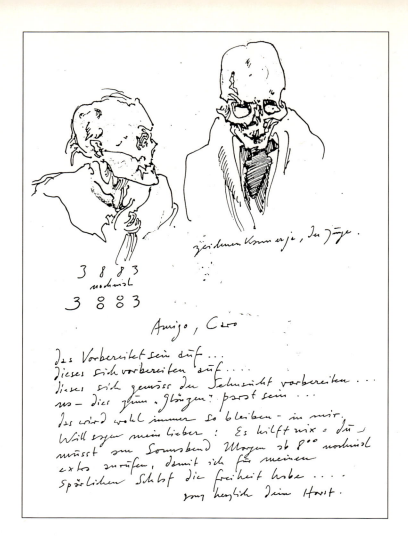

14. AUGUST 1974

Aus Palermo hatte ich Janssen unlängst eine Anzahl Postkarten mit Motiven aus der weitläufigen und grausigen Totengalerie des Kapuzinerklosters geschickt. Sie zeigen die Skelette von Generationen verstorbener Mönche mit teils fragendem, teils ratlosem Ausdruck, die Arme meist in einer Geste frommer Ergebung über der Kutte gekreuzt. Auch ein Bischof im festlichen Ornat war auf einer der

Skizze auf einem Briefkopf, Jahre später in
Erinnerung an eine Postkarte aus Palermo
gezeichnet.

Karten zu sehen, dem die Mitra über den geschrumpften Schädel tief in die Stirn gerutscht war, sodann ein altes Ehepaar in großer Garderobe, die Frau demutsvoll gebeugt in seidener Gala neben ihrem herrisch starrenden Gebieter. Dazu noch ein Obrist im grünen Uniformrock, einen kunstvoll bestickten Zweispitz auf dem Kopf, der die vorüberdrängenden Touristenscharen wie eine unordentliche Parade musterte.

Das habe er in Palermo verpaßt, hatte ich Janssen dazu geschrieben. Die Postkarten hatte er inzwischen, wie nun zu sehen war, eine neben der anderen an die Wand neben dem Arbeitstisch geheftet. »Memento mori«, sagte Janssen dazu, »und ein bißchen ›Carnevale‹ auch noch, wie ich es liebe. Fleisch ade!« heiße das doch. Er wolle sich bei nächster Gelegenheit noch mal nach Palermo aufmachen, aber diesmal im Winter, um den Schrecken der Sonne zu entgehen und sie für das Glück im Kapuzinergewölbe einzutauschen.

16. AUGUST 1974

Windiger Tag. Vor einem seiner Selbstbildnisse sprachen wir wieder einmal über Janssens ständige Verwandlungslaune. Nach dem Spaßmacher, sagte ich, trete er auffällig gern in der Rolle des Tragöden auf, dann wieder in der des Umdüsterten, anschließend auch geifernd, ausgelassen oder in strenger, auf Distanz bedachter, also gleichsam »klassischer« Pose. Janssen stimmte zu und meinte, er könne mir auch den Zeitpunkt verraten, an dem er das Kostüm wechsle. »Das ist immer der Augenblick, an dem die Leute glauben, sie hätten mein Wesen erraten. Dann springe ich aus dem Anzug heraus und in einen neuen hinein. Aber Rolle ist alles.«

23. August 1974

Janssen in einem Brief wieder mit dem häufig von ihm verwendeten Bild, er spüre, »eine Kompression auf dem Solarplexus, die er nur durch Aufschrei, Euphorie und Jubel loswerden« könne. Ich antwortete mit einer Postkarte, die nur die Worte enthielt: »Besser vielleicht nicht?«

26. September 1974

Am Nachmittag des vergangenen Samstags Anruf von Janssen mit der dringenden Bitte um meinen Besuch. Er wirkte reichlich verstört und begann, kaum daß ich zur Tür herein war, über seine neue Liebe B. zu klagen. Er wisse nicht weiter, sagte er, und wenn er sich in diesem Augenblick zu zeichnen hätte, würde er sich mit einem klaffenden Riß von der Fontanelle bis zum Geschlecht darstellen. B. habe ihm für diesen Nachmittag einen Anruf versprochen oder gerade nicht versprochen, sondern tückischerweise nur in Aussicht gestellt und einmal sogar angedeutet, am späten Abend vielleicht vorbeizukommen. Mit ihrem ewigen »Vielleicht« erdrossele sie ihn ganz allmählich. Seit Stunden schon sitze er nun neben dem Telefon und zittere. Es sei ja nicht ein Dreiecksverhältnis, was ihn um den Verstand bringe, sondern mindestens eine Beziehung zu viert, ganz abgesehen von den Kindern, die auch noch da seien. Denn B. halte sich einen weiteren Liebhaber oder auch mehrere, er wisse von wilden Hinterzimmerorgien im Stadtteil Sankt Georg, wo sie die beklatschte Erigier-Nummer sei. Einmal am Zuge, malte er dann die Zuhältertypen aus (»Alles Akne-Visagen!«), die dort das große Wort führten, beschrieb einen riesigen Neger und seine sadistischen Spiele, von dem B. sich zur »Folter-Madame« ausbilden lasse, um zu lernen, wie sie ihn, wenn die Zeit heran sei, am lustvoll quälendsten umbringe. Später kam er auf Südamerika, weil B., wenn ich ihn richtig verstand, irgendwann geäußert hatte, sie werde aus den Hamburger Auswegslosigkeiten nach Rio oder São Paulo fliehen. Zwischendurch lief er immer wieder zum Telefon, schrie ein paar Worte in den Hörer und warf ihn auf die Gabel zurück. Er sei wirklich am Ende, jammerte er. Nie habe er sich so ausgeliefert gefühlt. Er könne gar nichts machen. Nicht werben, nicht drängen, nicht intrigieren, nichts! Und nach kurzer Pause: Nur das Zeichnen bliebe ihm. Aber bevor er wieder an seinen Tisch krieche, habe er mich gebraucht und wenigstens einmal »Hilfe! Hilfe!« rufen wollen.

Ich konnte zu alledem wenig sagen. Einzig bei der Sankt-Georg-Szene, als er seine Phantasie allzu erkennbar ins Kraut schießen ließ, fiel ich ihm dann und wann ins Wort. Längst war mir bewußt, daß er in seinen Verzweiflungszuständen keinen Ratgeber, sondern nur einen Zuhörer benötigte. Gegen neun Uhr meinte er, jetzt habe er keine Hoffnung mehr auf einen Anruf. In einer überraschenden Wendung setzte er hinzu, was er da vor mir »ausgeleert« habe, geniere ihn sehr. Beim Tête-à-tête sei er, sobald die Rede auf Herzensangelegenheiten käme, nun mal ein Versager. Vielleicht werde er mir eine längere Epistel schreiben über »das bißchen Glück und das viele Elend« seiner Liebe. Er bedankte sich für meine Geduld und meinte, nach dieser Beichtstunde hätten sich die Dinge für ihn fast schon umgedreht. So daß er besser »vom bißchen Elend und vom vielen Glück« dieser Liebe reden sollte. Aber mißtrauisch, wie er nun mal sei, warte er damit noch etwas.

3. Dezember 1974

Janssen wartet mit einer unglaublichen Geschichte auf. Er sei kürzlich, zusammen mit B., in Gottorf gewesen, um sich die Moorleichen anzusehen, die dort im vor- und frühgeschichtlichen Museum ausgestellt seien. Er beschrieb die Exaltation, die ihn im Kellergewölbe unter der ehemaligen Exerzierhalle zwischen all den Vitrinen mit den fünfzehnhundert Jahre alten »Menschenhüllen« erfaßt habe. Eine junge, offenbar durch Erdrosselung hingerichtete und anschließend im Moor versenkte Frau habe ihn so beeindruckt, daß er immer wieder zu ihr zurückmußte. Da er und B.

erst kurz vor dem Ende der Besuchszeit eingetroffen waren, sei ihm plötzlich der »geistesgestörte Gedanke« gekommen, sich in dem Verlies einschließen zu lassen und die Nacht gleichsam am anderen Ufer des Acheron zu verbringen: zur Gewöhnung, wie er sich und der zunächst zögernden B. eingeredet habe.

Noch während sie einigermaßen unschlüssig herumgestanden hätten, sei auch schon der Wachmann aufgetaucht und habe nach einem flüchtigen Blick in den Ausstellungsraum die Tür verschlossen. Auf dem hochbordigen Schiff aus Vorwikinger-Zeiten, dem Staats- und Vorzeigestück des Museums, hätten sie sich daraufhin ein »gemütliches Nachtlager« hergerichtet. Etwas ängstlich sei ihm schon zumute gewesen. Zwar glaube er nicht wirklich an Geisterstunden, Gespenster und Wiedergänger. Aber um Mitternacht sei ihm doch das »große Herzklopfen« gekommen, und tatsächlich, ob man ihm das abnehme oder nicht, habe er entsetzt wahrgenommen, wie sich die mumifizierten Leiber in ihren Glasbehältern unversehens »hochreckelten« und bald auch einen ziemlich mißtönenden Gruselchor nach der Weise von »Auf der Mauer, auf der Lauer« anstimmten. Anschaulich, die kleinen und größeren Schocks jener Nacht umsichtig verteilend, erzählte er, wie sich allmählich Boden und Wände öffneten und zunehmend mehr »Strampelgeister« freigaben, schilderte mit imitierenden Verrenkungen die Tänze und Kobolzeinlagen, die sie zum unablässig anschwellenden und zeitweilig in wüstes Geschrei übergehenden Gesang vollführten. Er habe, berichtete er, als der Lärm nicht mehr auszuhalten war, mehrfach mit aller Kraft gegen das Getobe angebrüllt, aber der Klamauk sei einfach weitergegangen. Seither beschäftige ihn die Frage, ob Gespenster Angst haben? Und wenn nicht, ob das Gespensterdasein demzufolge so was wie Erlösung von allen Übeln bedeute? Auch ob die alte Schreckensvorstellung von den zur Strafe ruhelos umherirrenden Alben und Aufhockern nicht korrigiert werden müsse, da die Geisterexistenz in Wahrheit höchst begehrenswert sei. Undsoweiter.

Ich glaubte ihm kein Wort, unterbrach ich ihn, als er zum Ende kam und darstellte, wie sie sich am folgenden Morgen, nach der Öffnung des Museums, unbemerkt davongemacht hätten. Immerhin habe er sich da eine unterhaltsame Nachtphantasie einfallen lassen. Jedenfalls werde er mir nicht weismachen, sagte ich, daß er, trotz seiner Angstbesessenheit, eine Nacht unter Moorleichen verbracht habe. Viel eher scheine mir, er könne den Gedanken nicht ertragen, daß ich mir durch meinen Besuch in der Kapuzinergruft von Palermo ihm gegenüber eine Art »Geistervorsprung« verschafft hätte, den er durch diese Geschichte wettzumachen versuche.

Er sah mich mißmutig an und meinte, als ich ihn »buchstäblich entgeistert« nannte, das sei eine ziemlich unpassende Bemerkung. In manchen früheren Gesprächen hatte er sich durch solche Einwände überrumpeln lassen und schließlich zugegeben, er habe sich da was ausgedacht. Diesmal jedoch blieb er bei seinem »nächtlichen Kränzchen«, wie er sagte, mit den Moorleichen, der erdrosselten jungen Frau und dem Gruselchor zur Geisterstunde. Auf meine Bemerkung: »Wäre auch schade um die schöne Geschichte!« reagierte er fast verärgert und forderte mich auf, B. zu fragen. Sie werde mir alles, Wort für Wort, bestätigen.

9. DEZEMBER 1974

Janssen hat in den vergangenen Tagen eine Serie von allerlei Zufallssachen gezeichnet: Pillendosen, Glaskugeln, Streichholzschachteln, Knöpfe, auch ein paar Blumen und was er das »Fisselzeugs« von seinen Spaziergängen nennt. Hier und da sind Zitate seiner neuen Entdeckung Georg Christoph Lichtenberg vermerkt. Er trägt sich mit dem Gedanken, die Zeichnungen zu einem Buch zu vereinen, das er »April« nennen möchte, weil er dabei nur seinen Launen gefolgt sei – vielleicht aber auch »November«, weil das, wie seine überraschende Begründung lautet, der Monat des Todes und außerdem der Monat seines Geburtstages sei. Ich sähe zwar nicht, warf ich ein, was die Zeichnungen mit dem Tod zu tun hätten, sei aber ziemlich sicher, daß er nun, da er die Eingebung einmal gehabt habe, bei »November« bleiben werde.

Er entgegnete, die Sache sei ihm zu ernst für irgendwelche Scherze. Er habe viel »Herzblut« hineingetan und die erste Etappe hinter sich. Es sei eine gewaltige Anstrengung gewesen. Er habe, wie ich wisse, nach der Berühmtheit vor zehn Jahren noch einmal ganz von vorn angefangen und das Abc der Zeichnerei ein zweites Mal erlernt. Oder sogar zum ersten Mal. Endlich beginne er, die Dinge zu begreifen, wie sie wirklich sind, und nicht nur die Kunsthülle davon. Die paar Blätter wirkten zwar reichlich unscheinbar. Aber das liebe er daran. Tatsächlich seien sie eine Wegmarke in seiner Entwicklung. Von hier komme noch viel.

Zu der Zeichnung, die gerade vor ihm lag, sagte er: Als Kind in Oldenburg habe er manchmal ein Wasserglas über eine rücklings surrende Motte gestülpt, weil er nicht mit ansehen konnte, wie sie immer wieder auf Omas brennende Ölfunzel zuflog. Das heißt, er habe sie, dumm wie er war, vor ihrer Sehnsucht schützen wollen. Nicht klargemacht habe er sich jedenfalls, daß die »feste Burg«,

Als Kind, hat Janssen zu dieser Zeichnung bemerkt, habe er manchmal ein Wasserglas über eine Motte gestülpt, weil er nicht mit ansehen konnte, wie sie immer wieder auf eine offene Flamme zuflog. Erreicht habe er aber nur, daß sie nicht ihrer Sehnsucht und ihrer Bestimmung gemäß im Feuer starb, sondern jämmerlich zugrunde ging. Aus dem »Novemberbuch« von 1975, das Janssen für eine wichtige Wegmarke in seiner Entwicklung ansah.

die er der Motte mit dem Glassturz verschafft zu haben glaubte, eigentlich ein Gefängnis war. Statt ihrer Bestimmung gemäß im Feuer zu sterben, sei sie unter der Glashaube jämmerlich zugrunde gegangen. »Ich hatte sie zwar in Sicherheit gebracht«, sagte er. »Aber es war die Sicherheit des gemeinen Todes.« Er habe die Motte, fuhr er fort, nur um ihr eigenes Ende betrogen ...

»Schon verstanden!« unterbrach ich ihn, als er die pathetische Parallele weiterführen wollte. Dann sei mir wohl auch klar, entgegnete er, daß der Titel »November« nicht so falsch sei, wie ich zunächst gedacht hätte.

30. Dezember 1974

Janssen durch Vermittlung seiner neuen Begleitmuse B. in die psychiatrische Abteilung der Universitätsklinik eingeliefert. Dem Entschluß war offenbar ein tagelanger, von Entsetzen und Ratlosigkeit begleiteter Widerstand Janssens voraufgegangen. Er wisse nicht, sagte er vor ein paar Tagen, warum und zu welchem Ende er das Krankenhaus aufsuchen solle, ob lediglich an eine Diagnose oder auch an therapeutische Anwendungen gedacht sei. Deprimiert und in ungewohnt klagendem Ton hatte er am Telefon eingeräumt, er wisse zwar, daß Alkohol und Aggressivität sein Unglück seien; sein Glück oder jedenfalls der Ursprung seiner Inspiration aber auch. Auf die Frage, warum er dennoch seine Einwilligung gegeben habe, erwiderte er nach einer längeren Pause, seine »Kommandeuse« verlange das, und er sei außerstande, ihr den Wunsch oder gar Befehl abzuschlagen.

Der Anblick traf mich, als ich ihn auf der Station besuchte, wie ein Schock. Im weißen Krankenhaushemd auf weißbezogenem Bett wirkte Janssen wie ausgesetzt, und die klinische Blässe seines Gesichts verstärkte den Eindruck noch, daß er in eine gänzlich fremde Welt verschlagen sei. Um ihm die Entscheidung, zu der er sich durchgerungen hatte, nicht noch im nachhinein zu erschweren, hielt ich mit meinem Befremden zurück, doch war nicht zu übersehen, wie er unter der kalten, desinfizierten Nacktheit des Ortes litt. »Ja, keine Höhle«, sagte er, »sondern das genaue Gegenteil davon. Ein Präsentierbett wie bei Rembrandts Doktor Tulp.« Und wie in Doktor Tulps Anatomie fühle er sich auch.

Aber dann stimmte er ein Loblied auf seinen Arzt, Professor Burchard, an, erging sich in artigen Bemerkungen über die Stationsschwestern, die ihm in bester ahnungsloser Absicht über das Gefühl der Verlorenheit hinweghülfen, und konnte bald schon die ersten, wenn auch gequälten Scherze über den »Krankenhaus-Plural« machen (»Wie geht es uns heute?«). Um ihm wenigstens, wie ich sagte, ausgleichsweise etwas schöne Düsternis zu bieten, brachte ich das Gespräch auf das Buch, das ich mitgebracht hatte. Es handelte von der Romantik, den Paradoxien ihres Ehrgeizes und warum sie eigentlich nur in England eine »schwarze« Seite entwickelt habe. Er war für den »billigen Einstieg«, von dem ich gesprochen hatte, überaus dankbar, kam auf »Klein Zaches«, an den er vor Jahren durch Zufall geraten sei, und meinte, das sei die »Schwärze« in ihrer deutschen Ausdrucksform. Am Ende sprach er von seiner Absicht, »den ganzen E. T. A. Hoffmann« zu lesen, und erwähnte den Plan, eine zweite Radierfolge um Caspar David Friedrich, Johann Adam Klein und die anderen zu schaffen. Beim Abschied schien er wieder einigermaßen im Gleichgewicht. Auf dem Weg zum Parkplatz kam mir der Gedanke, er sei inzwischen vielleicht über die ersten Bedrückungen hinweg.

Aber kaum zu Hause angelangt, ging das Telefon. Am anderen Ende meldete sich Professor Burchard und setzte zu einer umständlichen Erklärung an. Er hatte noch keine zwei Sätze zu Ende gebracht, als Janssen am Apparat war. »Hol mich sofort hier raus!« sagte er bittend, »ich geh zugrunde!« Bis zu meinem Besuch habe er sich mit der »teuflischen Sterilität« ringsum abgefunden und sich gesagt, so sehe eben das »Purgatorium« aus, was doch nichts anderes als »Waschhaus« heiße. Aber der Raum, in dem man ihn »abgestellt« habe, sei nicht das »Purgatorium«, wie ihm bereits mein fassungsloser Blick bei der Ankunft gezeigt habe, sondern die Hölle selber. Er habe zudem panische Angst vor der geschlossenen Abteilung gleich nebenan, er wisse, daß die Krankheiten, unter denen er leide, ohne jedes Zutun für eine Einweisung ausreichten. Atemlos unterbrach er seine Schreckensphantasien über die drohende Einzelzelle, die Zwangsjacke, die Beruhigungsspritzen und die rohe Wärtergewalt mit der zuletzt unter Tränen vorgebrachten Aufforderung, keine Minute länger zu warten und ihn zu »befreien«.

Bei meiner Ankunft stand er, einen kleinen Koffer in der Hand, schon bereit. Doch solange wir uns auf dem Klinikgelände befanden, blieb er schweigsam, mißtrauisch und verzögerte den Schritt, sooft wir an einer Tür vorbeikamen. Aber kaum hatten wir das Eingangstor passiert, brach er in eine Art Jubel aus, untermischt mit Flüchen, Verwünschungen und Dankseufzern: Was da aus ihm herausbrach, war eine so hochgestimmte, blasphemische Litanei, daß ich bereits einen neuerlich bevorstehenden Einbruch befürchtete. Als wir in den Mühlenberger Weg einbogen, sagte er, ihm sei die freundschaftliche Haltung keineswegs entgangen, mit der ich die Komödie mitgespielt hätte. Aber jetzt wolle er meine wirkliche Meinung zu seiner »Stippvisite« im Krankenhaus hören.

Ich erwiderte, es sei vermutlich unangebracht, von einer »Schnapsidee« zu sprechen, schon um ihn nicht auf falsche Gedanken zu bringen. Zutreffender und ernsthafter sei es wohl, von einer womöglich erfundenen Anekdote zu berichten. Sigmund Freud, so gehe die Geschichte, habe irgendwann an Alfred Kubin geschrieben und sich erboten, innerhalb kurzer Zeit die Komplexe und Nachtmahre zu vertreiben, die Kubin ganz offenbar so fürchterlich zu schaffen machten. Kubin habe geantwortet, er zweifle nicht am Genie des berühmten Dr. Freud. Gewiß werde die Behandlung seinen Gespenstern den Garaus machen; aber seiner Kunst wahrscheinlich auch. Die komme geradewegs aus dieser Nachbarschaft. Der Dr. Freud berücksichtige zu wenig, soll Kubin geschlossen haben, daß man nur gesund und trivial – oder aber krank und inspiriert sein könne.

Janssen fragte, warum ich ihm diese Episode nicht früher erzählt hätte. Mit Kubins Hilfe wäre es ihm möglich gewesen, die »weiße Hölle« zu vermeiden. Als ich einwandte: »Aber mit Kubin doch nicht!« Mit einem chimärischen Zeichner beeindrucke man nie und nimmer eine zur Seelenrettung entschlossene Frau, erwiderte er ratlos: »Wahrscheinlich nicht!« Bei der »Kommandeuse« stoße er an seine Grenzen. – Ein paar Tage später fuhr er mit ihr zu einem längeren Aufenthalt nach Paris.

3. JANUAR 1975

Bei meiner Ankunft mehrere Besucher bei Janssen. Merkwürdig aufgeladene Intensität nach allen Seiten, die einen beschenkt, andere beschimpft er, wieder andere kränkt er durch Gleichgültigkeit. Unüberschaubares Geflecht von jeweils unterschiedlichen Beziehungen und Motiven. Aber allen Anwesenden gemeinsam ist, wie sie in Janssens Gegenwart ihren Charakter verlieren, plötzlich wie ausgeblasen wirken. Selbst Leute von Selbstbewußtsein, erfolgreich in ihrer Sphäre, zeigen eine blöde Unterwürfigkeit und verwandeln sich in demütig lächelnde Puppen bei jedem seiner oftmals kalauernden Scherze. Als ich ihm nach einiger Zeit sage, ich müsse gehen, verabschiedet er die ganze Gesellschaft und drängt sie wie eine Herde zur Tür hinaus.

Dann noch annähernd eine Stunde bei ihm. Janssen in einer plötzlichen Gegenstimmung zum hektischen Getue zuvor. Am Ende ziemlich depressiv. Mit fünfundvierzig Jahren sei er »verschlissen, ausgebrannt, ohne Kraft«. Er bringe nur mit Mühe noch die nötige Konzentration für seine Arbeit auf. Solche Massenzusammenkünfte seien auch eine Art Flucht – und endeten, wie alle Fluchten, meist im Würdelosen.

28. JANUAR 1975

Janssen wieder an Kopien, Caracci, Grünewald und andere. Aber die großen Formate, bemerkte er, verrieten dem schärferen Blick, daß es damit allmählich aufs Ende zugehe. Wie immer, wenn ein Thema oder eine Technik durchgespielt sei, beginne er bekanntlich mit etwas Neuem. Eine Stimme sage ihm dann: »Viel weiter geht es nicht!« Sein Unglück sei womöglich, daß er zu rasch ermüde. Ich entgegnete, daß er tatsächlich mit den Radierungen oder frühen Zeichnungen, sogar mit den Holzschnitten noch lange hätte weitermachen können. Das glaube er auch, warf er ein. Aber seine Neugier und seine Wanderlust seien ihm immer im Weg gewesen.

30. Januar 1975

Janssen hatte Albert Speer kennenlernen wollen. Vor einiger Zeit hatte ich beide zusammengebracht und etwas mehr von den Anfälligkeiten Speers begriffen. Jedenfalls war er sichtlich überwältigt von Janssens »Wucht«, wie er hinterher sagte, von seiner »Dämonie«, und man konnte geradezu mit Händen greifen, wie er den feingesponnenen Umgarnungstechniken seines Gegenübers erlag. Bezeichnenderweise schenkte er den an der Wand präsentierten Zeichnungen Janssens nur einen flüchtigen Blick und bestätigte damit meinen Verdacht, daß sein »Künstlertum« nicht angeboren, sondern allenfalls erlernt sei. Und an Janssen selbst beeindruckten ihn, wie ich auch zu bemerken meinte, nicht zuletzt die ungebärdigen, wenn man so will »rohen«, aus aller Konvention herausfallenden Züge, die sich so verblüffend mit seinem Charme und sogar einer Art Zartheit mischen. Speer widersprach eigentlich nie, sondern stimmte allen, im Ton von Pronunciamentos vorgetragenen Äußerungen Janssens fast eilfertig zu. Es war eine Art Lehrstunde über die »autoritäre Persönlichkeit«. So mochte er sich am Hofe Hitlers verhalten haben, oder richtiger: so hat er sich, dachte ich einmal, sicherlich verhalten.

Janssen erkannte augenblicklich die Schwäche des Mannes da vor ihm und genoß die Aufmerksamkeit, die jedes seiner Worte fand: so, als sei es ein unüberbietbarer Triumph, einen veritablen Reichsminister für sich einzunehmen. »Er war ganz gläubig«, meinte Janssen am folgenden Tag, »naiv, bereitwillig, großer Junge.« In Anknüpfung an ihre Erörterungen sagte er: »Was Speer nie begriffen hat, bis heute nicht, ist, daß alles Übergroße oder Maßlose vom Mittelpunkt wegführt. Er hat offenbar Sedlmayrs ›Verlust der Mitte‹ gelesen und sagt, er habe sich mit seinen Bauten am ›Mittelpunkt‹ halten, ihn gegen die modernistischen Raufbolde des Bauhauses verteidigen wollen. Undsoweiter.« Aber in Wirklichkeit habe Speer sich von seinem gelobten Mittelpunkt viel weiter fortbewegt als »die Brut der Bauhäusler«. Nur ahne er nichts davon, schloß Janssen, und bleibe »noch nach den ungezählten Entjungferungen, die er hingenommen hat, im Stand argloser Unschuld. Es gibt diese Art Menschen«. Wenn er sich richtig erinnere, habe er das auch in dem Porträt von Speer, das er damals gezeichnet habe, festzuhalten versucht.

30. MÄRZ 1975

Mit Janssen über sein Vergnügen an Maskerade und großem Auftritt. Er meinte, die Schauspielerei sei, neben dem Zeichnen und dem Schreiben, seine dritte Gabe. Meinen ironischen Einwand, er gerate dabei aber reichlich oft ins Chargieren, faßte er als Herausforderung auf und bot mir an, aus dem Stegreif vier verschiedene Rollen vorzuführen, vielleicht auch fünf oder sechs.

Den Anfang machte eine »Janssen-Pöbelei« gegen einen imaginären Besucher, der überall als sein »Freund« und sogar »enger Vertrauter« auftrete, ihn aber in Wirklichkeit Mal um Mal gekränkt habe, durch Ahnungslosigkeit bereits und Wichtigtuerei. Er wollte auch diesmal wieder nichts anderes als ihm ein paar Zeichnungen »abschwindeln« und hatte offenbar schon begonnen, mit der gefüllten Brieftasche herumzuwedeln. Augenblicklich verwandelte sich Janssen aus der gelassenen Stimmung der Eröffnungsworte in einen Zustand höchster Erregung, während er eine zunehmend ins Brüllen übergehende Suada von Haß, Ekel und Vernichtungswillen gegen den Gast, seine Ehefrau, Geliebte und wen sonst noch ausgoß, seine Freunde nicht zu vergessen, mit denen er ihn, Janssen, »den großen Janssen«, unverfrorenerweise gemein mache, und so immer weiter.

Doch dann hielt Janssen unvermittelt inne und wechselte, dicht vor mir herumgestikulierend, in die Rolle des zerknirschten Bösewichts hinüber, gab sich zunächst kleinlaut, dann über sich selbst erschrocken und wie um Fassung ringend, bis ihm die Tränen kamen und bald in wahren Bächen über die Wangen liefen. Erst stockend und unsicher, dann immer wortreicher, bat er um Vergebung und riß schließlich, als der Besucher steif und verstimmt an seinem Platz blieb, wie zum Beweis seiner tiefen Reue ein halbes Dutzend Zeichnungen von der Wand: »Die noch«, rief er dazu, »auch die! Und als Dreingabe die hier! Alles für Dich – und bitte, keinen Pfennig! Ich habe meinen Kredit gewaltig überzogen und bin gewissermaßen schon bezahlt! Bitte! Bitte!« Immer unter Tränen fuhr er in dieser Art noch lange fort.

Abrupt aus der Szene heraustretend, wischte er sich mit bewunderungsgierigem Triumph die Wangen trocken und fragte, ob ich nicht ebenso gerührt sei wie er auch. Selbst seine schlimmsten Feinde könnten nicht bestreiten, daß dies ein »überzeugender Auftritt« sei, fast eine »Shakespeare-Parodie«. Die dem aggressiven Hochmut folgende Arme-Sünder-Darbietung sei, wie er glaube, seine »stärkste Nummer überhaupt«.

Befriedigt über meine Bestätigung seines Eigenlobs, ging er einen Augenblick lang mit sich zu Rate, nahm dann, um noch unansehnlicher zu erscheinen, sein Gebiß heraus, legte auch die Jacke ab und wechselte in die Rolle eines zahnlosen, schmatzenden, in jeder Einzelheit widerwärtigen Greises, der vom Balkonvorbau herab eine gerade vorbeikommende Achtzehnjährige ansprach. Mit dem ungemeinen Charme, der ihm zu Gebote steht, seiner Schmeichel- und Verführungskunst, die in der Tat einen geradezu grotesken Gegensatz zu seiner äußeren Erscheinung bildete, lockte er das Mädchen schließlich ins Haus und übernahm dabei noch ihre zwischen halbkindlicher Befangenheit und schnippischem Vorwitz hin- und herschwankende Partie – es war unglaublich. »Den Rest erspare ich uns«, bemerkte er zum Ende mit einer Geste zum Schlafzimmer hinüber. »Danke, danke«! versicherte ich, »sehr rücksichtsvoll!«

Den abschließenden Auftritt kündigte er mit den Worten an: »Oldenburg. Sterbezimmer meiner Mutter Martha, 1943.« An einer der Ecken seines Arbeitstischs ließ er sich nach kurzem, sammelndem Nachdenken auf die Knie fallen, begann schwer zu atmen, seufzte unter langen Pausen mehrfach vor sich hin und stieß dann, unter krampfartigen Schluchzern, wirre und zusammenhanglose Worte hervor: Er sei nicht der blonde gute Junge im Matrosenanzug geblieben, der ihr Stolz und ihr ganzes Glück gewesen sei. Vielmehr habe das Schicksal ihn, nach der »Zuchtfabrik« der Napola, in eine Freiheit entlassen, der er nicht gewachsen gewesen sei: erst nichts und dann, von einem Tag zum anderen, alles erlaubt – das könne kein Mensch überstehen.

Dann erzählte er von Tantchen, ihrer guten Schwester, von Reini Drenkhahn und den gemeinsamen Hirnverbranntheiten, von Mahlau mitsamt dem Hin und Her dieser wilden, lüsternen Jahre, von Marie, Judith, Verena und Gesche, die er, eine nach der anderen, verletzt, gequält und schließlich sitzengelassen habe, das Grausen käme ihn an, wenn er sein Lebensregister aufschlage. Es könne für das, was er angerichtet habe, kein Verzeihen geben, nicht jedenfalls von ihr. Er wage nicht einmal, darum zu bitten, wo sie ihn doch immer noch mit den aufgesperrten Kinderaugen über dem gebügelten weißen Rundkragen vor sich sehe.

Zwischen all den nicht endenden Selbstanklagen murmelte er, anfangs ziemlich unverständlich, doch allmählich deutlicher, »heilige Versprechungen«: Sie müsse ihm und seinen »Schwüren« einfach glauben, flüsterte er. Er werde sich ändern und ein »ordentliches Leben« beginnen, mit bald fünfzig Jahren sei noch nichts verloren. Der reuige Sünder könne, wie die Pfarrer wüßten, noch in der Sterbensminute umkehren, die Formel »Zu spät!« sei durch und durch heidnisch, und der gute Christ, der er sei, begreife das besser. Das einzige Verzeihen, das er sich verschaffen könne, bestehe darin, daß er endlich darangehe, sich einen Namen zu machen. Nicht aus Ehrgeiz und weil er sich vor allen hervortun wolle. Sondern einzig ihretwegen, der er dank seines Ruhms ein kleines

Stück Unsterblichkeit verschaffen werde ... Am Ende hing er wie leblos an der Tischkante und ließ, überwältigt von seiner Lebensbeichte, den Tränen freien Lauf. Es war hochpathetisch, einigermaßen übertrieben sogar, zumindest für meinen Geschmack.

Vielleicht hatte das damit zu tun, dachte ich, als er minutenlang so verharrte, daß dieser Auftritt kein bloßes Spiel war; denn das wirkliche Gefühl ruiniert bekanntlich fast immer die Kunst. Als er wieder hochkam, ging er einige Zeit in Gedanken auf und ab. Ich sei jetzt hoffentlich überzeugt, meinte er schließlich, daß die Schauspielerei seine dritte große Begabung sei, nicht geringer als die beiden anderen. Oder habe er vielleicht »chargiert«? »Etwas zu großzügiger Einsatz von Tränen«, wandte ich ein, aber er nahm offenkundig wahr, daß meine Ironie nur, wie er sagte, meine »Ergriffenheit« verbarg. Und etwas später, noch in der ernsten Stimmung, in die ihn die Szene am Bett der Mutter versetzt hatte: Die zahlreichen Gaben, die ihm verliehen seien, würden allerdings aufgewogen durch das, was »die Götter« ihm vorenthalten hätten. Sie gäben keine Geschenke, wie er in jungen Jahren geglaubt habe. »*Die* nicht!« wiederholte er. Ihm hätten sie die Fähigkeit zu einem »normalen Leben« versagt. Auf diesem Felde bringe er nichts zustande und sei, was er mehr als alles auf der Welt verachte und hasse: ein dummer, in seinen Einbildungen gefangener Dilettant. »Übergeschnappt noch dazu, wie die Dilettanten alle.«

Offenbar erschöpft, bat er mich kurze Zeit später, ihn allein zu lassen. Er habe noch zu telefonieren, einen Brief zu schreiben sowie dies und das zu tun, was zum »normalen Leben« gehöre, um das er sich, wie ich doch spätestens seit heute wisse, mit großem Ernst und auch schon ersten Erfolgen bemühe.

2. A<small>PRIL</small> 1975

Wir sprachen über die drei Selbstbildnisse, die er in den vergangenen Tagen angefertigt hat: eines vom Ostersonntag in fahriger, von Krisenahnungen erfüllter Ratlosigkeit, dann ein Nachtbild mit tief verschatteten Zügen und am Ostermontag schließlich eines in melancholisch ergebener Strenge, als die Eindunkelungen, wie er dazu bemerkt, »wider Erwarten ohne Katastrophe« vorübergezogen waren.

Er meinte, die verschiedenen Verfassungen, in denen er da sichtbar werde, hätten seiner jeweiligen Stimmung entsprochen oder genauer, der winzig verzögerten Erinnerung an seine Stimmung. Man dürfe nämlich niemals in dem Zustand sein, in dem man sich darstelle, sondern stets »ein paar Seelenmillimeter darüber«. Erzwingen lasse sich das nicht. Vieles sei ihm schon mißlungen, weil eine Bildidee zu genau mit seiner Verfassung am Arbeitstisch übereinstimmte, er der Gefangene seiner Empfindungen gewesen sei, nicht ihr Gebieter. Das gelte natürlich vor allem für die Porträts. Aber auch für Landschaften, Blumen oder Stilleben. Vor wenigen Tagen habe er den Pinseltopf da auf dem Tisch gezeichnet. Man könne dem Blatt ansehen, daß er »in Balance« war, vielleicht sogar glücklich.

Ich bemerkte ergänzend, was Kleist und, meiner Erinnerung zufolge, viele andere dazu gesagt haben: daß man nicht verliebt, zornig oder ausgelassen sein müsse, um die damit übereinstimmenden Empfindungen darzustellen; sondern durchweg, worauf immer man hinauswolle, vor allem kalt. Er wollte mich überzeugen, daß er mit seinem Eröffnungssatz das gleiche gemeint habe und Kunst nichts anderes als »wohltemperierte Kälte« verlange.

4. April 1975

»Ich habe die Vivisektion an mir wieder und wieder vorgenommen. Wenn ich die introspektive Hand hatte, an anderen auch.«

6. April 1975

Janssen heute, wie so oft, in Dozierlaune. Sich die Hände reibend, ging er im Arbeitszimmer auf und ab und belehrte den Gast über, wie er es nannte, den »Teufel und die Welt«. Er habe nun, führte er aus, eine seiner Hauptmalaisen erkannt und müsse nur noch her-

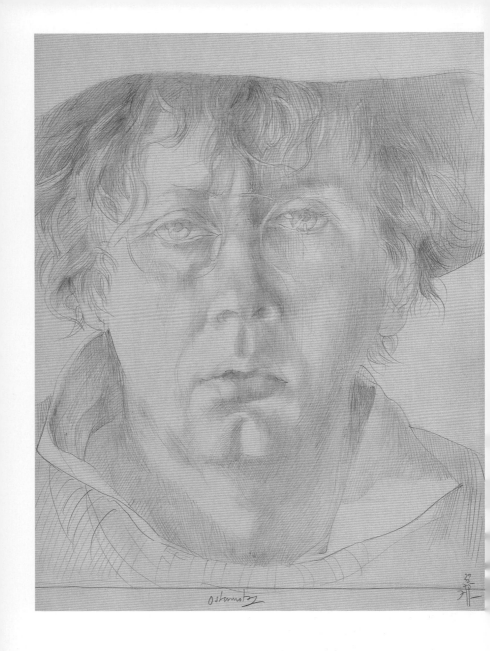

ausfinden, wie er dagegen ankäme. Der Obersatz laute, daß für ihn das halbe Vergnügen immer schon die ganze Qual bedeute. Und das käme so: Schon begrifflich sei das halbe Vergnügen zugleich die halbe Qual. Weil er aber die fehlenden 50 Prozent Vergnügen so sehr vermisse, daß es ihn fast um den Verstand bringe, kämen mindestens noch einmal 50 Prozent Qual hinzu. Obwohl ich sagte, ich hätte begriffen, ließ er es sich nicht nehmen, seine Rechnung auch schriftlich aufzumachen. Er schrieb:
»50 Prozent Qual (wozu man sagen kann: Geht ja noch!) aber:
+ 50 Prozent Verzweiflung darüber, daß man am Vergnügen Abstriche vorzunehmen hat
= 100 Prozent (mindestens) Qual«
Ich wies ihn auf den sophistischen Trick hin, mit dem man zu dem entgegengesetzten Ergebnis käme. Etwa: 50 Prozent Vergnügen plus 50 Prozent Sehnsucht nach den ausstehenden 50 Prozent = 100 Prozent Vergnügen.

Doch wie immer, wenn er selber in belehrender Stimmung ist, wollte er keine Belehrung hören. Sein Problem sei doch die alles vergiftende halbe Qual, beharrte er. Ich widersprach mit dem Hinweis, daß er unter der Vergiftung zu leiden vorgebe, doch in Wirklichkeit die Qual als »süßes Gift« wie eine Droge benötige. Lange, von seiner Seite mit virtuosen Haarspaltereien geführte Auseinandersetzung.

Was er nicht bedenkt und vermutlich nicht einmal denken kann, sind die balancierten Zustände. Denn sie machen das Leben (wie das Zusammenleben) überhaupt erst möglich. Er will unablässig

Während der Ostertage 1975 hat Janssen, im Bewußtsein einer nahenden Krise, drei Selbstporträts gezeichnet: alle auf blaßgrünem Papier, alle en face und nur die Stimmungen unterschiedlich. Die abgebildete Zeichnung zeigt Janssen am Ostermontag, als die befürchtete Krise »wider Erwarten« vorübergegangen war.

die ganz große, ohne Rest erlebte Emotion. Aber die gibt es nicht und sollte es wohl auch nicht geben. Denn die Domestizierung und also auch die Dämpfung der Gefühle macht überhaupt erst das zivilisierte Wesen aus. Alle rückstandslos ausgelebten Empfindungen wirken verheerend und zerstörerisch. Darüber dozierte ich nun eine Weile, und er ließ mich erstaunlicherweise reden, wie zurechtweisend sich mein Vorbringen auch ausnahm. Am Ende sagte ich, er gehöre »insoweit nicht zur zivilisierten Gesellschaft«.

Ich war mir bewußt, mit dieser Bemerkung ziemlich weit gegangen zu sein. Aber er war offenbar nicht in der Stimmung für den großen, rechthaberischen Auftritt. Vielmehr sagte er, halb nachdenklich, halb resigniert: »Was heißt ›insoweit‹?« Er gehöre überhaupt nicht dazu. Beim Auseinandergehen gab er sich fast herzlich.

2. Mai 1975

Janssen wiederum tief in Alkoholproblemen. Er unterscheidet überaus wortreich zwischen »Sturz-Suff«, anhaltendem »Ekel-Suff« und »Inspirations-Suff«, dem er, wenn alles gut verlaufe, nur »dosiert« anheimfalle. Der »Inspirations-Suff«, der ihn oftmals konzentrierter und gedanklich scharfsinniger gemacht hatte, kann es diesmal kaum sein. Denn mir fiel auf, daß er reichlich zerfahren wirkte und als bereite es ihm Mühe, sozusagen in der Spur zu bleiben.

19. Mai 1975

Janssen nach dem »Absturz« vor rund drei Wochen wieder annähernd im Gleichgewicht. Auf eine entsprechende Andeutung hin meinte er, auf die in den wenigen vergangenen Tagen fertiggestellten Zeichnungen weisend: Es sei, wie man sehen könne, wieder Stille eingekehrt. Aber nur, weil er sich mit einem Sprung in die Mitte des Taifuns gerettet habe: »Alles, was ich je an Ruhe finden kann, ist nur die trügerische, vom Wüten der Elemente umgebene Ruhe im Auge des Orkans.«

23. Mai 1975

Janssen sagte, er behalte, mit wem er sich auch anlege, fast immer recht. Aber dies weniger wegen seiner überlegenen Argumente als aufgrund der entwaffnenden Art, in der er sie vorbringe. Er lege es durchweg »auf die Kapitulation des Gegenspielers« an, und die meisten seien, wie er tausendmal beobachtet habe, geradezu begierig darauf, sich ihm zu ergeben.

Darüber einiges Hin und Her, bis er unvermittelt erklärte: Das sei übrigens sein Haupteinwand gegen die Demokratie. Ihre Verteidiger behaupteten immer, das bessere Argument setze sich durch. »Sehr oft ist es aber, wie wir seit Hitler wissen, nur das durchtriebener vorgetragene, lauter dröhnende und bei Lichte besehen auch noch ziemlich schwachsinnige Argument, das sich durchsetzt.« Und ungeduldig: Jetzt möchte er hören, daß er unrecht habe. »Und keine Ausflüchte, bitte!« sagte er. Er wolle wissen, was ich dagegen vorzubringen hätte.

Lange Auseinandersetzung von der Art, die er liebt. Die Demokratien, darauf liefen seine Ausführungen hinaus, hätten einen Geburtsfehler. Sie rechneten nicht mit dem Gewalthunger der Menschen. Gewalt sei ein Urinstinkt, innerste Natur, die mit dem Menschen in die Welt gekommen sei und erst mit ihm daraus verschwinden werde. Wer vertraue schon auf das stärkere Argument? Was richte es gegen die Macht aus, gegen das Interesse oder die Polizei? Es sei schön, wenn es das Bestehende stütze. Aber es sei nur eine Girlande. Und deshalb scheiterten die Demokratien immer wieder.

Sie scheiterten keineswegs immer, entgegnete ich. Aber sie setzten eine Anzahl hoher Ansprüche. Als zivilisierte Form der Herrschaft beruhten sie auf einem ganzen System von Selbstverboten, und es mache so etwas wie die schwache, stets gefährdete Würde der Demokratien aus, daß sie auf Vernunft und Einsicht vertrauten. Er müsse mir nicht sagen, wie unzureichend es damit bestellt sei. Aber allein der Hinweis, daß die demokratischen Ordnungen mit dem Mehrheitsprinzip zugleich die Minderheiten schützten und sogar unter besondere Obhut stellten, müsse ihm einleuchten. Er mache sich hoffentlich keine Illusionen darüber, wie es ihm unter einer Diktatur ergehen würde. Gerade er sei doch, wie alle Außenseiter, einer der privilegierten Nutznießer zivilisierter Verhältnisse.

Er wollte nicht zustimmen. Seine Anpassungsfähigkeit, sagte er, sei weit größer, als ich vermutete; er hätte unter jedem Regime seinen Weg gemacht, sogar unter den Nazis: als Gebietskommissar, Propagandaredner, Distriktchef oder was noch alles. Auf dem kleinen Sprungbrett sei er sozusagen schon gewesen. Aber, warf ich dazwischen, vielleicht wäre er von seinem Brett auch in irgendeine kopflos angezettelte Verschwörung hineingesprungen, Anführer einer Fronde geworden, die der dauernden Schuriegelei überdrüssig war. »Auch möglich!« erwiderte er, »sogar nicht mal unwahrscheinlich!«

Dann malte er aus, wie er sich die Karrieren seiner Freunde und näheren Bekannten vorstelle, falls Hitler der Erfolg nur ein paar Jahre länger treu geblieben wäre. Einige figurierten in seinen gestisch unterbauten Porträts als schmerbäuchige Amtswalter, andere als uniformierte Parasiten im eroberten Osten, wieder andere als herrische Organisatoren der Gewalt und zuletzt auch der eine oder andere als Verurteilter »vor der Mauer«, wie er sagte, weil er sich mit der »bösen neuen Welt« nicht abfinden wollte. Am Ende beschrieb er, wie er selber als Statthalter in Norwegen eine Delegation deutscher Künstler mit Werner Peiner und Sepp Hilz an der Spitze empfing und ihnen eine Lektion über das Zeichnen nach der Natur erteilte.

Er trug das alles in aufgeräumter, mit schauspielerischen Einlagen belebter Stimmung vor. Erst als ich auf den Ausgangspunkt zurückkam und von den Tabus sprach, die das einigermaßen geregelte Zusammenleben überhaupt erst ermöglichen, fuhr er auf, wo die denn gelten würden? In den Fernsehprogrammen beispielsweise, mit denen er seine leeren Abende verbringe, entdecke er nichts davon. Da führten im Gegenteil die Tabuzerstörer das große Wort und bekämen unentwegt Beifall vom blöd begeisterten Publikum. Oft denke er, wenn die Runde unter allgemeiner Zustimmung von Selbstbefreiung palavere: »Und jetzt den Hitler da mitten rein!« Natürlich ohne Schnurrbart und Haartolle, den einzigen Merkmalen, an denen sie ihn wiedererkennen würden. Denn das sei doch der Kunstgriff der großen Verführer. Sie riefen den Leuten zu: »Ihr müßt nicht den heruntergekommenen Regeln folgen! Ihr dürft die Köpfe einschlagen! Euren Instinkten folgen! Nur los! Seid einfach, wie Ihr seid!« Deshalb, fuhr er fort, sehe er den Untergang der Demokratien immerzu voraus, während es mit den Totschlägern dauernd vorangehe. Riesenzüge von wildgewordenen Anbetern, wie sie A. Paul Weber gezeichnet habe, drängelten sich um ihre Rattenfängervisagen. Und da redet Ihr von zivilisiertem Zusammenleben!

Etwas später setzte er hinzu: Alles, was die Hitlers dieser Welt so vorbringen: Nationale Ehre! Volksgemeinschaft! Blut, Boden und Morgensonne! seien doch nichts als Phrasen. Was die Massen mit ihrem schärferen Gehör heraushörten, sei etwas ganz anderes. Sie erfaßten sehr genau die Botschaft hinter den schönen Worten: »Ich komme als der große Befreier! Ihr dürft und sollt, was Ihr wollt! Ich nehme Euch alle Lasten ab: Die Zehn Gebote, das Gängelband irgendwelcher Moralgesetze und erfundenen Tabus! Das Leiden ist zu Ende! Ich bin der Animateur, der Euch die Lust am Leben zurückgibt! Ihr bekommt die Macht über die verlogenen Konventionen zurück, mit denen der Staat, die Kirchen und die übrigen Sittenhengste Euch zu beherrschen versuchen.«

Ich wandte ein, was immer mir zu Gebote stand, bis hin zu Dostojewskis »Großinquisitor«. Doch hatte er sich so ins Durchgängerische geredet, daß jedes meiner Argumente ins Leere lief. Wer kein Gehör für das Befreiungsversprechen der großen Demagogen aufbringe, sagte er, könne die Anfälligkeit der Menschen für die Diktatoren nie begreifen. Der immer wirksame Trick sei doch, nicht als Unterdrücker vor die Mengen hinzutreten, sondern als Erlöser. »Und obwohl alle es besser wissen müßten und auch besser wissen, gieren sie daraufhin geradezu nach Unterwerfung.«

Wieder längere Auseinandersetzung. Als Janssen sich einigermaßen gefaßt hatte, meinte er, natürlich hätte ich recht mit allem, was das halbwegs erträgliche Zusammenleben der Menschen ausmache. Aber die Instinkte hätten ihre eigene Logik. Alles, was ich mir einfallen ließe, käme aus reichlich naivem Wunschdenken. Auch noch aus Leichtsinn und Lebensferne. Es sei eine Rechnung ohne das ewig drohende »Hitlerdebakel«. Im Auf- und Abgehen wiederholte er kopfschüttelnd ein ums andere Mal: »Ausgerechnet er!« Und jedesmal entgegnete ich: »Gerade deshalb!« Beim Weggang, als ich schon am Wagen war, rief er mir von seinem »Söller« aus hinterher: Die alte, immer neue Frage laute, was stärker sei. Er habe nicht den geringsten Zweifel! Da sei er nun mal Schwarzseher und habe nach allem die besseren Gründe.

24. Mai 1975

Längeres Abendtelefonat mit Janssen. Wieder über Demokratie, Verführbarkeit und den »Vorsprung« der Demagogen. Alle seine Behauptungen, nahm ich den Faden wieder auf, hätten in der Tat die Natur des Menschen für sich. Aber das sei nur oder nicht mal die Hälfte des Problems. Man müsse über den Instinktzustand hinaus, sonst lande man unweigerlich bei den Lebensverhältnissen der Horde. Gerade weil die zivilisierte Ordnung ein so zerbrechliches und dauernd gefährdetes Prinzip darstelle, erschiene es mir um so tröstlicher, daß sie sich in der historischen Wirklichkeit wieder und wieder als stärker erwiesen habe. Natürlich stecke in den Menschen die Sehnsucht nach der Barbarei. Aber die nach der Freiheit auch. Hitler sei gescheitert, Stalins Imperium in Auflösung

Janssen nach einem politischen Gespräch mit
dem Verfasser: »Stolz und mindestens gespielte
Zuversicht« seien die Pflicht des Bürgers, habe
er der Auseinandersetzung entnommen.
25. Mai 1975.

> Ein »Millionenstrichspiel«: Auf die Behauptung des Verfassers hin, Janssen habe die innere Ruhe zu den großen, feingestrichelten Zeichnungen früherer Jahre nicht mehr, brachte dieser am folgenden Tag eine Kopie nach Georges de la Tours »Mädchen vor dem Spiegel« vorbei. Sie ist datiert 26. 5. 75.

begriffen, und die Kleindiktaturen hier und da stünden auf noch brüchigerem Grund als die Demokratien. Seine »Logik des Instinkts« sei mindestens so falsch wie die »Logik des Wünschbaren«, die er mir vorhalte.

Janssen widersprach und meinte, er könne so paradox nicht denken. Alles, was ich vorzubringen hätte, sei nur »rosa Brillenguckerei«! Leichtsinn eben und Blindheit, wie er schon bemerkt habe. Im übrigen sei er weder für noch gegen die Verführer, vielleicht müsse Verführung sogar sein. Er erinnerte an seinen »Lieblingshelden« Reineke Fuchs, der ebenfalls seine Zuhörer »demagogiert« habe – mit Schlauheit, List, Geist und der mächtigsten Treiberin überhaupt, der Angst. Man könne auch zur Rettung verführen, sogar zum »Guten«, was immer das sei.

Längeres Hin und Her ohne Einigung, bis Janssen meinte: Über unsere Skepsis fänden wir wieder zusammen. Alles in allem springe aus dem Gespräch für ihn die Einsicht heraus, daß man sich nichts von den »vielen schwarzen Gedanken« anmerken lassen dürfe, denen keiner ausweichen könne, der des Denkens fähig sei. Stolz und Selbstbewußtsein sowie ein Zusatz von gespieltem Optimismus seien, habe er gelernt, eine Art politischer Pflicht.

Gegen Ende sagt er: Morgen früh werde er das alles zeichnen. Jedenfalls wolle er es versuchen. Übermorgen könne ich dann mein Urteil abgeben.

25. Mai 1975

Janssen erzählte heute, er entdecke zusehends den »offenen Strich« und das »Al fresco ohne Pinsel«. trete an die Stelle der mühselig »geschummerten« Zeichnung. Die Strichelphase habe er hinter sich. Er wolle jetzt den Gegenstand im ersten Zugriff erfassen, seine »Liebesaffäre mit dem Minutiösen« beginne auszulaufen.

Mit dem Bemerken, die Wendung habe sicherlich auch mit dem verringerten Kräftehaushalt zu tun, deutete ich einen Zweifel an. Zur Zeit der frühen Zeichnungen und vielem aus späteren Jahren habe er Stunden um Stunden über einer wie hingehaucht wirkenden Bleistiftpartie verbracht. Diese Strapazen seien ihm inzwischen zuviel, und im Handumdrehen mache er sich einen neuen Stil zurecht; es handle sich aber nur um eine Art altersbedingter Ermüdung; vielleicht auch um eine größere Freiheit, fügte ich hinzu, als er mehrfach ein ärgerliches »Nein! Nein!« dazwischenrief.

»Alles in der Kunst ist Gegenwart«, liebte
Janssen zu sagen, »oder nicht der Rede wert«:
Kopie nach Francesco da Sangallo.

Wenn ich glaubte, sagte er schließlich, immer noch ungehalten, daß er zum »Millionenstrichspiel« nicht mehr in der Lage sei, hätte ich mich getäuscht. »Ich kann alles noch, was ich konnte.« Zum Beweis brachte er schon am folgenden Tag eine Kopie nach Georges de la Tour vorbei. »Da, das Millionen-Exerzitium!« sagte er dazu. »Von heute morgen und mit hartem Bleistift.« Übermütigerweise habe er, um mich zu widerlegen, sogar noch einen Rahmen aus mindestens fünftausend kleinen Strichen um das Mädchen vor dem Spiegel herumgezeichnet. Damit jeder wisse, er habe, was einmal das große Staunen auslöste, nie verlernt. Und »ermüdet« sei er auch nicht. Er akzeptiere einzig meine Bemerkung über die größere Freiheit, die er mit den Jahren gewonnen habe.

3. August 1975

Janssen über den Konformismus der Künstler, die sich avantgardistisch nennen. Wortreiche, höhnische Ausfälle. Darunter ein schönes, wenn auch von ihm mehrfach umformuliertes Beispiel für seine metaphernreiche Sprache: »Die Avantgarde besteht nur aus altgewordenen Huren, die ihre flachen Brüste und grauen Haare durch bemühte Jugendlichkeit verdecken wollen. Aber sie täuschen niemanden als die Kritiker und deren Gemeinden, die an den schlaffen Zitzen hängen. Da nuckeln sie sich ein bißchen Lebenssaft heraus und schreien unentwegt: ›Wir sind so satt, uns schmeckt das Blatt, und Euch gefälligst auch!‹«

17. August 1975

Unter den an die Wand gehefteten Kopien das erschütternde Porträt eines greisen oder womöglich schon toten Mannes, das Francesco da Sangallo zugeschrieben wird. Ihn habe der Kopf, der so

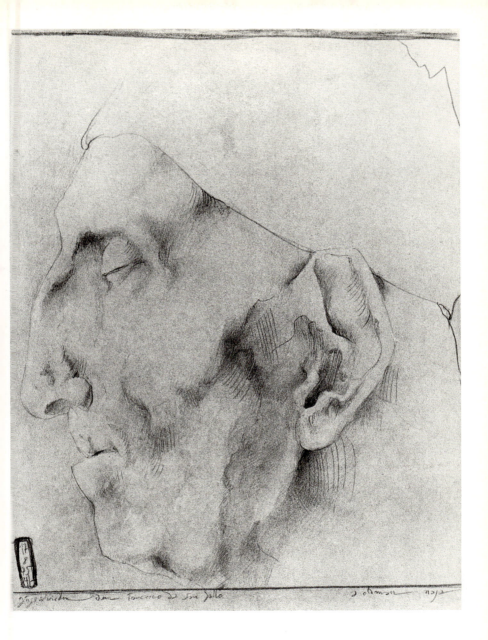

viel herrscherliche Überlegenheit wie Ergebung ins Unvermeidliche ausdrücke, nicht zuletzt deshalb so angerührt, sagte Janssen, weil er sein ewiges Reden bestätige, daß es keine Kunstgeschichte gebe. »Alles in der Kunst ist Gegenwart – oder nicht der Rede wert.«
 Noch dazu: Er betreibe die Kopie nicht nur, um sich handwerklich das Nötige anzueignen oder die, trotz aller Liebe zum alten Mahlau, geschwänzten und verlorenen Stunden nachzuholen. Vielmehr gehe es ihm auch darum, sich selber in den Meistern oder in ihren Gegenständen zu finden. Deshalb so viele Köpfe, deshalb der Greis von Sangallo. In solchen Arbeiten entdecke man mehr von ihm als in den Selbstporträts, die ich, wie die Kritiker auch, so gern als psychologische Enträtselungen seines jeweiligen Zustands betrachtete.

25. AUGUST 1975

Janssen leidet offenkundig immer noch unter meinem Weggang nach Frankfurt. Heute sprach er gutgelaunt von der hübschen Tanzbühne, die er sich verfertigt und mit dem nötigen Personal bestückt habe. Wie bei einer Spieluhr drehten sich die Figurinen umeinander, stellten sich dann und wann ein Bein, haßten sich, liebten sich, träten sich in unbeobachteten Augenblicken gegenseitig in den Hintern und verneigten sich dennoch, wie sich's gehöre, einer zum anderen hin...
 ... und, wenn er es befehle, verneigten sie sich alle auch gleichzeitig vor ihm, ergänzte ich. »Tja«, erwiderte er, so sei's gedacht gewesen. Aber mit meinem Weggang hätte ich ihm das »herrliche Arrangement« ruiniert.

15. SEPTEMBER 1975

Janssen wieder über sein Vorzugsthema: das Hassen, von dem er offenbar nicht loskommt. Manchmal, aus der Besinnungslosigkeit auftauchend, rede er lange und geduldig gegen sich an, sagte er, rate zu Freundlichkeit und Vernunft. Aber »der andere«, der er auch sei, habe stets die besseren Argumente. Der Haß sei sein »Leidensglück«.

Um Einzelheiten gebeten, berichtete er von seiner jüngsten Vernichtungsphantasie. Er sei auf einen Einfall für das »Spiel ohne Grenzen« gekommen (eine populäre Fernsehsendung, die auf dem Prinzip des Wettkampfs beruht). Schack müsse sich oben auf eine Rutschbahn setzen, während der Drucker Frielinghaus am unteren Ende Aufstellung nehme. Auf das Kommando »Ab!« müsse Schack losgleiten, während Frielinghaus versuche, von der Unterseite der Rutschbahn her einen langen Nagel durch das glatte Holz zu treiben. Erreiche der Rutschenfahrer Schack unverletzt das Becken, habe er gewonnen, im anderen Falle sei Frielinghaus der Sieger.

NACHTRAG, März 1990

Beim Durchblättern von Janssens »Johannes« die Entdeckung gemacht, daß er die Phantasie von 1975 nicht, wie behauptet, »erst unlängst gegen Schack und Frielinghaus ausgedacht« hatte. Jedenfalls schreibt er in dem Buch, daß der »scheußliche Einfall« schon auf die wilden Jahre mit Reini Drenkhahn zurückgehe und ihnen bei einem Besuch des Bades im Hamburger Stadtpark gekommen sei.

Ich schrieb ihm daher eine Postkarte, auf der es in zweideutigem Trost hieß, er habe keinen Grund zum Verzweifeln. Denn das Böse, in dessen Griff er sich fortwährend wähne, habe offenbar nur eine beschränkte Vorstellungskraft und müsse viel öfter, als wir meinten, »runter ins Depot und die alten Leiern hervorkramen«. Das lehre jedenfalls die Rutschengeschichte.

Als ich ihn rund vierzehn Tage später fragte, wie er meine Botschaft aufgenommen habe, behauptete er, die Karte nie erhalten zu haben.

1. NOVEMBER 1975

Janssen hat zur Begrüßung eine, wie er das nennt, »kleine Freundschafts-Empore« aufgebaut. Um eine kolorierte Radierung herum ein paar Zufallssachen vom Arbeitstisch: einige in Edelfäule über-

> Janssen in einem seiner »Haßausbrüche«,
> wie er sie benötigte und zugleich verabscheute:
> »Nachtrag auf eine scheußliche Woche«,
> 6. Dezember 1975.

gegangene Blumen, ein angeschwemmtes Wurzelholz, einen abgerissenen Elsternflügel sowie ein aus blauen Weintrauben und Vogelbeeren gemischtes Bukett. Auf der Radierung die Worte: »Herzlich willkommen in HH. Es ist Nibelungentreue, nichts anderes.« Er selber in sozusagen sprudelnder Verfassung, mit »meinen schönsten Tremolos«, wie er sagt. Aber diesmal, so scheint es, weitab von aller Absturzgefahr, mit der liebenswürdigen Grandezza, die er entfalten kann.

Irgendwann sprach er von seiner Vorliebe für Serien; nur auf Umwegen könne er zur äußersten Steigerung dessen kommen, was ihm möglich sei. Ich führte dazu ein Goethe-Wort an, das mir unlängst vor Augen gekommen war, wonach alles Gezeichnete oder überhaupt Geschaffene erst im Zusammenhang instruktiv werde. Da habe, erwiderte Janssen, der »alte Rechthaber vom Olymp« den Kern einer Sache mal wieder genau getroffen.

9. Dezember 1975

Janssen empört über irgendeine Gedankenlosigkeit des Verlags. Geriet im Verlauf des Ausbruchs, der sich bereits beim Telefonat am frühen Morgen in der verdüsterten Stimme angekündigt hatte, in den »Vernichtungsraptus«, wie er das selber zu bezeichnen pflegt.

Ungewöhnlich diesmal, daß er die ersten erklärenden Sätze mit ruhiger und verhaltener Stimme vorbrachte und dann unvermittelt so sehr zu toben anfing, daß ich Mühe hatte, über den ersichtlich einstudierten, auf den Plötzlichkeitseffekt hin berechneten Ausbruch das Lachen zu unterdrücken: »Ich mach sie alle fertig!« er-

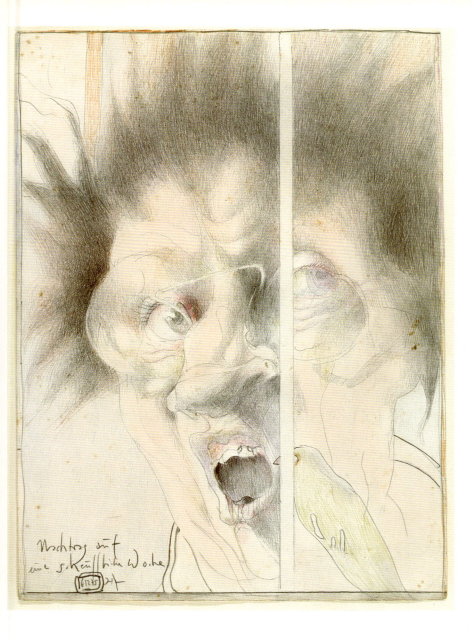

eiferte er sich. »Ich zerstöre sie! Jetzt lernen sie den anderen Janssen kennen! Den Meister im Ausdenken von Todesarten! Keiner wird das überstehen!« Dann malte er aus, wie sie auf Knien vor ihm herumrutschen und flehen würden, es nicht zu weit zu treiben. Das sei dann der endgültige Beweis, daß sie nichts von ihm begriffen hätten und die Trennung überfällig sei. Denn er treibe immer alles zu weit. Leben heiße für ihn geradezu, alles ins Extrem zu treiben. Und so unablässig weiter. Bis ich ihm in eine Pause hinein sagte, er habe da eine Art Selbstporträt verfertigt, wenn auch gesprochen. Das wolle ich gern gezeichnet sehen.

Er sagte, das habe er schon erledigt, und kramte vom Arbeitstisch eine Zeichnung hervor, die er mir wütend hinwarf. »Scheußliche Woche«, hatte er unter der Fratze vermerkt, durch die von oben nach unten ein »Trennungsspalt« lief. Aber im Augenblick schien ihn weit mehr die Distanz zu empören, die ich zu erkennen gab. Zitternd vor Wut sagte er: Zwei Verrückte seien zuviel, hätte ich ihm einmal als Begründung für meine Besonnenheit entgegengehalten; aber in diesem Fall sei es meine Freundespflicht, ebenfalls den Verstand zu verlieren. Er müsse sonst entweder an meinem Verstand oder an meiner Freundschaft zweifeln.

Vielleicht war es noch zu früh, vielleicht auch überhaupt unpassend, die soeben vorgeführte Szene nach theatralischen Kriterien zu bewerten. Jedenfalls sagte ich nach einigem Herumreden, sein Auftritt habe mich an die unlängst dargebotene fiktive »Schreinummer« erinnert.

Er schien noch fassungsloser als zuvor. Kopfschüttelnd meinte er, es habe keinen Sinn, ich machte es mit jedem Wort nur schlimmer. Seine Ratlosigkeit hielt noch an, als ich ihn bald darauf verließ. Immerhin machte er den Eindruck, als habe er sich halbwegs beruhigt. Auf dem Rückweg fragte ich mich, wie anders ich es hätte anstellen sollen, ihn von seinem »Raptus« wegzubringen.

1. Januar 1976

Janssen am Telefon mit der Aufforderung, ich solle mir »meine« Zeichnung abholen. Als ich eintraf, sagte er, er habe sich nicht so porträtiert, wie von mir vorgeschlagen. Sondern melancholisch und mit einer blutigen Träne im Auge. Denn die Trennung vom Verlag mache auch ihn nach den vielen schönen Sachen, die sie gemeinsam zustande gebracht hätten, unglücklich. Die Zeichnung gebe er mir nicht nur, weil er durch mich zur Vernunft gebracht worden sei, sondern auch, weil sie aus dem Haus müsse, damit er »das Ganze vergessen« könne. Solange die Zeichnung bei ihm herumliege, werde nichts daraus.

Nachtrag: Der Zorn oder vielleicht die Melancholie muß ihn später noch einmal eingeholt haben. Jedenfalls begegnete mir einige Zeit darauf eine genaue Kopie der mir übergebenen Zeichnung, die er offenbar aus dem Gedächtnis angefertigt hatte.

3. Januar 1976

In einer öffentlichen, wiederum mit einer Zeichnung und dem Text »veni feci decidi« gewissermaßen beglaubigten Lossage hat Janssen auch dem Mailänder Verleger Toninelli die Freundschaft gekündigt. Toninelli war darüber, zumal ihn die Vorwürfe zu Unrecht und gänzlich überraschend trafen, aufs äußerste empört, fand die erhobenen Anschuldigungen »kindisch« und »an den Haarbüscheln herbeigezogen«. Wenige Tage darauf kam er nach Hamburg, fuhr zu Janssen und schüttete über dem Arbeitstisch dreißig Schokoladentaler in Silberfolie aus. Dazu rief er aufgebracht: »Verräter! Judas! Das sind die Silberlinge für Deine Treulosigkeit! Der Lohn, der jedem Verräter zusteht!«

Janssen war über den pathetischen Auftritt so perplex, daß er nichts zu erwidern wußte. Als Toninelli aus dem Haus gestürmt war, sammelte er die Schokoladentaler ein und warf sie in den Abfall. Aber neidisch war er auch, als er am Telefon davon berichtete. Der Einfall sei wie von ihm, sagte er. Aber wie komme »dieser Mailänder« dazu? Die Erklärung, die er dafür fand, lautete, Toninelli habe ihn auf seinem eigenen Feld schlagen wollen. In »Tückesachen« seien die Italiener nun mal Meister. Aber die Antwort werde nicht ausbleiben.

Nachtrag: Die Antwort ist Janssen offenbar nicht eingefallen. Denn als ich den Auftritt einige Wochen später erwähnte, gab er vor, nicht die geringste Erinnerung daran zu haben. Schon wieder Verdrängung oder Gedächtnisausfall? Vielleicht auch gespielte Verdrängung? Oft hatte ich erlebt, wie er viele Jahre lang zurückliegende Vorgänge in jeder Einzelheit aufrief und – teils zur Verwunderung, teils zum Entsetzen der Zuhörer – in einem seiner rhetorischen Ausfälle einsetzte. Jedenfalls ließ er sich jetzt den Hergang mit Toninelli berichten und lachte halb bewundernd, halb ungehalten darüber. »Fabelhaft und fabelhaft niederträchtig!« meinte er, in solchen Sachen kenne er sich aus. Aber vermutlich überwog doch die Verärgerung darüber, daß Toninelli ihn mit einer vermeintlich ihm selber vorbehaltenen Waffe mattgesetzt hatte. Jedenfalls kam eine Versöhnung zwischen beiden nicht mehr zustande.

12. JANUAR 1976

Janssen mit Capriccios nach Meryon beschäftigt. Er bemerkt dazu in halb belustigter Ungehaltenheit, er könne das ewige Gerede über seine egomanische Besessenheit nicht mehr hören. Er protestiere überall herum, und schließlich seien seine Radierungen, seine Zeichnungen und das ganze Sonstnochwas auch da. Aber wo immer sein Name genannt werde, falle die Klappe »Selbstverliebtheit«.

Ich wandte ein, die Leute wollten womöglich ausdrücken, wieviel an Selbsthaß er mit seiner Selbstverliebtheit kompensieren wolle. Die Intelligenteren jedenfalls übersähen den Haß vielleicht nicht, ordneten ihn aber anders ein. Er schien wirklich erstaunt. Das klinge sehr geistreich, sagte er. Aber so sei es nicht.» Und wer sind eigentlich die ›Intelligenteren‹?« Er kenne sie nicht. Er kenne nur Leute, bei denen mechanisch und gedankenlos »die Klappe fällt«.

26. FEBRUAR 1976

Janssen berichtet von einigem »Wer mit wem?« in der Hamburger Gesellschaft, auch »Wer gegen wen?« und »Wer über wen?« Ich sagte nach der mindestens einstündigen, zu keinem Ende kommenden, gewiß auch amüsanten Darstellung, wir müßten der Gefahr länger anhaltenden Getrenntseins aus dem Weg gehen, nur noch von Trivialem zu reden. Etwas ungeduldig meinte er: »Schon richtig!« Aber das Puppentheater um uns herum habe auch seinen Reiz. Er führte dann den »ebenso herrlichen wie tiefsinnigen Philosophensatz« von Opa Fritz Janssen an, der den ihm zugetragenen Gesellschaftstratsch mit dem Bemerken zu quittieren pflegte: »Ja, so ist es nun mal: Nirgends geht's bunter zu als auf der Welt!«

21. APRIL 1976

Er sage wohl nichts Neues, meinte Janssen, wenn er von seinem Leben, seinen Arbeiten, den Freundschaften und Feindschaften behaupte, es habe sich immer um Überreaktionen gehandelt. Aber auch in dem, was mehr oder weniger beruhigt aussieht, stecke etwas wie Quälerei. Zur Gelassenheit habe er sich immer vergewaltigen müssen. Glücklich sei er, wenn das niemand erkenne und die

Damen mit eingeübtem Madonnenblick schluchzten: »Wie leicht, wie anmutig!« Die wirkliche Kunst bestehe darin, die »Kunst« mitsamt der Quälerei, aus der sie herkomme, unsichtbar zu machen.

Meinen Einwurf, ich glaubte ihm wieder mal keines seiner schönen Worte, nahm er verblüfft und mit einem Anflug von Verärgerung zur Kenntnis. »Schönes, in seiner Zurückhaltung sogar anrührendes Argument«, sagte ich. Aber nicht für einen, der so lustvoll wie er seine Virtuosität ausbreite. Als ich hinzufügte, gerade er wolle doch die Kunst nicht verbergen, sondern Bewunderung dafür erzwingen, und habe es sozusagen auf die verdrehten Madonnenaugen abgesehen, lachte er und meinte, ich müsse ihm auch mal wieder einen Punkt gönnen.

6. Mai 1976

Janssen erzählte von einer Reise nach Sylt, irgendwann vor Zeiten, wo er übermütigerweise noch einmal versucht habe, sich ans Steuer eines Autos zu setzen. Nicht auf der Straße natürlich, sagte er, sondern auf der Parkwiese vor dem Restaurant, in dem sie gegessen hatten. Nicht berechnet habe er dabei aber, daß die Wiese ein holpriger Acker war, auf dem jede Achse zu Bruch gehen konnte.

»Und was ich außerdem in meinem Sylter Glück nicht bedacht hatte, war, nach den paar vergeblichen Fahrstunden, die ich auf Gesches Rat genommen hatte, meine unzureichende Fahrkenntnis. Ich setzte mich also ans Steuer, und kaum hatte ich, Gang drinnen oder auch nicht, (›Drinnen! Drinnen!‹, warf ich ein) den Motor angeworfen, begann der Wagen zu springen und zu hüpfen. Ich war komplett überrascht und kam nicht auf die einfache Überlegung, den Schlüssel aus dem Zündschloß zu ziehen, zumal mein Kopf mehrfach mit ziemlicher Wucht gegen den Dachhimmel, wie das wohl heißt, prallte. Zu allem Unglück bewegte sich das Auto direkt auf den Bretterzaun zu, der das Grundstück begrenzte. Und da die beiden Vordertüren beim Einsteigen nicht geschlossen waren, klappten sie jetzt bei jedem Erdloch und bei jedem stoßweisen Ruck, den der Wagen vollführte, auf und zu: so an die zwanzig Mal vielleicht. Kurz vor dem Zaun brachte ich das Auto dann zum Stehen. Da wir das Restaurant sehr früh aufgesucht hatten, waren glücklicherweise nur wenige Fahrzeuge auf der Wiese. Aber ein Spaziergänger hatte den Vorfall beobachtet und kam mit strenger Hilfspolizistenmiene auf mich zu. ›Was soll denn das?‹ bellte er. ›Was stellen Sie denn da an?‹

Ich klopfte mir sozusagen den Schrecken aus den Kleidern und erwiderte: ›Wir üben für das Maikäferspiel!‹ Und noch ehe der Mann seine Fassung zurückgewonnen hatte, fuhr ich fort: ›Das kennen Sie nicht? Das Maikäferspiel geht so: Man fährt, sagen wir mal, dreißig oder vierzig Meter weit um die Wette. Gewonnen hat der, dem es gelingt, die Tür häufiger als die Mitspieler zum Auf- und Zuklappen zu bringen. Wie Maikäferflügel eben, ganz einfach! Sie sollten das auch mal probieren, wir jedenfalls haben riesigen Spaß damit. Und in Hamburg ist das Spiel sehr populär, der Senat hat für diesen Sommer sogar eine Meisterschaft im Maikäferspiel ausgeschrieben. Auf dem Rathausplatz. Wir trainieren dafür.‹ Kopfschüttelnd ging der Mann, der seinem Dialekt zufolge aus Schwaben kam, davon. Mit Hohn in der Stimme hörten wir ihn mehrfach rufen: ›Verrückte Hamburger!‹«

13. MAI 1976

Janssen über ein Novalis-Porträt, das er unlängst gezeichnet hat, über seine Intention und was er schließlich zustande gebracht habe. Unzufriedenheit. Immer wieder leide er an dem für die Leute, wenn sie es überhaupt wahrnähmen, winzigen, doch für ihn riesengroßen Abstand zwischen Vorstellung und Vollbringen.

Dann: Seine Fremdheit gegenüber dem »Betrieb«. Sehr selbstbewußt und ohne die gewohnten Ausfälle. Er habe die Romantik in der Kunst, nachdem sie von den Nazis diskreditiert worden sei, wieder in ihr Recht eingesetzt. Natürlich habe er sich das nie als »politische« Absicht zu eigen gemacht, sondern sei einfach seinen Weg gegangen, in aller Unschuld sozusagen. Aber was am Ende herausgekommen sei, laufe auf die Rehabilitierung des Romantischen hinaus. Er habe gezeigt, daß man einen Ballettschuh, ein Rosenblatt oder ein Birkenwäldchen darstellen und dennoch Kunst hervorbringen könne. »Denn es *ist* Kunst! Auch wenn meine Gegner es nicht wahrhaben wollen!«

11. Juni 1976

Janssen mit etwas wehmütigem Sentiment über die Jahre mit Verena, seine »schönste Zeit«, wie er wieder einmal bemerkt. Warum ihre Liebe auseinanderlief, sei schwer zu sagen, wenn man davon absehe, daß er für jede Frau eine Zumutung sei. Ihn halte auf Dauer niemand aus, nicht einmal er sich selber.

Aber seine Unverträglichkeit, das aberwitzige Ausschlagen nach hier und da sei es bei Verena nicht gewesen: »Sie hielt alles aus. Sie war immer da und wußte doch, wann ich allein sein wollte.« Was Verena und ihn auseinandergebracht habe, sei eher »die gegensätzliche Lebensstimmung« gewesen. »Verena liebte die Vorstellung, mit Philipp und mir um den warmen Kachelofen zu sitzen, Philipp auf ihrem Arm schnuckelnd und nuckelnd, ich am Arbeitstisch unter dem Lichtkegel. In ihrer Phantasie, soweit sie reichte, war kein Raum für die Vorstellung, die mich noch unter der stillen Lampe verfolgte: daß das Feuer im Ofen, an dem sie sich so wohl fühlte, das gleiche war, womit Häuser, ganze Städte und zuletzt sogar die Welt zu Schutt und Asche werden konnten.«

4. Dezember 1976

Nach längerer Zeit wieder Anruf von Janssen. Seine Unruhe habe ihn aus dem Haus getrieben, er sei hier und da, vor allem aber kreuz und quer in Japan unterwegs gewesen, bei den Hokusais, den Utamaros und wie sie sonst noch hießen. Aufregend und lehrreich zugleich. Aber manchmal fürchte er, sich zu verlaufen. Groß sei seine Sorge nicht. Das »Warnsystem«, das er besitze, funktioniere noch. Das Schiff für die Rückreise sei schon gebucht. Oberdeck natürlich.

4. Januar 1977

Vor einem seiner sanften Frauenbildnisse, das lediglich im Halsteil ein paar hartgesetzte, gezackte Striche aufweist, kamen wir auf die Frage, ob Kunstschönheit nur Konvention mit allenfalls der Natur abgesehenen Bauelementen sei oder ein dem Menschen angeborener Sinn, den er ständig verfeinere, gelegentlich aber auch bewußt ruiniere, weil er seiner überdrüssig werde undsoweiter. Janssen geriet vom einen ins andere und meinte zuletzt, er sei für den »angeborenen Sinn«. Aber mit der Einschränkung, daß alle Harmonie auf Dauer quälend sei; die Disharmonie hingegen auch. Das Beständige mache nun mal krank. Vielleicht jedoch seien sämtliche von uns verwendeten Begriffe falsch, weil es immer nur um Sehnsucht gehe. Angesichts des Schönen verlange der Mensch dessen Verletzung oder Beschädigung; angesichts des Schrecklichen die Wiederherstellung des Schönen.

Dann verfing er sich in seinen Darlegungen. Er könne ohnehin nur von sich selber reden. Er wisse überhaupt nicht, was Wahrheit sei, sagte er. Er habe nur die seine.

3. Februar 1977

Janssen noch einmal über die Modernen: Sie hätten zeitlebens einen einzigen Einfall. Weil der schon auf den ersten Blick so überaus dünn daherkomme, bliesen sie ihm durch Wiederholung die Bakken auf und gäben die Sache dann als »Stil« aus.

Als ich einwandte, er wiederhole seine Attacken unterdessen so häufig, daß er sich hüten müsse, daraus nicht selber einen »Stil« zu

entwickeln, meinte er, er habe das Recht, sich über die Modernen lustig zu machen. Mit seinen frühen Radierungen und den Zeichnungen der sechziger Jahre habe er schließlich auch dazugehört und sei sogar als eine Art Wappenzier der Avantgarde befeiert worden. Doch im Unterschied zu fast allen Lobrednern von damals sei er niemals bequem und selbstzufrieden geworden.

Vielmehr habe er sich nur die Freiheiten genommen, die damals überall herumverkündet wurden. Doch da sei er plötzlich darauf gestoßen worden, daß die Freiheit so frei nun auch nicht gemeint war: An etwas solle man sich schon halten. Er habe aber immer gewußt, daß diejenigen, die mit Gitarren, Tonkrügen und Harlekins begonnen hätten, später nie mehr von den Zurufen aus der Kulisse, von den Zitaten und der Langeweile loskämen. Sie hatten endlich überall offene Türen, sind aber nicht hindurchgegangen. Und wehe dem, der es tat!

Eines der »zarten Frauenporträts«, wie es, nach den Worten Janssens, »alle meine Freundinnen lieben und alle auch bekommen haben«: »Viola«, 2. Januar 1977

6. April 1977

Janssen bemerkt, er hätte gern einen Schüler. Vielleicht werde er ein Traktat schreiben über den Satz: Wer Krise sagt, sage auch Talent.

29. Juni 1977

Janssen in einer Art Rückblick auf die Jahre, in denen er sich mit der Kopie beschäftigte: »Nie habe ich soviel erfunden wie in der Zeit, als ich Kopien zeichnete.« Er spricht von dieser Phase zusehends häufiger in der Vergangenheitsform.

11. August 1977

Janssen über einer Mappe mit Arbeiten aus jüngerer Zeit, nachdem er ein Urteil darüber erbeten hatte: »Nur in übermütiger Verfassung, wenn mir etwas besonders gelungen scheint, frage ich meine Freunde, ob ich wohl noch so gut zeichnete wie früher. Wenn ich wirklich zweifle, sage ich kein Wort und lasse die Hunde ungeweckt.«

Später: Alle Welt wisse ja und halte ihm vor, daß er von Zeit zu Zeit den Mund ziemlich voll nehme. »Aber wer aus der Provinz kommt und aus kleinbürgerlichen Umständen noch dazu, muß gegen die Selbstüberschätzung des großstädtischen Bürgerpacks die Überschätzung seiner selbst setzen. Klappern gehört nicht nur zum Handwerk, sondern auch zur Kunst.« So sehr, daß manche inzwischen schon das Klappern für die eigentliche Kunst hielten. Beuys zum Beispiel.

18. August 1977

Janssen über die oftmals »mütterlichen« Gefühle, die er bei vielen, teils bereits in die Jahre gekommenen Frauen erweckt. Er nannte »Muhme Becher« aus der Warburgstraße, ein »Ömchen-Paar«, das ebenfalls dort wohnte, die Freifrau Siemers und ein paar weitere »alte Damen«. Gerade sie liebten ihn, ohne daß er es darauf anlege, auf der Stelle. »Aber«, fuhr er fort, »es gibt auch diejenigen, die mich ebenso unvermittelt verabscheuen, und sei es nur aufgrund irgendeines Hörensagens.« Gleichgültig jedenfalls verhielten sich die wenigsten.

Vermutlich sei das, fügte er später hinzu, die Spiegelung seiner eigenen Emotionalität. Wie man ins Reich der Mütter hineinrufe, so schalle es auch heraus. Vielleicht enthalte, was er zeichne und schreibe, mehr Hilfeschreie, als er ahne. Jedenfalls streckten sich ihm lauter rettungsbereite Frauenarme entgegen. Manchmal frage er sich aber, wer eigentlich dringender Beistand benötige. Wirklich er?

22. November 1977

S. meinte heute, man höre seit Jahr und Tag nahezu nichts mehr von Janssen, allenfalls mache er noch durch irgendein bezeichnenderweise aber meist abseitiges Spektakel von sich reden. Vielleicht habe er ja erkannt, sagte S., daß sein Werk eigentlich vollbracht sei. Denn was schon solle nun noch kommen? Und wer wisse zu sagen, wann die Stunde des Aufhörens für ihn geschlagen habe? Die Vergänglichkeit, gegen die Janssen so angerannt sei, habe ihn offenbar selber erreicht.

Ein paar kleine Unvergänglicheiten habe er sich womöglich doch erworben, entgegnete ich. Und was die neuen Themen angehe, die er offenbar so sehr vermisse, riete ich eher zur Vorsicht. Die Phantasie sei auch ein »Wühler«, sie hecke und treibe unablässig – ganz ähnlich darin übrigens der Natur, mit der Janssen sich selber gern gleichzusetzen pflege.

5. Dezember 1977

Janssen erzählt von irgendeinem Streit, den er aus nichtigem Anlaß begonnen habe. Heute lache er darüber. Er habe die Auseinandersetzung auch nicht wegen irgendeiner Meinungsverschiedenheit begonnen, sondern weil er sich »entladen« mußte. Dann über seine Neurosen und Ängste. Viele glaubten, sie, ihr Verhalten oder irgend etwas Gesagtes, seien der Auslöser für seine Eruptionen. Da überschätzten sie sich gewaltig, äußerte er. Irgendwann dann der Satz: »Meine Hölle sind nicht die andern, wie irgendein Franzose mal gesagt hat. Meine Hölle bin ich selber.« Auf meinen Einwand hin, er solle, wie ich ihm gelegentlich vorgehalten hatte, nicht nur die »pathetischen Hochsprünge« vermeiden, sondern die geliebten »Tiefsprünge« auch, erwiderte er, sein Ausgleichsangebot laute: »Zum Glück bin ich mein Himmel auch.«

6. Dezember 1977

In den vergangenen Tagen mehrfach heftige Ausfälle Janssens gegen seinen Freund Schack. Auch heute wieder, als ich zum Wochenend-Besuch kam. Einmal steigerte er sich so in seine Aufgebrachtheit hinein, daß ich ihn unterbrach: »Nun mal ruhig! Ich bin es nicht!« Damit, endlich, fing er sich etwas, und wenn das konfuse Wortgebraus, in das er im Zorn leicht verfällt, einen Sinn ergab, bestand der Anstoßpunkt darin, daß das von Schack herausgegebene Buch über die »Kopie«, wie Janssen meinte, »inkompetent und allzusehr auf den Herausgeber selbst« bezogen sei. Mir war das nicht störend aufgefallen, aber alle Beschwichtigungsversuche prallten an Janssen ab. Vermutlich kamen in seinem Ausbruch viele, in Jahren des Einvernehmens angestaute Empörungssachen zusammen, und ich sagte ihm schließlich, ich könne da nicht mitreden; sie sollten das unter sich ausmachen. Vor allem aber wollte ich nicht mitreden.

14. Januar 1978

Im Verlauf unserer Unterhaltung sagte ich zu Janssen, ich hätte den Überblick über seine privaten Verhältnisse verloren. Er erwiderte, ihm gehe es genauso. Aber er spricht voller Besitzerglück von der »porzellanhäutigen V.« und ihren »gymnastischen Lüsten«, nennt sie »an Geist und Körper ebenso kapriziös wie artistisch«.

Später, nicht ohne Übermut: Er liebe, wie ich wisse, den Weg an der Steilklippe entlang. Und er könne nicht genug kriegen vom schönen Schauder beim Blick in die Tiefe, wo die Gerippe herumliegen. Eigene übrigens auch, fügte er hinzu. Von früheren Abstürzen. Zum Glück habe man in der Liebe mehrere Leben.

2. Februar 1978

Janssen über den »babylonischen Bau« seines Lebenswerks. Zwar gebe es keine Verständigung zwischen den einzelnen Stockwerken, aber jeder könne auf den ersten Blick bemerken, daß alles, vom Fundament bis zur höchsten Zinne, von demselben Baumeister stammt.

16. März 1978

Mit »Kaplan« Stubbe, wie Janssen den immer nachdenklichen und kenntnisreichen Mann nennt, der lange Jahre das graphische Kabinett der Kunsthalle leitete und zu hohem Ansehen brachte. Stubbe fragte, ob Janssen überhaupt Adressaten wahrnehme, ob er irgend jemanden mit seinen Arbeiten überreden, vielleicht sogar beeindrucken wolle – oder nur sich selbst. Er gehe sogar noch weiter und überlege manchmal, ob die Blumen, die toten Vögel oder Fischköpfe ihm als Gegenstand wichtig seien oder nur als Demonstrationsobjekte seiner Virtuosität.

Ich hielt ihm Janssens Vergänglichkeitsangst entgegen und erzählte die Geschichte von dem britischen Flieger, die Stubbe nicht kannte. Mir scheine, sagte ich, diese traumatische Erfahrung sei so etwas wie ein Schlüsselerlebnis in Janssens Biographie.

Er werde darüber nachdenken, erwiderte Stubbe zögernd. Doch selbst wenn die Geschichte so wichtig sei, wie ich annähme, habe Janssen daraus keine Botschaft für irgendwen abgeleitet, sondern nur für sich selbst. Natürlich spielten Frauen und Freunde in seinem Dasein eine immense Rolle. Aber nur als Stimulans oder Opiat, nicht als Menschen, denen er etwas mitteilen wolle. Daher auch der ständige und schnelle Wechsel in den Beziehungen. Alle seien austauschbar. Er jedenfalls sehe Janssen immer nur in einem weiten, menschenleeren Raum. Da sitze er und beweise sich, wer er ist.

Er wolle sich für die tatsächlich erschütternde Geschichte über den verglühten Piloten mit einer Gegengeschichte revanchieren, sagte Stubbe am Schluß. Janssen habe ihm unlängst überglücklich von der Erfindung der Neutronenbombe berichtet. Die vernichte, sei ihm gesagt worden, »nur« Menschen. Seine Arbeiten würden folglich überdauern, und das unter »idealen Bedingungen«: in totaler Menschenleere, nicht mehr ausgesetzt der schamlosen Zudringlichkeit der Leute. Stubbe fragte, ob das nicht ein starkes Argument für seine Auffassung sei.

6. Juni 1978

Janssen seit geraumer Zeit mit, wie ich das nenne, »erotischen Austobereien« beschäftigt. Wieder in kaum übersehbaren Schüben. Sofern ich, nach so langen Unterbrechungen, das Durcheinander seiner Beziehungen noch überblicke, hat er seine »Vorzugsdame« wieder einmal gewechselt. Aber er sagt dazu nichts, und ich scheue mich, ihn geradeheraus zu fragen.

Schließlich ist sein Mitteilungsbedürfnis stärker als meine Neugier. Nach mehreren umständlichen Anläufen bekennt er, endlich doch noch »Linde« (das halbwüchsige Mädchen aus Oldenburg) gefunden zu haben. Als ich nach längerem, ebenso umständlichem Herumreden Näheres wissen wollte, wurde er merkwürdig verlegen. Auf dem Papier sei ihm alles möglich, äußerte er, wie ein alter Tanzbär hüpfe er mit Bleistift oder Pinsel am Leitseil seiner exhibitionistischen Lüste. Doch im Gespräch, Auge in Auge, werde er die Hemmungen nicht los. Vielleicht werde er mir einen Brief schreiben – oder noch besser, sich an einem erotischen Phantasietext versuchen.

8. Juni 1978

Wie im Nachgang zu unserem letzten Gespräch meinte Janssen, er habe sein Lebelang das Innerste nach außen gekehrt: die ganze Krätze und die Notdurft seiner Existenz, den »Buckel« sozusagen, den er, wie sein »Bruder« Georg Christoph Lichtenberg, mit sich herumschleppe. Und was sei die Folge? Alle fühlten sich moralisch erhoben und ihm unendlich überlegen. Seien sie gewiß auch. Mit dem kleinen Unterschied allerdings: daß er sich zu den Mißbildungen, die jeden leiden machten, offen bekenne. Sie dagegen versteckten sie sorgsam.

Ich entgegnete ihm, daß auch der Exhibitionismus ein Laster sei und das Verschweigen zum zivilisierten Umgang gehöre. Er wollte wissen, wer das behaupte, und ich erwiderte, es sei ein Gemeinplatz aller Philosophie gewesen bis zu dem Plebejer Rousseau. Der habe seine Verwachsungen als »Wahrheiten« garniert und sich seine vulgären Ausposaunereien sogar als moralisches Verdienst zugute gehalten. Erstaunlicherweise habe er damit Erfolg gehabt. Inzwischen täten es ungezählt viele ihm nach.

11. Dezember 1978

Einen hochgeschichteten Stapel von Büchern aus den zurückliegenden Jahren vor sich, bemerkt Janssen: »Die Bücher sind mein ein und alles. Meine Kalender, mein Museum, meine Biographie – und auch noch die Fanfare, die in die Welt geht. Das Original besitzt immer nur einer, der es auch noch in seinen Schränken versteckt hält. Die Bücher kommen an alle, und zudem noch an die Nachwelt.«

4. Januar 1979

Verspätetes Neujahrstelefonat. Darin die Äußerung Janssens, der sichtlich wieder in »schwerem Wasser« geht: »Entweder zerstöre ich mich im Alkohol – oder im Kampf dagegen.« Wirkt erkennbar deprimiert. Fragt nach dem einen oder anderen und spricht von den »schwarzen Löchern der Erinnerung«.

15. Mai 1979

Janssen erzählt, wie er offenbar schon vor einiger Zeit einem Taxifahrer 2000 Mark gegeben und ihn gebeten habe, alles Vanilleeis in Hamburg aufzukaufen und zu einer Freundin zu bringen, deren Kind gerade eine Mandeloperation überstanden hatte. Der Taxifahrer tat, wie ihm geheißen, und da er unter der angegebenen Adresse niemanden antraf, stellte er die ungezählten Eispakete kurzerhand im Flur ab. Als an dem glühendheißen Tag Mutter und Kind von der Nachuntersuchung nach Hause kamen, fanden sie am Treppenabsatz an die zwanzig klebrige Pappkartons und eine breite, süßlich riechende Schleimspur bis vor das Haus, auf deren Zustandekommen sie sich zunächst keinen Vers zu machen wußten.

1. Juni 1979

Janssen heute in sanfter, zeitweilig selbstgerührter Stimmung. Er erzählte von der Konfirmation eines Jungen in der Nachbarschaft. Die Eltern hätten ihrem Sohn, sei ihm berichtet worden, einen Schach-Computer, ein Moped, eine Uhr und sonstnochwas geschenkt, alles zusammen im Wert von annähernd 25.000 Mark, wie sie auch noch mit dem »blöden Stolz von Neureichen« herumkolportiert hätten. Als er davon gehört habe, sei er zunächst entschlossen gewesen, die Eltern zur Rede zu stellen. Dann aber sei ihm die Sinnlosigkeit eines solchen Vorhabens aufgegangen, und er habe statt dessen dem Sohn einen Brief geschrieben, den er mir vorlesen wolle:

»Lieber A.«, las er, »die Zeitungen schreiben tagein, tagaus von ungezählten Toten in Südostasien, in Persien, Spanien oder Afrika. Aber kümmere Dich darum nicht zu sehr. Wenn Du jedoch auf der Straße einem Menschen begegnest, dessen Gesicht ganz zerstört ist von Schmerz, Elend und Verzweiflung, dann geh hin zu ihm und frag nach den Gründen seines Unglücks. Versuche auch, ihm zu helfen! Vielleicht kannst Du's, vielleicht auch nicht! Aber den Versuch mußt Du machen. ›Liebe Deinen Nächsten wie Dich selbst‹ heißt doch: Du sollst Dir selbst sehr viel wert sein, der andere aber ebensoviel. Die Voraussetzung für das Gebot der Nächstenliebe ist nämlich die Selbstliebe. Nur derjenige wird den Nächsten wirklich und bis zum Helfenmüssen lieben, der sich selbst liebt. Das Maß des einen ist das Maß des anderen.« So ungefähr. Darunter klebte er ein Pfennigstück.

Wenn ich daran zweifelte, daß der Brief an den Jungen ernst gemeint sei, fügte Janssen doppelsinnig hinzu, werde er weinen.

20. Juni 1979

Erinnerung an Toninelli, der ihn vor Jahren zu Wutanfällen verleitet hatte. Sentimental abgeklärtes Urteil Janssens. Eigentlich sei Toninelli ihm von allen Freunden am nächsten gewesen, doch hätten sich gerade daraus die Unzuträglichkeiten ergeben. Nichts stoße sich so sehr ab wie das Ähnliche. Er habe Toninelli auch nichts wirklich übelnehmen können. Mit ungemeinem Vergnügen erinnerte er dann an eine Bemerkung, die der italienische Freund einmal über ihn gemacht habe: »Janssen auf der Napola«, habe Toninelli gesagt, »das sei so, als ob man einen Kerl mit schwerem Sonnenbrand auch noch in die Bratröhre schiebe.« Bei soviel Witz sei sein Zorn immer schnell verraucht. Überhaupt liebe er Freunde eher ihrer Schwächen wegen als aufgrund ihrer Stärken. Denn wegen ihrer Vorzüge liebten sie schon alle anderen; da stelle er sich nicht auch noch in die Schlange.

Das klinge ja ganz wunderbar, bemerkte ich dazu, ein Selbstbildnis als frommer Nothelfer sozusagen. Ich hätte da aber einen Kratzer anzubringen. In Wirklichkeit oder doch nach meinen Beobachtungen liebe er seine Freunde weniger wegen ihrer Schwächen, sondern dank der Blößen, die sie ihm böten. Das mache sie verwundbar und ihm die Sache leicht. Er wirkte wie ertappt, lachte aber.

Janssen, fiel mir auf dem Rückweg ein, neuerdings oftmals mit »moralischen« Argumenten aufwartend. Seltsame Wendung. Ich fragte mich, was er zu kompensieren habe. Oder ob seine Vernünftigkeiten nur »ad personam« gemeint seien.

23. Juni 1979

Lange, etwas wehleidige Tirade Janssens über seine Angst, nicht geliebt zu werden. Sein Charme, die Briefe nach allen Seiten, seine Unterwürfigkeiten und die Geschenke, mit denen er um sich werfe, »wahllos und hirnverbrannt«, kämen allesamt aus der Angst vor dem Liebesverlust. Er wandle dann ein Goethe-Wort für sich ab, das ihm irgendwer mal hinterbracht habe: Gegen die Vorzüge eines anderen gibt es kein Mittel als eine Zeichnung.

Wir kamen am Ende auf seine Fremdporträts, und ich sagte, daß ihm neuerdings sowohl die Ähnlichkeit wie die Charakterisierung besser gelängen. Er konnte zunächst seinen Unmut über die Kritik an früheren Bildnissen, die in der Bemerkung enthalten war, nicht verbergen und setzte zu einem seiner Redeauftritte an. »Ach, keine Kanonade!« unterbrach ich ihn, ich sei auf eine Antwort aus, nicht auf eine Rechthaberei. Und wie fast immer, wenn man das richtige Wort traf, lenkte er augenblicklich ein.

Seine Worte liefen etwa darauf hinaus: Früher habe er Schwierigkeiten mit den Porträts gehabt, weil sich in alle Gesichter immer das eigene gedrängt habe. Das sei jetzt anders und habe vermutlich mit dem Alter zu tun. Er nehme von der Fixierung auf sich selber Abschied. Manchmal gelinge ihm das sogar, wie offenbar auch ich wahrgenommen hätte. Zum Schluß noch: Das Alter sei für ihn vor allem mit dem Gefühl des Wegsehens von sich selber verbunden. Nach einer Pause: »Aber nicht zu sehr, wenn das erlaubt ist, bitte! Ich weiß, daß ich meiner verlästerten Egomanie das meiste von dem verdanke, was ich bin.«

26. Juni 1979

Janssen zitiert eine Bemerkung, die er irgendwo fand: Es sei die Besonderheit des romantischen Künstlers, dem Betrachter wie seiner engsten Umgebung Schmerzen zuzufügen. Er fragte, ob ich sagen könne, von wem der Satz stammt.

30. Juni 1979

Janssen in erheiterter Stimmung über seinen jüngsten Ausbruch gegen seinen Drucker Frielinghaus. »Sie hassen mich, Frielinghaus!« habe er den Nichtsahnenden gleich beim Eintritt überfallen, weil die Überraschung, wie er wisse, das erfolgreichste taktische Manöver sei. »Sie drucken mich nicht, nicht rechtzeitig jedenfalls und auch nicht meinen Anweisungen entsprechend. Sie danken mir nicht, daß ich Sie berühmt gemacht habe. Ihr Name erscheint zusammen mit dem meinen im Titel von Mappenwerken und Büchern. Außerdem publiziere ich die schmeichelhaftesten Briefe, die ich Ihnen schreibe, kurz, Sie sind durch mich erst existent. Ohne mich gäbe es Sie überhaupt nicht!«

Dann weiter: »Und wem danken Sie, Frielinghaus? Ich, Janssen, danke dem lieben Gott. Sie sollten mir danken! Ich bete zu Gott. Sie sollten zu mir beten. Dann hätte alles seine Ordnung. Aber Sie sind ein Gottesleugner, unfähig zur Frömmigkeit! Sie wissen nicht, daß Frömmigkeit ein Gefühl tiefer Dankbarkeit gegen den Schöpfer ist. Und wer ist Ihr Schöpfer, Frielinghaus? Kein anderer als ich! Sie dagegen glauben, Sie hätten sich selbst erschaffen! Das war die Sünde Lucifers. Aber Sie sind kein Lucifer, zum Teufel sozusagen! Sie tragen keine Fackel, sondern tapern nur um die kleine Herdflamme herum, auf der Sie sich Ihren scheußlichen Tee kochen. ›Mensch, Frielinghaus‹, würde ich rufen, wenn ich Sie zu den Menschen rechnen könnte! Aber das kann ich nicht!« Undsoweiter.

8. JULI 1979

Janssen nicht ohne Bekümmerung über seinen kommenden fünfzigsten Geburtstag. Das Datum bedeute eine Lebensscheide, sagt er, wie wütend man auch dagegen anrede. Mit fünfzig gehe es zwangsläufig abwärts – das sei sozusagen die natürliche, von der Schwerkraft des gelebten Lebens erzwungene Bewegung. »Alles, was ich noch zustande bringe, ist schon heute dem Niedergang abgerungen – und vielem anderen noch dazu.«

19. JULI 1979

Der Zufall führte mich am Morgen mit Frielinghaus im »Atlantic« zusammen. Als ahne er, daß Janssen von ihren offenbar häufigen Zusammenstößen in jüngster Zeit berichtet habe, begann er, kaum daß wir uns gesetzt hatten: Janssen spiele sich immer mit ihrer Freundschaft auf. Aber diese Freundschaft sei ganz einseitig. Er selber hasse Janssen, wie man einen Menschen nur hassen könne. Es vergehe kein Tag, an dem er nicht daran denke, mit ihm Schluß zu machen. Manchmal stelle er sich sogar vor, fügte er mit etwas unsicherem Lächeln hinzu, ihn umzubringen, seine Druckerarme seien stark genug. »Erwürgen wäre schön!« Er habe sich informiert. »Mit den beiden Daumen auf den Kehlkopf los und ihm den giftigen Atem abdrücken!« – er träume davon, meinte er mit wiederum sanftem Lächeln. »Na, später mal – vielleicht«, schloß er.

Mindestens ein Dutzend Trennungsbriefe habe er in all den Jahren schon begonnen, fuhr er fort. »Aber dann stelle ich mir die

Leere vor, in die jeder von uns ohne den anderen geriete, und die Vorstellung treibt mir den Schweiß auf die Stirn.« Davor habe er fast noch mehr Angst als vor dem brutalen Janssen, seinen Demütigungen und Handgreiflichkeiten. Neulich habe Janssen ihn geschlagen, so daß er mit blutigem Gesicht in seine Werkstatt zurückgekommen sei. Übrigens rechtfertigte er seine Nachgiebigkeit auch damit, daß er dazu beitrage, ein großes und bedeutendes Œuvre herzustellen. Das wisse Janssen nicht, beziehungsweise, verbesserte er sich, nicht alle Zeit.

Jeder, der in Janssens Nähe gerate, versicherte er später, werde über kurz oder lang zum seelischen Krüppel; er beneide mich um den Abstand, den ich zu ihm gewonnen hätte. Zu seiner »Krüppelthese«, wie er das nannte, schob er nach, daß ein Bekannter aus Janssens Umkreis jahrelang in einem winzigen Haus mit seiner Mutter zusammengelebt habe. Die letzten beiden Jahre vor dem Tod der Mutter, fuhr er fort, hätten beide, trotz engster Häuslichkeit, buchstäblich kein einziges Wort miteinander gewechselt. Alle Versuche der Mutter, sich wenigstens über das Notwendigste zu verständigen, seien ins Leere gefallen. Das gehe auf Janssen zurück, sagte er und schloß: »Was er nicht umbringt, macht er immerhin kaputt!«

24. November 1979

Janssen am Telefon mit sozusagen geschäftsmäßiger Grabesstimme. Er teile gerade seinen Freunden mit, daß er sich zum Jahreswechsel umbringen werde, wenn er nach der Klecks- auch die Buntstiftphase abgeschlossen habe. Mit fünfzig sei es genug, versicherte er, und da er immer doppelt gelebt habe, sei er jetzt bei hundert angelangt. Mindestens. »Mehr nicht!« sagte er wieder in Anspielung auf das letzte Goethewort und setzte gleich hinzu, wie er es anstellen wolle. Er werde sich eine Plastiktüte über den Kopf ziehen, sie zuschnüren und warten, bis ihn »Freund Hein« bei der Hand nehme. Also alles ganz gelassen, erklärte er, ohne die übliche Janssen-Verdrehtheit und mehr nach der Art des Seneca. Er habe schließlich der Schaulust genug geboten. Bei »Freund Hein« stehe er in der Schuld, meinte er, weil er in allen Jahren mit ihm immer nur kokettiert habe. Irgendwann müsse man zu seinem Wort stehen, sonst stelle einen der Tod in der »Clownsecke« ab, wo er wirklich nicht hingehöre.

Ich fragte ihn, ob er nicht einen besseren Grund für einen Selbstmord nennen könne, die Zahl der Jahre sei ein allzu dürftiges Motiv, ein überzeugenderes sei er sich schon schuldig. Er erwiderte kurz angebunden, dies sei nur eine Mitteilung, über die er nicht zu diskutieren wünsche, und hängte ein. Nachdenklich machte mich der unerregte, ruhige Ton, in dem er geredet hatte. Aber nach wenigen Minuten schon verscheuchte die Erinnerung an den Lustmimen und Kulissenreißer, der er zeitlebens auch war, jede Besorgtheit. »Mit einer Plastiktüte überm Kopf!« sagte ich heute, einen Tag später, zu H., »Unmöglich! Mit verdecktem Gesicht zum Selbstmord: So tritt er, der ewige Selbstporträtist, nicht auf – und vor allem nicht ab!«

2. JANUAR 1980

Anruf von Janssen. Er ist guter Dinge, wenn auch im Ton gedämpft. Vom Selbstmord spricht er nicht, dafür von neuen Projekten. Alles sei schwieriger und aufreibender geworden. Aber wozu habe er so viel Meisterschaft erworben, nicht nur im Zeichnen, sondern auch in der Kunst der Selbstüberredung? Es werde ihm schon gelingen, sich hinters Licht zu führen.

18. APRIL 1980

Als müsse einmal doch die Rede davon sein, kam Janssen heute ein weiteres Mal auf die »Schweinigeleien«, mit denen er vor zwei, drei Jahren begonnen und sich im ersten Anlauf bis an die Grenze vorgewagt habe. Pornographischer, wie viele meinten, sei er dabei freilich nicht geworden, nur direkter und folglich unerotischer, eben nach Art der »alten Kerle«. Er sprach mit leicht geniertem Stolz, und bezeichnenderweise ergriff er die erstbeste Gelegenheit, die Unterhaltung auf Werkstattfragen zu leiten. Das Wichtigste, sagte er, sei für ihn die Farbe gewesen, die er »in Blaubarts Zimmerchen« entdeckt habe. Von irgendwoher holte er auch sogleich ein paar Ektachrome hervor, an denen er die gewonnene Sicherheit veranschaulichte. Das Thema verlange starke, aber niemals aufdringliche Farben, sagte er, denn alle Aufdringlichkeit stecke bereits im Spiel der Leiber: das sei die komplizierte Balance, die er zu erlangen versucht habe. Dann sprach er von der Verträglichkeit bestimmter Töne und geriet im weiteren mehr und mehr ins Technische.

Um ihn nicht so einfach davonkommen zu lassen, ging ich noch

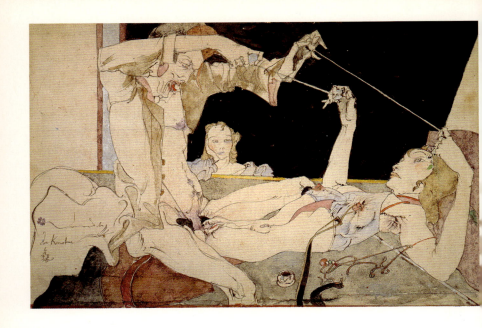

einmal auf die Bildinhalte ein. Ich könne mir, sagte ich, keinen passenden Reim auf die oftmals ausdruckslos und seltsam unbeteiligt wirkenden Frauen machen, die er auf die turbulente Bühne bringe. Mit träumerischen und zugleich befremdeten Augen verfolgten sie die leidenschaftlichen Bemühungen vor allem der Männer...

»Oh bitte«, unterbrach er mich, »nicht wie die Kunstkritiker, die in jedes Bild meine eigenen Verwirrtheiten hineinlesen.« Das halte er nicht aus, nicht von einem alten Freund jedenfalls. Im übrigen, fuhr er dann mit einer überraschenden Volte fort, sei es genau so, wie ich sagte: Die ausdruckslos, so rätselhaft wie distanziert ins Bild gesetzten Frauen verkörperten die »Melusinen« seines Lebens. Denn Rätselhaftigkeit sei Stärke, wie er schon bei der »fransigen Linde aus Oldenburg« gelernt habe. Die Männer spielten sich im Geschlechterkampf als überlegen auf; die Frauen seien es. Darüber dann lange und mit Beispielen.

Doch dürfe man nicht vereinfachen, meinte er schließlich. Natürlich seien die jungen Frauen, wie sie da scheinbar gleichmütig die Szene betrachteten, auch Sinnbilder seiner selbst und seiner Be-

Seit 1977 zeichnete und aquarellierte Janssen immer neue Serien »erotischer Austobereien« und schuf bald auch eine Vielzahl farbiger Radierungen zu diesem Thema: »Der Knoten« vom 6. Januar 1978.

obachtungsmanie. Und ihre Mädchenhaftigkeit symbolisiere zugleich seine Sehnsucht nach dem Jungsein. Er singe in den »Pornoarien« sozusagen das hohe C über zwanzig Takte. In Wirklichkeit habe er Mühe, es eine volle Note lang durchzuhalten.

27. August 1980

Nach irgendeiner beiläufigen Bemerkung, die ich machte, erklärte Janssen, er müsse wieder einmal grundsätzlich werden. In Pädagogenmanier trug er vor: Alle Zeichnerei verfolge zwei Absichten. Entweder wolle man zur Verschönerung der Welt beitragen oder zur Erkenntnis ihrer Geheimnisse durch Anschauung.

Die »dekorierende« Kunst bedürfe keiner Begründung, sie sei eine Art Urtrieb seit Steinzeitgedenken. Schwieriger sei es mit dem Erkennen. Wer die Geheimnisse der Welt etwas weniger geheimnisvoll machen will, müsse Fragen stellen können, am besten die richtigen.

Und dann: »Die zeitgenössische Kunst verleugnet den Verschönerungstrieb und spricht vom Aufdecken der Wahrheit. Sie hat aber die Fähigkeit zum Fragen verloren. Sie stellt nicht Fragen, sondern stellt Antworten. Im Idealfall finden Verschönerungstrieb und (Selbst-) Erkenntnis zusammen.«

Seine Ausführungen dauerten annähernd eine halbe Stunde. Im Blick auf die Entschiedenheit, mit der er am Ende gesprochen hatte, sagte ich: »Wie vom Kapitol herab verkündet.« Darauf Janssen: »Und die Gänse schnattern wieder dazu! Sie müssen es nur erst gehört haben.«

29. August 1980

Janssen, wie in jüngerer Zeit des öfteren, in Reminiszenz-Stimmung. Mit den Blumen, den Landschaften und Stilleben habe er, wie ich wüßte, bald nach der Gummistiefelzeit Ende der sechziger Jahre begonnen. In der Zeit davor, als er sich an den Abenden und die Nächte hindurch mit Korn vollaufen ließ, ehe er am folgenden Tag dem Kater mit einer Art Cocktail aus Korn und Buttermilch

»Der anstrengendste Liebling der feinen Hamburger Gesellschaft«: Janssen Ende der sechziger Jahre auf einem Empfang des »Spiegel« mit Walter Scheel.

auf den Pelz rückte, habe alle Welt nur Greuel von ihm erwartet. »Man liebte es, Bewunderung und Besorgnis über mich zu äußern, ich war ›Genie‹ und ›Flegel‹, und wahrscheinlich liebte ich die Doppelrolle auch. Wohin ich kam, leuchteten die Augen, während über die Stirnen zugleich tiefe Falten der Bekümmerung liefen.« Wer das an sich selbst erlebt habe, müsse geradezu glauben, daß er unwiderstehlich sei.

Deshalb vielleicht auch habe die Zeit mit Latzhose, Gummistiefeln und dem Korn plus Buttermilch so lange gedauert: »Ich war vernarrt in meine Kraftmeiereien«, sagte er. »Und zugleich in die Sorgenfalten ringsum. Einer hat mich mal einen Kerl ›wie einen Feuerhaken‹ genannt. Ich war selig darüber und trug die Bemerkung wie eine Auszeichnung: der anstrengendste Liebling, den die feine Hamburger Gesellschaft je hatte.«

Aus diesem Grund, fuhr Janssen fort, habe nichts ihm so große Mühe gemacht wie der Versuch, von den Gummistiefeln loszukommen. Am meisten geholfen habe ihm sein Widerspruchsgeist: »Als das verbreitete Bild, das alle sich von mir machten, zum Klischee zu erstarren begann, entdeckte ich den Romantiker in mir. Also zeichnete oder radierte ich Blumen, Landschaften und melancholische Selbstporträts, ließ aber auch, wie es zum Romantiker gehört, den schönen, haarsträubenden Vergänglichkeitsschrecken nicht weg. Doch die Kritik sprach weiterhin von ›figuraler Exzentrik‹. Und obwohl ich monatelang keine Flasche anrührte und, wenn ich schon unter die Leute ging, gesittet auftrat, blieben auf allen Stirnen die beglückten Sorgenfalten. Die Leute liebten den ›Bürgerschreck‹ Janssen, der ihnen angeblich soviel Angst machte, weit mehr als ich.«

3. September 1980

Er müsse sich immer Zahlenziele setzen, bemerkt Janssen, zum Beispiel, daß er in einem bestimmten Monat zwanzig gutgelaunte Nachmittagsradierungen anfertigen werde oder in einem Jahr hundert »richtige« Zeichnungen. Natürlich seien das Krücken, um die Angst davor auszuschalten, daß er nachlassen könnte; auch um die unzähligen Störungen abzuwehren, sei es durch die, die da durch die Tür kommen, oder die, die schon drinnen sind: »In mir selber nämlich.«

Natürlich sei das oft schiefgegangen. Aber seit er nicht mehr trinke, übertreffe er seine Zahlen fast immer. Früher sei schon der Begriff des Glücklichseins für ihn mit Aufregung, Turbulenz und Koller verbunden gewesen. Etwas wie Eruption mußte dabei sein oder wenigstens drohen. Jetzt zum ersten Mal habe sein Bild vom Glück etwas mit Stille und Gelassenheit zu tun.

Aber gestern erst, sechs Uhr morgens auf dem Söller, habe er sich wieder gefragt, ob mit der Angst nicht noch einiges andere verlorengeht. »Es könnte ja sein, daß ich die Plagegeister brauche, um etwas zustande zu bringen, und, bildlich gesprochen, das Bad im Angstschweiß so etwas wie ein Stimulans, ist, ohne das ich nicht sein kann.«

Da habe er doch das vermißte Ersatzelixier, wandte ich ein. Die Alternative »Angst und Kunst oder Angstverlust und Kunstgewerbe« sei doch gleichsam die Schreckvorstellung, die er seinen Worten zufolge benötige. Seine Sorge sei also ganz unnötig. Er dankte, nicht ohne Hohn, für die Freundeshilfe und meinte, er werde es mit diesem Rezept versuchen.

Er wirkte sehr alt, mit glanzlosen Augen und auch einigen unterdrückten Seufzern zwischendurch. Er sprach von der Mühe, die er mit dem Schlafen habe. Als ich ihm von dem noch vagen Plan für ein neues Buch erzählte, warf er ein, ob er auch noch einmal »so jung« sein werde, um Pläne zu machen. Meinem Hinweis auf die Zahlen, mit denen er unsere Unterhaltung begonnen hatte, begegnete er mit dem Einwand, daß er von »Krücken« gesprochen habe. Früher sei er ohne dergleichen ausgekommen. Als ich beharrte und auf die gerade vollendete Porträtserie wies, meinte er: »Äh, äh! Damit ist es zu Ende. Das reicht noch für meine Höhle hier. Aber Aufbrüche nach draußen sehen anders aus.«

7. Oktober 1980

Heute sagte M. S., dem ich von der Begegnung mit Janssen berichtete, er habe dessen Tod seit mindestens fünfzehn Jahren erwartet. Er sei ihm in dieser Zeit immer nur als ein Lebender auf Abruf erschienen. Alle verwendeten für Janssen das Bild von der Kerze, die von beiden Enden her brenne. Aber richtiger müsse man sagen, er brenne von drei oder vier Enden gleichzeitig, was bei einer Kerze bekanntlich nicht möglich sei. Das treffende Bild für Janssen sei noch nicht gefunden. Vielleicht seien es die Scheiterhaufen beim traditionellen »Osterfeuer« unten an der Elbe, die von mehreren Stellen her angezündet würden.

M. S. gehört zu jenen Janssen-Schwärmern, auf die man in Hamburg häufig stößt. Er erzählte auch von einem Gespräch über den Tod in der Kunst, das einer seiner Bekannten mit Janssen geführt habe. Janssen habe zunächst abwehrend ironisch reagiert und gesagt, der Tod sei von den modernen Künstlern ausgestoßen worden, bis er sich mit seinem »bekannt guten Herzen« seiner angenommen habe. Aber da er an dem Thema nie vorbeikönne, habe er sich schließlich ernst gegeben, von den zahlreichen Auseinandersetzungen mit dem Tod gesprochen und einmal wie nebenhin geäußert, Zeichnen heiße nichts anderes als Sterben lernen.

»Sehr pathetisch!« machte ich geltend. »Ja, natürlich!« meinte M. S., Janssen sei ein Pathetiker. Aber wie alle Pathetiker wolle er das vor der Welt verheimlichen.

Beim Auseinandergehen: Niemand solle sich Sorgen um Janssen machen, er habe mindestens die sieben Leben einer Katze und vielleicht sogar noch ein paar mehr. Jedenfalls werde er uns und unsere Befürchtungen sämtlich überleben.

9. Oktober 1980

Anruf von M. S. Er habe zu unserem Thema noch etwas nachzutragen. Janssen sei doch, wie alle wüßten, auch künstlerisch bereits mehrfach gestorben oder jedenfalls an einen Punkt gelangt, wo es für sein Empfinden oder seine Unruhe nicht mehr weiterging. Irgendwie sei er aber jedesmal wieder hochgekommen, und immer mit etwas Neuem, was die These von den sieben oder mehr Leben Janssens zusätzlich bestätige. Zwar könne er nicht mit jeder Schaffensphase Janssens gleich viel anfangen. Aber bewundern müsse er das gewaltige Werk, das er auf jeder Station zustande gebracht habe, zumal wenn man bedenke, daß ihm zwischen der langen Geburt und dem jeweils bald schon einsetzenden Sterben meist nur ein paar Monate gegeben waren. Dabei sei auch, redete er sich in Eifer, die ungeheure Vergeudung an Zeit zu bedenken, die Janssen im Alkohol, in der niemals endenden Werbung um eine der wechselnden Geliebten sowie mit seinem sinnlosen Herumrasen von hier nach da hingebracht habe.

Ich sagte ihm schließlich, er solle das alles Janssen selber sagen, er werde sicherlich auf offene Ohren damit stoßen. »Janssen selber?« fragte er überrascht zurück. »Aber ich kenne ihn doch gar nicht!«

1981–1990

14. Januar 1981

Wir sprachen über die Last der Kunstvergangenheiten, die Stile, Temperamente und Meisterschaften, die sich im Lauf der Jahrhunderte gezeigt und einander abgelöst hätten. Janssen meinte, er habe das alles nie als Last empfunden, sondern als Schatzhöhle, in die er ungestraft einbrechen durfte. Man sage ihm ja eine gewisse Primitivität nach, vermutlich zu Recht. Die aber habe ihn vor aller immer bloß imaginären Schwachheit bewahrt. Er sei »kein Atlas, der die ganze Kunstgeschichte stemmt«, und die Künstler, die sich überall als Lastenträger aufführten, hätten in Wahrheit nur Styroporfelsen auf dem Rücken, man höre es am falschen Ächzen. Er leide, wie jeder wisse, wirklich an unzähligen wirklichen oder eingebildeten Ängsten. Aber Angst vor der Vergangenheit habe er nie empfunden. Die Vergangenheit sei der einzige angstfreie Raum, in den er sich flüchte, wenn nicht einmal das Versteck im hintersten Winkel des Turmzimmers ihm helfe. Wer an der Vergangenheit leide, sei verdammt, entweder zum Scharlatan oder zum Eklektizisten zu werden.

Später: Viel größer als die Gefahr, von der historischen Vergangenheit erdrückt zu werden, sei die Bedrohung durch das eigene Werk. Ein Künstler sei verloren, wenn er beginne, sich selber zu umarmen. Alle dürften, was er irgendwann zustande gebracht habe, bewundern, nur er selber nicht. Marino Marini mit seinem heckenden Pferdestall, Chagall mit den schwebenden Liebespaaren über Blumenbuketts und Eiffeltürmen seien zum Opfer ihres Œuvres geworden, sogar Horst Antes mit seinen »poweren Kopf-

In jungen Jahren als »Wappenzier der Avantgarde« gefeiert, hat Janssen die Moderne später heftig attackiert oder sich – wie auf diesem Blatt zu Andy Warhol – darüber lustig gemacht.

füßlern« – warum sei ihm nie der Gedanke gekommen, es mal mit einem »Rumpfärmling« zu versuchen? Nur Picasso bilde die große Ausnahme. Er komme immer anders daher; stets aber und unverkennbar als er selber.

Im weiteren Verlauf sprach Janssen bewundernd über Max Beckmann, der kein falscher Atlas, sondern tatsächlich ein »Kraftriese« gewesen sei. »Aus meiner Verwandtschaft«, fügte er mit einer Art Familienstolz hinzu, »trotz aller gelegentlichen ›Pinocchio-Schnitzerei‹.«

17. August 1981

Janssen erzählt die Geschichte vom Anruf Philippe de Rothschilds, die sich irgendwann im vergangenen Jahr zugetragen hat. Als ihm durch den Schriftsteller Joseph Breitbach der Auftrag erteilt worden sei, ein Etikett für einen der Weine des Hauses anzufertigen, habe er sich geschmeichelt gefühlt und, um sich ein »hübsches Entree« zu verschaffen, zunächst begonnen, eine Radier-Serie von Köpfen des großen französischen Jahrhunderts herzustellen. In einige Verlegenheit sei er geraten, als man ihn nach dem Honorar für die siebzehn Platten gefragt habe. »Welchen Preis nennt man einem Rothschild?« sei ihm plötzlich aufgegangen, »doch nicht Geld! Aber was dann?« Weil er sich nicht entscheiden konnte, habe man schließlich verabredet, die Dinge in einem Telefongespräch zu regeln.

Damit das »Rendezvous am Telefon« den gebührenden Zuschnitt erhalte, habe er sich eine Anzahl Gäste ins Haus geladen, zehn oder zwölf, um für das »historische« Gespräch auch Zeugen zu haben. Die meisten seien schon lange vor dem vereinbarten

Zeitpunkt eingetroffen, alle bewegt von der Frage, wie sie sich wohl verständigen würden, der berühmte Weingutbesitzer und er, der »Immer-noch-Bürgerschreck« aus Hamburg. »Alle standen erwartungsvoll hier herum«, fuhr Janssen fort, »ich selber hatte mir den Armsessel ans Telefon gerückt, ein riesiger Blumenstrauß war auch da.«

Erst in diesem Augenblick sei ihm der Gedanke gekommen, welches Honorar er verlangen sollte, doch habe er den Einfall für sich behalten. Als pünktlich auf die vereinbarte Minute das Telefon schrillte, seien alle verstummt und hätten gespannt und merkwürdig aufgeregt zu ihm hingesehen. »Ich selbst aber«, fuhr Janssen fort, »blieb ganz ruhig in meinem Sessel, registrierte mit einem Lächeln, doch ohne mich zu rühren, wie immer wieder der Apparat läutete. Nach vier oder fünf Klingelzeichen fingen sie an, durcheinander zu rufen und mich zunehmend lauter aufzufordern, endlich den Hörer abzunehmen. Es war überwältigend! Auf allen Mienen zeigte sich so etwas wie Verblüffung, bei manchem auch eine Art Entsetzen, daß ich bewegungslos auf meinem Stuhl sitzen blieb. Ich ließ es einfach läuten, fünfzehn Mal ungefähr, wenn ich in dem Geschnatter ringsum richtig gezählt habe. Aber jedes Rufzeichen war so etwas wie ein Triumphsignal. Ich genoß es wie selten was. Der große Philippe de Rothschild hatte mich, den Enkel des Schneidermeisters Fritz Janssen und unehelichen Sohn von Martha Janssen aus Oldenburg, anzurufen versucht, und ich hatte nicht abgenommen! Es war das schönste Honorar, das ich je bekommen habe.«

Janssen amüsierte sich über meine Bemerkung, er sei ja tatsächlich gerade nicht abkömmlich gewesen, weil er das Haus voller Gäste gehabt habe. »So ist es«, meinte er, »irgendwer hatte wohl vergessen, das dem Baron mitzuteilen.«

23. August 1981

Janssen berichtet von einer Versuchung aus letzter Zeit, wieder »in die Flasche zu fallen«. Wer es nicht selbst erlebt habe, könne sich keinen Begriff davon machen. Die Flasche erscheine in solchen Stunden wie eine tröstende Fata Morgana, hoch über einer ruhig daliegenden Oase, mit im Windhauch raschelnden Palmen, mit Eintracht, Weltabgeschiedenheit und was sonst noch zum völligen Glück gehöre.»Meine tausendmal gewonnene Gewißheit, daß der Alkohol mich von innen her auffrißt, ist plötzlich wie weggeblasen und alles nur noch Verlockung.«

Am meisten fürchte er, daß der Alkohol seine Fähigkeit zur Selbstkritik zerstöre, fuhr er fort. Alle seine Arbeiten kämen aus einer doppelten Konzentrationsbemühung. Die eine gehe auf die Arbeit, also die Zeichnung oder die Radierung, die er gerade auf dem Tisch habe; die andere gegen die immer wiederkehrende Verheißung der Flasche.

Er sagte übrigens, er habe inzwischen mit den »scharfen Sachen« aufgehört; nur noch Wein, der doch erlaubt sei. Oder Champagner. Ebenfalls zulässig.»Nein, nein!« erwiderte ich.»Keine Selbstbetrügereien!« Er habe doch mit Wodka und Korn nur aufgehört, weil er sie nicht mehr vertrage. Die Schwächen des Alters könne man sich nicht als Verdienst gutschreiben. Die Sünde, die man nicht mehr zustande bringe, mache noch niemanden zum Heiligen.

6. NOVEMBER 1981

Janssen am Telefon: Die Unruhe, das ewige Hin- und Hergezockle, sei seine Form von Statik.

24. April 1982

Bei P. einige neuere Janssen-Radierungen mit virtuos verhäßlichten Selbstporträts. Schrieb spontan eine kurze Notiz. Erinnerte Janssen an unsere vor Jahren geführten Gespräche über Rousseaus Selbstvergötzung durch (scheinbare) Selbstverdammung. Mahnte dann, den durchsichtigen »Rousseau-Trick« zu meiden. Die Antwort kam umgehend: »Guter Rat! Erreichte mich aber leider, wie die guten Ratschläge fast immer, zu spät!« Außerdem, schreibt er weiter, wolle er mir noch mit einer Beobachtung seiner alt-neuen Liebe Georg Christoph Lichtenberg aufwarten: »Belehrung findet man öfter in der Welt als Trost.« In Klammern dahinter: »Nicht als Zurechtweisung gemeint!«

4. September 1982

Als ich zum Flughafen mußte, ließ Janssen seinen »Leibkutscher«, wie er sagt, den Taxifahrer Arthur Heuser, kommen. Er nötigte den alten Mann aus dem Wagen heraus und machte uns nicht ohne förmliches Gehabe miteinander bekannt.

Kaum waren wir losgefahren, fing der Taxifahrer mit umstandsloser Vertraulichkeit an, von seinem »Freund Horst« zu reden. Natürlich wisse er vieles über mich, sagte er, mehr vielleicht, als ich mir träumen ließe, sein großer Freund plaudere »ja nun mal gern«. Er selber sei gewissermaßen der »Spezialfahrer« vom Mühlenberger Weg, aber auch ein Gesprächskollege, wie Horst ihn von Zeit zu Zeit brauche. So habe er häufig bei ihm gesessen und das ewige Kommen und Gehen beobachtet sowie die merkwürdigen Leute, die sich da in dem kleinen Hexenhaus tummelten. Er habe seinen Freund aber auch, wenn den die Unruhe überkam, als »Faktotum« begleitet und zur Seite gestanden. Wie oft habe er nachts in irgendeinem Vorgarten die verlorengegangene Brille oder das herausgefallene Gebiß gesucht! Die verrücktesten Aufträge habe er in den vergangenen Jahren erhalten. »Sie glauben nicht«, sagte er, »was dem alles einfällt, wenn er verliebt oder sonstwie aus dem Ruder ist.«

Bettina, Birgit, Viola, Kerstin und wie sie alle heißen – er kenne jede. Manchmal sei es schlimm gewesen, wenn Janssen, nur Wut und Trauer, von den gemeinsamen Exkursionen zurückgekommen sei und gebeten habe, kreuz und quer durch die Dunkelheit zu fahren, vielleicht, weil er nicht mal seine Wohnung sehen mochte. »Was sagt man so einem?« fragte er dann. Er habe meist geschwiegen oder von irgend etwas geredet, was seinem Freund nicht zusetzen mochte. Aber wer wisse schon, was einem Mann wie ihm in solchem Zustand nicht zusetze? Geendet hätten ihre Irrfahrten immer im Mühlenberger Weg. Janssen habe irgendeine Platte aufgelegt und die Lautsprecher auf volle Stärke gedreht, als wolle er mit dem Lärm seine Verzweiflung übertönen. Er sei dann ganz aufgelöst gewesen und wie in einem Käfig auf- und abgelaufen. Erst vor ein paar Tagen habe er »das Musikstück, das gerade dran ist«, an die dreißig Mal gehört.

Ich fragte ihn, wie er das aushalte. Aber er meinte, es mache ihm nichts. »Wissen Sie«, sagte er dann, »das Leben darf nicht langweilig sein. Leider ist es das meistens, obwohl man als Taxifahrer mit den vielen Schicksalen, die da zusteigen, noch gut bedient ist.« Er jedenfalls sei glücklich in seinem Beruf: »Immer nur das Gewohnte, das tut's nicht. Manchmal muß es auch blitzen und donnern, denke ich. Und da hatte ich nun nochmal so was wie Glück. Immer jedenfalls, wenn's trotz der vielen Gästescharen langweilig wurde, traf ich Janssen oder konnte, als sein Freund, machen, daß ich ihn traf. Bei ihm hat es, solange ich ihn kenne, immer geblitzt und gedonnert.«

Selbstbildnis aus der »Paranoia«-Serie von 1982: »Das eigene Gesicht«, sagte Janssen dazu, werde hier dargestellt »nicht nur als Selbstentlarvung oder Selbstbeweinung wie früher, sondern als großes, farbenfrohes Schlachtefest«.

Das Problem sei, fuhr er nach kurzem Nachdenken fort, daß Janssen geliebt werden wolle. Um fast jeden Preis. Er habe seine ganze Kunst, sein Geld, sein ewiges Reden und was noch alles dafür aufgeboten. »Aber er hat es nie geschafft. Eigentlich hat er die Menschen einen nach dem anderen verloren. Jetzt ist er wieder mal ganz allein – wenn auch nur bis zum nächsten Mal, was meinen Sie? Das nächste Mal ist bei einem wie ihm immer schon da, er muß nur mit dem kleinen Finger schnippen. Aber gerade deshalb wird er sein Problem nicht los. Er hat mir mal vorgehalten, ich hätte keine Freunde. ›Woher willst ausgerechnet Du das wissen?‹ habe ich ihm erwidert. Na«, schloß er, »Horst ist, wie meine Frau sagt, nur ein Kind. Ich bin ein einfacher Mann. Aber er ist ein Kind, das sich verlaufen hat.«

Arthur Heuser sprach dann von seiner Frau. Sie sei ja nicht sehr gebildet, »man nur ein schlichtes Mädchen aus Ostpreußen«. Aber mit praktischem Verstand. Und mit diesem praktischen Verstand habe sie sich immer gewundert: »›Du und dieser Janssen‹, sagte sie einmal, als ich von einem unserer nächtlichen Umgänge kreuz und quer durch Hamburg erzählte, ›Wie geht das nur zusammen?‹ Aber dann besorgte sie sich eines Tages alle Bücher über ihn, die sie auftreiben konnte. Und als sie die Bücher durchgesehen und vieles darin auch gelesen hatte, sagte sie nur: ›Du Arthur, Dein Janssen da, das ist, glaube ich, ein Genie.‹«

Damit waren wir am Flughafen. Der Taxifahrer entschuldigte sich, er habe womöglich zuviel gesprochen. Und etwas indiskret sei er auch gewesen. Aber Janssens Freunde, meinte er, sollten untereinander offen sein. Gelogen werde um ihn herum schon genug.

Und als ich bereits ein paar Schritte zum Eingang hin getan hatte, rief er mich noch einmal zurück: »Mit der Wahrheit«, sagte er mit einer gewissen Feierlichkeit, »tun wir unserem Freund auch die Ehre an, die er verdient. Was denken Sie?«

9. Oktober 1982

Zur »Paranoia«-Ausstellung nach Hamburg. Anschließend zu Janssen, der augenblicklich darüber zu reden begann und sich über den »Butzemann« und »Popanz« belustigte, den er in dieser Serie abgebe. »Das wollen die Leute doch!« sagte er, und jetzt habe er ihnen ihren Wunsch erfüllt. Jetzt könnten sie wieder mit ihren Sorgenfalten auf der Stirn kommen.

Später bemerkte er: Bekannt sei ja die Sache mit seinen verschiedenen Gesichtern, dem grimassierenden, das sich in wüsten und oft aufschneiderischen Posen gefällt: Janssen gewissermaßen als Bürgerschreck, als Trinker, Hasser und alter schmutziger Mann, der den Frauen nachstellt, über hundert Zigaretten raucht und nur von Kaffee und Korn lebt, bis er wie tot umfalle. Dann stolpere er ins Bett, wo er sich in Drei-Tages-und-Nacht-Exerzitien, geplagt vom Schüttelfrost, aus dem Delirium herausquäle. Mit diesem Klischee-Gesicht habe er in der »Paranoia«-Serie aufgewartet.

Er könne den Leuten aber auch ganz anders kommen: in strenger, linearer Kesting-, Overbeck- oder Schnorr von Carolsfeld-Manier, wie es die sanften Gemüter verlangten, vorneweg alle Geliebten, die er je gehabt habe, und wie es alle auch, einmal wenigstens, erhalten haben.

Und schließlich, damit halb verwandt, den romantischen Janssen, den hingetupften »Unschuldslümmel«, der die Morgenstunden auf seinem Balkon verbringe und die Sonne beobachte, wie sie das Laub der Bäume in abgemessenen Intervallen mit Licht auffülle – auch sehr gefragt.

Aber seine Vorliebe gehöre seit einiger Zeit dem »schiefmäuligen« Janssen. »Paranoia« sei die äußerste Steigerung dessen, was mit »Hanno's Tod« und dem »Totentanz« begonnen habe: das

Selbstbildnis nicht nur als Selbstentlarvung oder Selbstbeweinung wie früher, sondern als großes, farbenfrohes Schlachtefest. Er rede, wie ich wisse, nie von Höhepunkten. Aber ähnliches habe noch keiner mit sich angestellt. Eine Passionsgeschichte der Abscheulichkeit. Ecce Homo auch das, aber – wie immer bei ihm – andersherum.

Überbieten könne er das nicht mehr, meinte er dann. Wie immer, wenn er an die Grenze und darüber hinaus gegangen sei, wisse er zur Zeit nicht mehr weiter, jedenfalls nicht mit den Selbstporträts. Er denke auch, es sei jetzt genug damit. Vor allem, wenn er entdecke, daß etwas von dem, was ich mal als seine »Ramponierlust« bezeichnet hätte, in seinen Porträts anderer Figuren auftauche. Die Freiheiten sich selber gegenüber dürfe man aber nicht bei jedermann anwenden.

Ich meldete Zweifel an und sagte, er habe es sich aber auch etwas leicht gemacht, leicht nach Art der »Betriebskünstler«, wie er gern sage, die er so verachte. Denn Enthemmung sei immer das Leichteste. Die Bewunderer seiner Kunst schätzten doch vor allem, daß er sich den Regeln unterwerfe und gerade innerhalb der Regeln die große Freiheit behaupte. Die geringfügigen Formverstöße, so scheine mir jedenfalls, machten seine Manien, Gestörtheiten und Sehnsüchte – alles das, was er ausdrücken wolle, weit sichtbarer als diese Travestien eines Gesichts. Ich fragte mich, ob es von dieser Stufe noch den Schritt zurück gebe.

Er geriet einen Augenblick lang in Verlegenheit und meinte, die Arbeiten seien ihm für ein derart distanziertes Urteil noch zu nah. Im übrigen habe er doch gesagt, daß er inzwischen über ungezählte Möglichkeiten gebiete. Die »Grimassen« seien nur eine davon. Noch immer könne er in größter Strenge und nach naturgegebener Geometrie, ohne alle Lust am Bizarren sozusagen, eine Aster zeichnen.

3. JANUAR 1983

Wir kamen noch einmal auf »Paranoia« und manches, was an die emphatische Manier der Serie anknüpft. Der Eindruck stelle sich her, sagte ich, daß er seine Emotionen nicht mehr so sehr nach außen loswerde, sondern auf dem Papier. Statt der Beschimpfungsorgien bei Nacht zu irgendeinem Fenster hinauf, den eingetretenen Türen, die ihm nachgesagt würden, erscheine jetzt auf einem Porträt ein greller Farbklecks, ein blutiger Striemen oder dergleichen. Er tobe gewissermaßen mit Bleistift und Pastell.

Er liebe, wie ich wisse, solche Spitzfindigkeiten, erwiderte er. Aber die Wahrheit sei, daß er die Kraft zum körperlichen Exzeß verloren habe. Die Natur mache nicht mehr mit, oder nur manchmal noch. Die Frage, die ihn oft beschäftige, sei, wo ihm in Zukunft »das Maß an Unmäßigkeit« herkomme, das er nun einmal benötige. Das Alter sei nicht seine Zeit. Wenn die physische Kraft nachlasse, gehe zwangsläufig auch die psychische Hochspannung verloren. Bislang habe er jedoch noch mehr davon als alle Menschen in seiner Umgebung; mehr womöglich auch, als für die meisten gut sei.

11. JANUAR 1983

Seine Erschöpfung mache ihm nicht zuletzt deshalb zu schaffen, weil ihm das einzige Mittel unzugänglich sei, mit dem man dagegen ankommen könne: der Zynismus. Viele kämen damit aus den Krisen heraus, in die sie gerieten. Er schaffe das nicht. »Ich habe nie ein zynisches Verhältnis zu meiner Arbeit gehabt; allenfalls war ich manchmal leichtsinnig.«

18. Dezember 1983

Monatelang nichts von Janssen außer einem desolaten Anruf, in dem er kaum verständlich daherredete. Trotz seiner Bitte, mich bald zu melden, fand ich keine Zeit für einen Rückruf. Aber Tete Böttger, ein Göttinger Verleger, den mir Janssen unlängst als »flink, geistreich« und »Tete Dampf in allen Gassen« vorgestellt hatte, erzählte heute, einige Personen aus dem engeren Janssen-Umkreis hätten neuerdings buchstäblich Todesängste auszustehen. Die Ausfälle Janssens seien überhaupt nicht mit den »Pöbeleien« zurückliegender Jahre zu vergleichen. Jetzt komme zusehends häufiger Gewalt dazu, unberechenbar und hochgefährlich. Es helfe auch nicht, einfach wegzubleiben. Denn wenn kein Opfer in der Nähe sei, mache Janssen sich auf, um irgendwen zu »greifen«. Böttger berichtet von einigen aus dem »Janssen-Clan«, die sich eigens Panzertüren angeschafft hätten, um ihr Haus gegen seine Überfälle zu sichern.

Janssen selber soll unlängst in beruhigtem Zustand geäußert haben, er verliere bei solchen Auftritten jede Kontrolle: Einfach weg! Oft reiche schon der lediglich ungeschickte Einwurf eines Besuchers. Das falsche Wort falle in ihn hinein wie ein Streichholz, das in eine volle Pulvertonne geworfen werde. Die Explosion, die dann erfolge, mache ungeheuren Lärm, als ob, wie Janssen selber unlängst geäußert habe, »eine ganze Geröllhalde in seine Gehirnschale prassele«. Im gleichen Augenblick wisse er nicht mehr, wie ihm geschehe. Irgendein »Klepper aus seinem Höllenzoo« reite ihn und schüttele »die letzten Reste an Besinnung« aus ihm heraus.

Er könne, habe Janssen auch gemeint, niemals vorhersagen, was passiert. Alles, was Kopf und Verstand ausmache, sei wie weggeblasen. Er rase herum, ohne zu wissen wohin, und nicht einmal das Warum sei ihm klar. Denn wenn er, früher oder später, wieder zu sich komme, erscheine ihm der Anlaß, der den Blitz auslöste, ganz belanglos oder sogar lächerlich. Und noch einmal etwas später melde sich so etwas wie Reue oder jedenfalls das Erschrecken über sich selbst: »Was war da?«

Aber bevor es soweit sei, zertrümmere er meist noch einiges: eine Haustür, eine Wohnungseinrichtung oder sonstwas. Neulich habe er sich einen Sack voll Pampelmusen gekauft und bei einer Freundin alle Fensterscheiben eingeworfen. Zur Not müßten aber auch ein paar Zeichnungen herhalten oder einige gerade fertiggewordene, »fein geätzte Zinkplatten«. Der Kraftaufwand dafür sei das einzige und beste Mittel, ihn wieder zu sich zu bringen. Leider verfüge er immer noch über ziemlich große physische Ausdauer, so daß es vernünftiger sei, nicht auf seine Erschöpfung zu warten.

Böttger setzte hinzu, diese Ausbrüche seien in neuerer Zeit häufiger und auch von Mal zu Mal exzeßhafter geworden. Wir überlegten, ob die Drohung mit der psychiatrischen Einzelzelle etwas ausrichten könne. Seit der Haftzeit Anfang der fünfziger Jahre jedenfalls sei Janssen vom Gefängnistrauma verfolgt. Vielleicht wirke der Schrecken noch immer. Aber wer wage es, meinte Böttger, ihm das zu »verpassen«?

Später fragte ich mich, ob die fast abgerissene, im vergangenen Jahr auf zwei oder drei Telefonate zurückgegangene Verbindung zwischen uns auch mit der Ahnung des einen wie des anderen zu tun habe, daß wir uns derzeit besser aus dem Weg gingen. Aber bisweilen bedauere ich auch, keinen dieser jüngsten Anfälle Janssens je erlebt zu haben. Gern hätte ich gewußt, ob es mir gelingen würde, seinem Zorn, wie einst, sozusagen die Luft zu nehmen. Große Zweifel nach allem, was ich höre.

4. Januar 1984

Zwischen den Jahren verschiedene Anrufe wegen Janssen. Neue verwirrende Einzelheiten über teilweise schon länger zurückliegende Ausbrüche, alle endend im Zerstörungsfuror mit nachfolgenden Zerknirschungsszenen. Mir kam seine Wette mit sich selbst in Erinnerung, von der er vor Jahren oft und meist etwas großspurig geredet hat. Eindruck, er gebe die Wette inzwischen verloren.

20. Februar 1984

Seit langer Zeit wieder Anruf von Janssen. Erkennbar aufgeräumt und ganz bei sich. Berichtet von neuen Lieben, neuen Arbeiten, neuen Plänen. Und von altem Durcheinander. Als ich ihm mit einer Bemerkung »vertraulicher Ironie«, die er so liebte, ins Wort falle, lacht er hysterisch los und findet kein Ende. Bittet mehrfach um meinen Besuch.

7. März 1984

Seit längerem wieder bei Janssen. Große Herzlichkeit wie eh und je, nachdenklich und, ganz gegen seine Gewohnheit, mit vielen Fragen zu den vergangenen Monaten. Auffällig einzig ein melancholischer Unterton.

Dann über seine neueren Arbeiten. Zur Zeit Bettinas hatte Janssen gelegentlich gesagt, er werde zum ersten Mal Akte zeichnen. Mit jeder der wechselnden Freundinnen hatte er die Ankündigung wiederholt und seit den Aquarellen zu »Phyllis« mehrfach wahrgemacht. Auch heute, vor allem nachdem H. dazugekommen war, sprach er davon. Dessen naheliegenden Einwand, er habe doch schon in den sechziger Jahren mit Akten brilliert, tat Janssen mit dem Hinweis ab, er habe damals, auch der Intention nach, niemals Akte gezeichnet, sondern lediglich »Haut«, nicht »Erotik«, sondern »Oberflächenreize«. Jetzt dagegen, wo er ein alter, müder Mann sei, müsse er sich mit derberen Bedürfnissen abgeben. Zudem könne er sich auf dem Papier als der »Kraftprotz« aufspielen, der er längst nicht mehr sei. Er habe das nie für möglich gehalten: Bleistift und Pinsel seien seit der Zeit mit dem »Turnschwesterlein V.« die Hilfsmittel der schönsten Alterslügen geworden.

Später noch: Demnächst, sobald er sich dazu aufgelegt fühle, kämen wieder vergnügte, wenn auch auf den zweiten Blick eher traurige Bettsachen. Wie es sich gehöre: »triste« schon vorher, wie jedes »animal« in seinen Jahren.

9. März 1984

Ein Kritiker, berichtet Janssen, habe unlängst geschrieben, früher habe er Tabus verletzt, jetzt nur noch die Regeln des Anstands; früher habe er als »Aufklärer« gewirkt, jetzt als »Dekorateur«, der mit dem Markt gemeinsame Sache mache.

Er werde dem Mann ausrichten lassen, sagte Janssen, daß er sich der »Aufklärung« nie zugerechnet habe. Genaugenommen gehöre er nicht mal in das große Haus der gegenwärtigen Kunst, wie viele Wohnungen auch darin sein mögen. Ebensowenig hocke er im Keller oder in irgendeiner Abseite. Vielmehr sei er schon vor langer Zeit aus dem Haus ausgezogen, weil seine Bewohner ihn anödeten. Er hasse die Langeweile. Niemand habe ihm ein Thema, eine Position, eine Richtung zuzuschreiben. »Ich bin nur ich, ich, ich!«

Zum Glück, meinte er abschließend, störten ihn die Angriffe nicht mehr. Er sei gerade im »Aufgalopp« zu einer neuen »Aquarellpanscherei«, der er vielleicht den Titel geben werde: »Turnschule Icks«.

10. März 1984

Die Kritik, von der Janssen gestern berichtete, scheint ihn doch stärker zu irritieren, als er vorgab. Er rief nur deshalb noch einmal an und sagte, er habe Techniken, Themen und Darstellungsweisen nicht zuletzt deshalb immer wieder gewandelt, um den »Etikettverteilern« den Spaß zu verderben. Zu Anfang habe man ihm die »Geniemarke« aufgeklebt, dann sei er, weil es »ziert«, in den Stand der »Aufklärer« erhoben worden, zu »Bruder Rembrandt, Goya oder Menzel und was-weiß-ich-noch-alles«; jetzt ende er als »Dekorateur«. Er könne machen, was er wolle: »Sie bleiben einfach beim kategorischen Blech.«

Später: »Sie stampfen mit ihren Betonfüßen in meinen gezeichneten Stanzen herum. Aber selbst wo ich den Grobian spiele, bewege ich mich noch auf sanfteren Sohlen als sie.«

8. Mai 1984

Er sei weitaus moderner, als die Kunstpäpste ihm zubilligten. Er bestreite keineswegs, ein Schreihals zu sein und, wo es geht, Knallfrösche springen zu lassen. Aber seine Arbeiten seien im ganzen zu still, vielfach sogar zu intim, als daß sie dem auf laute Effekte versessenen Kunstbetrieb gefallen könnten.

2. August 1984

Wir kamen, wie seit einiger Zeit des öfteren, auf Ernst Jünger, und ich sagte, er schulde seinen Freunden noch immer den Bericht über seinen Besuch mit Michael Klett in Wilflingen sowie überhaupt die Begründung für diese nun schon über viele Jahre anhaltende Vorliebe. Daß der Käfersammler und der Käferzeichner, wie man verkürzt sagen könne, zueinanderfänden, sei noch erklärbar. Da sei so etwas wie das gemeinsame Staunen vor dem Reichtum der Erscheinungen im Spiel.

Aber dann: Jüngers immer etwas steifleinene Beherrschtheit, die aus Generalstabsknappheit, Eingeweihten-Attitüde und ein biß-

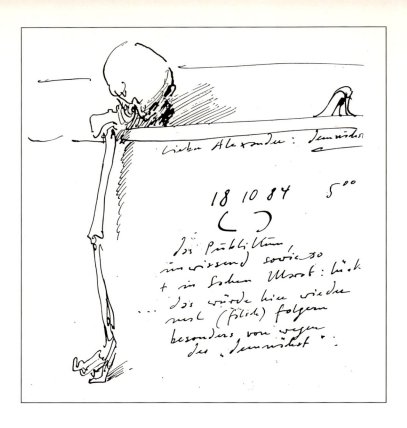

chen Sonntagspredigt gemischte Sprache, seine »Desinvolture«, seien doch der denkbar schärfste Widerspruch zu allem, was ihn ausmache. Auch fragte ich mich, ob Jünger zu vorgerückter Stunde »Wir lagen vor Madagaskar...« angestimmt und ob oder wie er, Janssen, da mitgehalten habe. Jedenfalls belustigte mich, sooft ich mir die Szene im Wilflinger Försterhaus vor Augen riefe, die Vorstellung, wie der fast karikaturhaft schnarrende, unverlierbar vom Casinotonfall geprägte Ernst Jünger und er, der emotional zappelnde (Pardon!) Horst Janssen eine Verständigung gesucht und nicht gefunden hätten.

Tatsächlich sei Jünger ihm als Person sehr fremd, räumte Janssen ein. Das habe sich auch bei seinem Besuch gezeigt, zumindest am ersten Tag. Was sein Interesse an Jünger schon vor Zeiten geweckt

Fast alle Briefe Janssens enthielten im Kopf eine eilig hingeworfene Zeichnung – hier nach Jacques Louis Davids »Tod des Marat«.

habe, sei lediglich ein Buchtitel gewesen: »Das abenteuerliche Herz«. In diesem Titel habe er sich wiedererkannt. Durch ihn sei er zum Lesen verführt worden. Und da sei schon etwas mehr zu finden gewesen, als ich glaubte. Viele Arten von Dämonen und Angstmachern trieben sich in dem Buch zwischen den Zeilen herum. Aber Jünger verstehe es unnachahmlich, sie auf Distanz zu halten, sich nicht bange machen zu lassen. Manchmal überrasche er auch durch ungewöhnliche, abseits aller normalen Denkbahnen liegende Einfälle. Er schlage dann sozusagen aufs gelassenste Seitenwege ein, die andere nicht einmal wahrnähmen: Insoweit habe er das Buch wie eine »Rezeptvorschrift« gegen seine eigenen Gespenster gelesen. Aber dann seien es auch Jüngers Detailfreude gewesen, die Obsession durch minimale, nie beachtete Winzigkeiten, angefangen von den Flügeln einer Libelle über die Schuppen eines Fisches, das Bein eines Wasserläufers bis hin zum pelzigen Rumpf einer Motte oder der Farbigkeit eines Steinbrockens. Da habe er Alfred Mahlau wiedergefunden – und das heißt, wie jeder wisse, sich selbst.

10. AUGUST 1984

Janssen sagt, er warte mit zunehmender Ungeduld auf den gelehrten Kopf, der das beunruhigendste Geheimnis enträtsele und zum philosophischen System ausbilde, das überhaupt existiere: den neuen Newton sozusagen, der die Dummheit als das wirkliche Gravitationsgesetz der Welt beschreibt. Die Aufgabe sei weit schwieriger als die Entdeckung des physikalischen Schwerkraftprinzips. Denn die Dummheit sei nicht auf eine immer gleichbleibende Formel zu bringen. Jeder wisse doch, daß sie sich mit ungeheurer Geschwindigkeit ausbreite, im 20. Jahrhundert, das die Mitschwatzerei zum

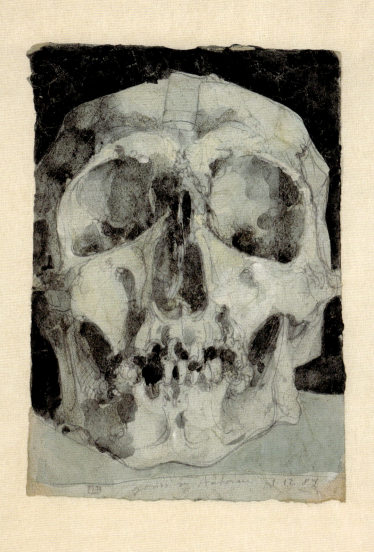

Menschenrecht erhoben habe, sei sie geradezu sprunghaft vorangekommen. Verlangt werde also, die regellose Dynamik, mit der sie sich entfalte, in die Rechnung einzustellen und womöglich das Gesetz dafür zu formulieren.

14. August 1984

Im Verlauf eines längeren Gesprächs äußert Janssen: »Ich bin gemacht aus allem, wonach ich mich gesehnt und was ich nie gefunden habe – vielleicht nicht finden durfte, weil ich mich dann zugleich verloren hätte.«

16. August 1984

Janssen teilt mir mit, er sei derzeit so guter Laune, daß er nur eine Besorgnis habe: »Es könnten nicht genug Leute hinter meinem Sarg herlaufen.«

26. Dezember 1984

Er sei in diesen Weihnachtstagen, sagt Janssen, wenigstens stundenweise in »herrlich ausgeglichener Stimmung« gewesen und bitte mich daher, seine Zutraulichkeiten nicht als offene Flanke anzusehen, in die sich leicht hineinstoßen lasse. Er spricht von neuen Vorhaben und bald von alten Lieben, von Gesche und ihrer »spröden Poesie«, auch von der »burschikosen Kerstin«, deren Lebenstüchtigkeit so »herzensgut« sei, daß er ihr Dauerspiel, »wie man bei Janssen den Most holt«, bereitwillig mitspiele. So noch vieles.

Dann berichtet er von einem Erlebnis, das ihm nicht aus dem

Janssen war von diesem Totenkopf so geängstigt, daß er ihn, kaum daß er die Zeichnung fertiggestellt hatte, erst unter den Papierbergen auf seinem Arbeitstisch vergrub und später in den Abfall warf. Einer seiner Freunde holte das Blatt da heraus und ließ es restaurieren.

Kopf gehe. Er habe unlängst für den Pariser Galeristen Antoine, mit dem er für morgen oder übermorgen eine Ausstellung plane, einen Totenkopf gezeichnet, »sehr monumentale Schädelarchitektur auf verwesungsgrünem Grund«. Schon seit geraumer Zeit wisse und behaupte er, daß Antoine, ohne das geringste zu ahnen, beim »großen Buchführer« vorgemerkt sei und jedenfalls nicht mehr lange unter uns sein werde.

Einige Stunden, fuhr er fort, habe das Blatt bei ihm herumgelegen. Dann plötzlich, vom einen Augenblick auf den anderen, habe er das Memento, das davon ausging, als so zudringlich und quälend empfunden, daß er die Zeichnung tief in irgendwelchen Papierhaufen vergrub. Er sei der Belästigung dadurch aber nicht entkommen. Immerzu habe er auf die Stelle starren müssen, wo er sie vor sich versteckt hatte. Als das zur Obsession geworden sei und er nicht mehr weiterarbeiten konnte, nicht mal mehr einen Brief zustande brachte, habe er Pinseltopf und Kaffeetasse, Kippenteller und einen toten Vogel über der Zeichnung abgestellt, sich aber nur noch ausweglöser verrannt. Am Ende habe er das Blatt hervorgekramt, zerknüllt und in den Papierkorb geworfen.

Seither frage er sich, sagte Janssen, was mit ihm los sei. Bisher habe er alle Zeichnungen als seine Geschöpfe angesehen. Jetzt überlege er, ob da ein Rollentausch stattfinde und er in die Abhängigkeit vom Selbstgeschaffenen gerate. Ob das mit dem Alter zusammenhänge, mit dem Verlust an »Kälte« oder gar mit dem Abrutschen ins Mittelmaß. Zur Beruhigung erinnerte ich ihn daran, daß er mich vor Jahren, bei der Trennung vom Propyläen-Verlag, schon einmal aufgefordert habe, eine Zeichnung abzuholen. Sie müsse aus dem Haus, weil er ihre Gegenwart nicht länger ertrage.

(Nachbemerkung: Tete Böttger hat, wie zu hören ist, die Zeichnung aus Janssens Papierkorb hervorgeholt und einem Restaurator übergeben, der sie weitgehend wiederhergestellt hat.)

2. Februar 1985

Ich zitierte, weil wir von Bosheit, Misanthropie und Weltverachtung als Voraussetzungen sprachen, die der Künstler auch haben müsse (Beispiele: Goethe, Thomas Mann für das eine, Overbeck, die Nazarener oder Burne-Jones für das andere), den Satz von Gottfried Keller: »Wer keine bitteren Erfahrungen und kein Leid kennt, der hat keine Malice, und wer keine Malice hat, bekommt nicht den Teufel in den Leib, und wer diesen nicht hat, der kann nichts Richtiges erarbeiten.«

Janssen sprachlos, mit offenem Mund sozusagen. Dann halb in Begeisterung, halb in Tränen: »Das hat er für mich geschrieben. Und für sich womöglich noch – der sanfte, dicke Zwerg! Dazu: »War er doch, oder nicht?« Ich erzählte ihm etwas über Keller, die Enge der häuslichen Verhältnisse des »Staatsschreibers«, die Herrschsucht der Schwester und sein heftiges Temperament, ließ aber vorsichtshalber alles aus, was ich über seine Zechabende wußte, wo er, wie ich unlängst las, seinen eigenen Worten zufolge »für sieben Mann soff«. Janssen bat mich um den Wortlaut des »Malicen-Zitats«.

30. März 1985

Am Neujahrstag des kommenden Jahres wird Janssen in der Lübecker Marienkirche eine Rede über den Tod halten, vielleicht auch auf den Tod, wie er bemerkte. In einem unserer Gespräche hatte er vor Monaten vorgeschlagen, einen Gemeinschaftsauftritt daraus zu machen und ein Buch vorzulegen, das einen von mir verfaßten dreißig oder vierzig Seiten langen Essay über den historischen Totentanz sowie rund zehn »solenne« Zeichnungen dazu enthalten soll.

So wurde es abgesprochen. Aber sowohl Janssen als auch ich gerieten in Verzug, so daß der Lübecker Lucifer-Verlag, Sankt Lucifer, wie Janssen ihn nennt, mit wachsendem Nachdruck zu mahnen begann. Was das Manuskript betraf, sagte ich schließlich einen festen Termin zu. Weit größere Sorgen mache er sich über den Hamburger Freund, erklärte der Verlagsmann. Denn offenbar sei Janssen nicht »trocken« und folglich nur unzureichend bei der Sache. Ich konnte nur entgegnen, daß er sich noch unlängst überaus zuversichtlich geäußert habe. »Kennen Sie ihn gut genug?« kam darauf die Antwort.

Janssen selber berichtete mir beim anschließenden Telefongespräch von verschiedenen Anläufen, die er unternommen habe. Wie stets leide er nicht unter einem Mangel an Einfällen, sondern unter »emotionalem Überdruck«. Auch liefen ihm Kreti und Pleti das Haus ein, doch werde er jetzt die Tagediebe »zum Lucifer jagen«. Seine Absicht ist, neben den zehn Zeichnungen noch »fünfzehn oder mehr großformatige Radierungen« anzufertigen. Er werde dieser Tage dreißig schöne, dünne Zinkplatten bestellen.

26. JUNI 1985

Fast täglich Anruf von Janssen. Etwas redselig und in allzu entrücktem Ton. Als ich einwerfe, daß jede seiner Tiraden mich nur mißtrauischer mache, erwiderte er vorwurfsvoll, er habe bereits viele Radiervorlagen entworfen, suche aber noch herum. »Große Serie heißt großes Thema«, sagt er. Ich dagegen frage mich, ob das seine Version des »Overkill« sei: Mit zehn Zeichnungen und an die dreißig Radierungen so unmäßig und in der Sache so ehrgeizig zu planen, daß das Projekt im ganzen davon erdrückt wird.

3. JULI 1985

Anruf bei Janssen. Dem Stimmengewirr im Hintergrund ist zu entnehmen, daß die »Tagediebe« noch immer nicht aus dem Haus sind. Offenbar um mich zu beruhigen, begab er sich mit dem Hörer in der Hand in das Innere des Raums und spielte mir den »Rauswurf ungebetener Gäste« vor. Er ließ mich sogar hören, wie er geräuschvoll die Tür verriegelte. Anschließend rief er in den Apparat: »Na, zufrieden?« Ich erwiderte: »Überhaupt nicht!«, sosehr ich das »Telefontheater« auch genossen hätte: Er könne dergleichen, wie ich wisse, auch besser inszenieren. So daß selbst ich Mühe hätte, nicht darauf hereinzufallen. »Ziemlich mittelmäßige Aufführung«, setzte ich hinzu.

Janssen verlegte sich aufs Betteln. Er müsse nur den einen inspirierenden Einfall haben, dann sei das Ganze eine Sache von Tagen. Einiges liege schon vor, ich müsse Geduld aufbringen, mich nicht drängen lassen undsoweiter. Doch statt mir sein Gerede anzuhören, kündigte ich ihm für einen der folgenden Tage meinen Besuch an.

7. JULI 1985

Wieder volles Haus bei Janssen. Er selber zwar nicht betrunken, aber hektisch aufgedreht. Spricht von der alkoholischen »Naschdiät«, die er sich verschrieben habe.

Als die Masse der Besucher abgezogen war, sagte er mit gespielter Bekümmerung, er habe keine guten Nachrichten vom Tod. Wie er höre, leide der Tod an depressiven Schüben und kauere melancholisch »da irgendwo am Styx«. Zwar gingen die Geschäfte gut, habe der »alte Freund« sich vernehmen lassen, hervorragend sogar, doch machten sie ihm kein Vergnügen mehr. Sich zunehmend in die Rolle des Todes versetzend, den er stets als sozusagen leibhaftige Figur begriffen hat, sagte er: Was sei das früher für ein unterhaltsames Gezerre gewesen, bis er die Menschen an der »Kippe« hatte, von wo sie mit lautem Holterdiepolter die Rutsche runtergingen,

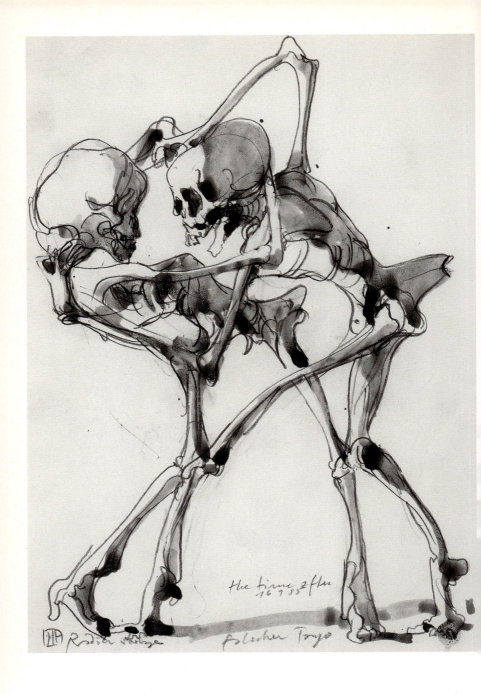

Radiervorlage zum nie vollendeten »Totentanz« für die Neujahrsveranstaltung 1986 in der Lübecker Marienkirche.

lauter Einzelwesen mit irgendeiner blöden Hoffnung im schon gebrochenen Auge.

Inzwischen würden die »Abgänger« zwar in Hekatomben geliefert, aber vielfach unkenntlich, als Brei, Menschenpulver oder bloßer Atomschatten. Jedenfalls keine appetitlichen Körper mehr, die von Schlag, Stoß oder Schnitt zu ihm befördert worden seien. Geradezu genußvoll führte Janssen das Bild weiter aus: Die Sense, habe der Tod ihm versichert, sei längst abgestellt und roste in irgendeinem Schuppen dahin, die Würgeisen, Folterbänke und Blutgerüste ebenso. Was sei das Mittelalter für eine große, lustige Zeit gewesen! Damals sei jedem sein ganz persönliches Stelldichein mit ihm, dem Tod, gewährt worden, und selbst dem Geringsten habe noch die Sterbeglocke geläutet. Das habe ihn zu einer Art Respektsfigur gemacht. Aber damit sei es vorbei und er selber zu einem bloß statistischen Wert heruntergekommen. So noch lange.

Natürlich war unüberhörbar, daß es nicht nur das alte Vorzugsthema war, das Janssen die Zunge löste. Der Eindruck schien vielmehr, er sei sich über die Konzeption dieses »ehrgeizigsten seiner vielen Totentänze« bisher nicht klargeworden und suche im Herumphantasieren einem überzeugenden Leitmotiv auf die Spur zu kommen. Ich ließ ihn vorerst weiterreden.

Man melde ihm auch, fuhr Janssen fort, daß der Tod auf seinem »Knochenthron« noch an anderem leide. An den großen Künstlern beispielsweise, die ihm mit ihrer albernen Unsterblichkeitsidee die Krone vom Kopf geschlagen hätten. Zwar wisse jeder, daß selbst der dauerhafteste Nachruhm nur ein paar Generationen vorhalte. Aber als quälend empfinde er den Gedanken vom angeblichen Weiterleben einiger weniger doch. Dann mache er sich auf und irre irgendwo in der Unterwelt herum, verkrieche sich hinter hochragenden Schädelstätten und gräme sich über Leonardo, Rembrandt oder Mozart, über Goethe natürlich und noch manche anderen.

Dies schien der passende Einsatzpunkt für den Vorschlag, den ich mir während der Fahrt ausgedacht hatte. Ich sagte, ich hätte ihm ein Thema anzubieten, das seiner Angst wie seinem Übermut gleichermaßen gerecht werde: »Das Erschrecken des Todes vor dem Künstler«. Noch bevor ich damit zu Ende war, fiel er mir ins Wort: »Das ist es! Darauf habe ich die ganze Zeit hinausgewollt! Das Erschrecken des Todes! Mein Thema!« Als er die Fassung zurückgewonnen hatte, setzte er nach: Die Künstler trieben den Tod tatsächlich zur Verzweiflung. Das habe er aus erster Knochenhand, sozusagen. Alle natürlich, die Musiker und Dichter auch. Der Tod sei lange überzeugt gewesen, er habe keine ernsthaften Gegenspieler. Aber allmählich müsse er gestehen, daß die Künstler, die sich ein Stück Unsterblichkeit ergattern, ihm halbwegs ebenbürtig seien. Natürlich wolle der Tod das nicht wahrhaben. Aber so sei es. Über das Kroppzeug, das die abschüssige Kippe hinunterpurzele – über das höhne er nur und würge es scharenweise ab. Das schenke ihm seine billigen Triumphe, verleide ihm aber auch den Spaß an seinem Geschäft! Die Künstler dagegen, nahm er den Faden selbstergriffen wieder auf: da fühle er sich ernst genommen, müsse auch Rede und Antwort stehen, warum er etwa Tizian über die Zeit hinaus geschont und Mozart so ungeduldig weggeräumt habe. In dieser Art redete er unablässig weiter.

Er sagte dann, er sei glücklich, daß unsere »Fassadenkletterei« noch immer zu irgendwelchen Zielen führe. Seit er von den Depressionen des Todes gehört habe, setze er alles daran, ihn zur Verzweiflung zu treiben. Wenn es ihm schlecht gehe, weil irgendeine Linde ihn verlassen oder eine Entziehungskur ihn in immer noch wachsendes Elend gestürzt habe, rufe er sich den Tod vor Augen und koste es aus, wie untröstlich er über seine mit jedem Künstler schwindende Macht sei. Im Durcheinander der Gedanken sagte er plötzlich: »Cosimo, Botticelli und Goya, Grimmelshausen und

Edgar Allan Poe gehören übrigens auch dazu!« Geheimnistuerisch vertraute er mir anschließend an, er dürfe dergleichen nicht laut sagen. Denn es könnte den Tod kränken. Er habe nämlich seit einiger Zeit eine Abmachung mit »dem Freund da unten«, wonach er nicht vor dem Jahr 2020 sterben werde. Manchmal, in ausgelassener Laune, frage er sich, ob der Tod nicht auch vor ihm schon kapituliert habe. Niemals sonst hätte er sich auf einen Vertrag mit einem Horst Janssen eingelassen.

Als ich ihn verließ, war er voller Unternehmungslust. »Also los!« sagte er, »morgen fange ich an!« Kaum hatte das Taxi ein paar Meter zurückgelegt, kam uns noch auf dem Mühlenberger Weg ein Wagen entgegen, in dem ich das eine und andere Gesicht von Janssens »Tagedieben« entdeckte. Unbehagliches Gefühl.

10. Juli 1985

Um Janssen in seiner Arbeitslaune zu bestärken, schicke ich ihm eine Woche lang jeden Tag eine Postkarte. Sie alle variieren den Gedanken, seit dem Barock hätten die Künstler ständig den »Triumph des Todes« dargestellt und dabei heimlicherweise den eigenen Triumph über den Tod gemeint. Er solle das offen aussprechen.

23. Juli 1985

Janssen berichtet, er sei gestern »auf dem Heulpunkt« gewesen, nachdem er sieben Nächte nicht geschlafen hatte. »Konnte nicht!!!« Schließlich habe er seinen »Zauberarzt« Jürgen Hartig angerufen und im barschesten Ton verlangt, ihm ein paar Schlafpillen über das verschlossene Gatter zu werfen. Aber nur solche, die in der Lage seien, ihn wirklich »umzuhauen«. Als Hartig schwieg, habe er ergänzt, es könne »auch eine Kugel sein, aber nur mit Revolver gleich dabei«. Darauf Hartig: Er habe verstanden. Am Abend sei dann das Zeugs dagewesen, vielleicht nur »Mehlpillen«. Aber er habe bis drei Uhr morgens geschlafen. »Sieben Stunden – das ist für mich der Abglanz des Paradieses.«

24. JULI 1985

Janssen auf einer Postkarte. Zu allem Unglück sei Frielinghaus auch noch auf Urlaub. Das sei ein Begriff, den er »mit NICHTS zu füllen« wisse. Dann die Frage: »Was macht er da?«

28. JULI 1985

Meine Besorgnisse womöglich übertrieben. Janssen bat, sofern meine Zeit es erlaube, um einen Kurzbesuch in Hamburg. Er müsse mir das inzwischen Fertiggestellte zeigen und mein Urteil hören. Sogleich nach meiner Ankunft gingen wir in den unteren Raum, in dem lebensgroße, mit Uniformen und schäbigen Kleidungsstükken behängte Gerippe herumstanden. »Meine Freunde!« sagte er. »Sie halten mich am Leben.«

Da kein »Hamburger Wetter« herrschte, holte er die ausgeführten Zeichnungen ins Freie und legte auch die begonnenen Arbeiten dazu, acht Blätter insgesamt, doch würden es sicherlich zehn oder fünfzehn werden, meinte er. Er war erkennbar bewegt und in einer fast feierlichen Stimmung. In der Tat war die Folge nicht nur, seiner eigenen Bemerkung entsprechend, der »ehrgeizigste Totentanz«, an den er sich je gemacht hatte. Vielmehr wirkten die Zeichnungen auch, trotz der ungewöhnlich großen Formate, intimer, beängstigender und antwortloser als alle voraufgegangenen. Von den Radierungen und den verschiedentlich erwähnten Entwurfsskizzen war nur beiläufig die Rede.

Vor meinem Aufbruch fertigte Janssen von den Zeichnungen Polaroidfotos an, die er mir mitgab.

30. JULI 1985

Janssen spricht vom »Höllenstern« über unserem Vorhaben. Jedenfalls sei er aufs neue aus der Bahn geworfen: Vor ein paar Stunden habe der Tod seinen »Taxifreund« Arthur Heuser geholt. Zweimal sei er in den vergangenen Tagen an das Sterbebett gerufen worden. Da hätten sie sich ein ums andere Mal umarmt und viele

Erinnerungen getauscht, es sei »Heulen und Liebesknirschen« gewesen.

Er könne aber nicht nur mit Trauer an Arthur Heuser denken, sagte Janssen, sondern immer auch mit Gelächter mitten in den Tränen. Er erzählte dann, wie B. seinem Leibkutscher hundert Mark für jede Flasche angeboten habe, die er *nicht* zu Janssen bringe. Gnädige Frau, habe Arthur Heuser daraufhin gesagt, das könne man doch mit Janssen nicht machen.« Sobald er dahinterkommt, also ab morgen schon, wird er mich immer zwei Flaschen kaufen lassen, eine zum Trinken und die andere zum ›Nichtbringen‹.« Und zahlen müsse Janssen sowieso alles, fügte »mein plietscher Taxifahrer« noch hinzu.

Er brauche jetzt zwei Tage, sagte Janssen. Am 1. August werde er schon mitten in der Arbeit stecken und bald die ersten zwölf Zinkplatten fertig haben. – Von den Zeichnungen war keine Rede.

5. AUGUST 1985

Eilpost von Janssen. Die Zeichnung im Brief zeigt sechs sich balgende Gerippe über dem wehrlos am Boden liegenden Janssen. Dazu die Zeile: »Ach mein Lieber, ich versage mal wieder in der Disziplin. Ich kann's nicht zwingen. Ich sitz auch so tief im Alkohol und hab auch wohl des Themas in letzter Zeit zuviel getan. Ich muß vertagen – mindestens vertagen. Ich bin ziemlich verzweifelt darüber... Verzeih mir.«

7. AUGUST 1985

Janssen am Telefon. Er habe es, wie ich wisse, nun doch nicht geschafft. »Kleiner Diätfehler!« sagte er, und manches andere noch. Die Lübecker erhielten jetzt eine Serie von Skizzen und Radiervorlagen, die er zum Teil schon im Sommer während der »Rumsucherei« nach dem »großen Thema« angefertigt habe und noch erweitern werde. »Tut mir leid!« wiederholte er ein ums andere Mal. Er sei gewissermaßen »auf den Tod« unglücklich. Aber die erste Auf-

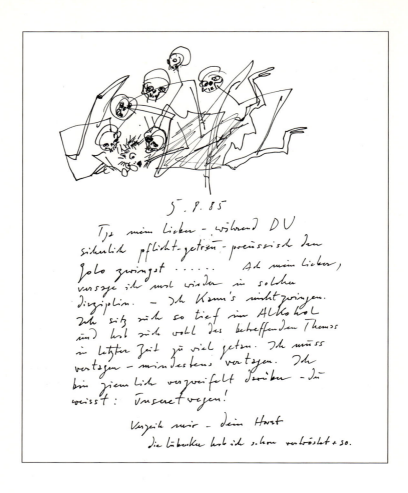

lage des gemeinsamen Buches müsse nun mal erscheinen; bei der nächsten Auflage seien dann die großen Zeichnungen und Radierungen da. Im übrigen sei ich von jeder Verpflichtung freigestellt. Auch noch: Er werde Wiedergutmachung leisten. Alles Begonnene würde sorgsam verwahrt und später zu Ende gebracht.

Seinen Auftritt in der Lübecker Marienkirche wollte Janssen mit einer Folge von Zeichnungen und ungefähr dreißig Radierungen, sämtlich Variationen des Totentanz-Motivs, begleiten. Als das Vorhaben nicht zustande kam, sagte er mit dem abgebildeten Brief ab. Die Kopfskizze zeigt ihn niedergeworfen und am Boden liegend, umgeben von lärmenden Totengespenstern.

21. August 1985

Janssen teilt mit, er habe noch einmal einen Anlauf unternommen – wenn auch nur für die zweite Auflage »unseres« Buches: einen taumelnden Tod, der im Stürzen »mit entsetzt aufgerissenem Maul« die Überlegenheit des Künstlers erkennen muß. Er hoffe, sagt er, auf etwas Ruhe und »stilles Seelenwetter«.

5. September 1985

Er sei seit sieben Tagen wieder bei sich und »rangele mit der besten Laune«, meldet Janssen auf einer Karte. Am Telefon sagt er dazu: Er bade noch nicht in Zuversicht. Aber mit der Fußspitze prüfe er schon mal die Wassertemperatur.

4. Oktober 1985

Seit fünfunddreißig Tagen sei er »tief im Werkeln«, schreibt Janssen. Auf der Messe hänge die »ganze Chose«, die er nun »mit größtem Vergnügen zu unserem Tanz hingestrichelt« habe. Vielleicht gefalle mir das Entstandene nicht, setzt er hinzu, weil zu skizzenhaft und zu weit weg von meinem Vorschlag des auf den Tod erschrockenen Todes. Das komme noch. Wir müßten Geduld haben und eine neue Phase abwarten.

4. Dezember 1985

Mittags bei Janssen, der sich, seinen Worten zufolge, mit der Lübecker Neujahrspredigt herumquält. Die Zeichnungen für die Ausstellung habe er endgültig aufgeben oder vertagen müssen, die Radierungen auch. Er finde einfach die notwendige Sammlung nicht, bemerkt er und fügt hinzu, die Ablenkung sei »zu groß«. Eine der Ursachen wird erkennbar, als seine neue Freundin Annette dazukommt, die irgendwann im November bei ihm eingezogen ist. Nach ihrem Weggang sagt Janssen, ihr verdanke er seine »Auferstehung«, und fügt wieder, wie dann und wann bereits, hinzu: »Zum letzten Mal!«

Auf meinen Einwand, er pathetisiere schon seit Jahren alles, was ihm zustoße, durch Endzeitlosungen, erwidert er: Das sei für einen Mann in seinem Alter das Natürlichste von der Welt. Über jeder Tür, durch die er gehe, stehe geschrieben: »Nevermore!« Ich entgegnete, er gerate schon wieder ins Pathetische. – Am Nachmittag in Hamburg Versteigerung. Große, eindrucksvolle Janssen-Strecke.

27. Dezember 1985

Plötzlich steht Janssen vor der Tür. Mit einer, wie er selber sagt, »Kavaliersgeste« leitet er Annette die Stufen zum Haus hinauf. Kaum hat er Platz genommen, beginnt es gleichsam aus ihm zu reden: Über die Zugfahrt und das immer neue Abenteuer beim Blick aus dem Abteilfenster, wenn alle paar Sekunden die Fluchtpunkte wechselten. Ordnung in der fortwährenden Verschiebung, nennt er das, eine Verbindung aus Besinnlichkeit und Hektik, exakt wie bei ihm. Ferner über Annettes Mutter, die bevorstehende Reise nach Paris, wo Annette studiert, und dann über die Serie von Fabeltieren, die er demnächst beginnen werde, weil seine derzeitige »Märchenstimmung« irgendwas »Phantastisches« verlange – aber in alledem geht es im Grunde nur um sein Vorzeigeglück. Den »Totentanz«, radiert oder gezeichnet, erwähnt er nicht, vermutlich weil sein derzeitiger Zustand dazu nicht paßt. Einmal spricht er, wenn auch in anderem Zusammenhang, von »übermütigen Luftschlössern«, die er gerade mal wieder errichte. Nirgendwo hause er lieber als in Wolkenkuckucksheimen. Aufbruch am frühen Abend.

1. Januar 1986

Nach dem Menschentrubel in der Lübecker Marienkirche, der anschließenden Signierstunde für das Totentanzbuch und dem Essen suchten wir Erholung in den verlassenen Straßen der Altstadt. Janssen fragte, ob ich seine Rede über und auf den Tod, wie er selber, für mißlungen halte. Meine Bemerkung, dies sei nicht der Zeitpunkt, darüber zu reden, beschied er mit einem kurzangebundenen: »Also mißlungen!« Er sprach dann über die Störungen schon bei den Zeichnungen und am Zink, dann bei der Niederschrift und zuletzt seine Konzentrationsmängel auf der Kanzel. Als ich seine Selbstkritik abzuschwächen versuche, entgegnet er, ich solle nicht mit den Verlogenheiten der anderen aufwarten. Mir sei das nicht gestattet: »Klar?«

Später, als wir von seinem Auftritt abgekommen waren und vor allem über Thomas Mann, Hanno und die überschaubare Miniaturwelt selbst so mächtiger Hansestädte wie Lübeck sprachen, blieb er unvermittelt stehen und meinte, ganz poetisch werdend: Unter dem permanent anbrandenden Gerede der Leute von heute nachmittag habe er ständig nach jenem Aufhorchen verlangt, das nur an der winzigen Stille vernehmbar wird, die darauf folgt: »Es kam aber nicht.«

Vor dem Auseinandergehen nahm er mich beiseite und flüsterte: »Sag bloß keinem, daß das eine gute Rede war!« Er spiele gerade die Rolle des kopflosen alten Galans, da gerate ihm alles daneben. Der Beifall habe nichts zu bedeuten. Der käme auch, wenn er die Speisekarte des Schabbelhauses verlesen würde. Er jedenfalls ziehe sich, nach diesem fürchterlichen Jahr, in sein »gemütliches Gomorrha« zurück.

25. Januar 1986

Anruf Janssens. Zum Tod von Beuys habe ihn das Fernsehen um eine Würdigung gebeten. Er sei in generöser Stimmung gewesen, wie es sich für den Überlebenden gezieme. Vielleicht habe er Beuys früher unrecht getan. Zwar sei er ein miserabler Zeichner gewesen, doch immerhin ein so großer Schauspieler wie er selber.

Dann über das ständig volle Haus. Er leide nach wie vor unter dem »Taubenschlagbetrieb«. Doch fühle er sich durch Annette stark genug, damit fertig zu werden.

»Immer wieder Wolken«, sagte er am Ende. »Auch ganze Regengüsse. Aber keine Neigung, darin zu ertrinken.«

4. Februar 1986

Janssen schickt das Foto einer Zeichnung, die er in diesen Tagen von Annette angefertigt hat. Dazu die Notiz: Ich zweifelte ständig an seiner Fähigkeit, einmal Gekonntes und dann Zurückgelassenes wieder aufzurufen. Hier sehe man: »Ich kann es noch! Ich weiß noch, wie Unschuld aussieht und wie man damit zeichnerisch umgeht. Hier nur La Belle. La Bete dann wieder demnächst.«

2. April 1986

Postkarte von Janssen: »Pardon für Abtauchen. Bedeutet nichts. Nur: gestern Norwegen, nächste Woche Berggruen/Antoine, was soviel heißt wie Paris.« Dann der etwas rätselhafte Satz: »Mulmiges Gefühl mehr aus jenem als aus diesem Grund.«

4. April 1986

Janssen auf einer Postkarte von unterwegs: Auf den Schildern am Straßenrand stehe zu lesen, was man gerade sieht: ganz wie auf den Arbeiten einer zeitgenössischen Kunstausstellung.

4. September 1986

Nichts von Janssen. Selbst auf zwei Erinnerungskarten aus diesen Tagen keine Antwort.

Aber von hier und da ist Näheres zu erfahren. Alle sprechen vom desaströsen Ausgang der Paris-Reise. Zwar sei die Ausstellung ein bemerkenswerter Erfolg gewesen, die Beziehung zu Annette jedoch ein einziges Gestolper immer dicht am Rand der Katastrophe entlang. Und einmal, so verbreite Janssen selbst, habe er gleichsam schon auf dem Fensterbrett seiner Bleibe gestanden, um sich in die Tiefe zu stürzen.

Auch nach der Rückkehr sei nichts besser geworden, und eines Tages, irgendwann im Juli, habe Janssen sich bei Abwesenheit von Annette eine Flasche »Verzweiflungskorn« kommen lassen und sie auf einen Zug fast geleert. Dann sei er auf den Hof hinausgegangen und habe alle gezeichneten Erinnerungen sowie die Briefe, kleinen Billetts und zuletzt auch noch das Tagebuch der Paris-Reise unter Tränen und Verwünschungen verbrannt. Tete Böttger, der inzwischen, auf welche Weise immer, alarmiert worden war, sei schließlich dazugestoßen, doch sage man, er habe kaum etwas retten können. Annette sei nicht zurückgekehrt.

Janssen aber, ist zu hören, habe sich, als der gelernte Überlebenskünstler, der er war und ist, augenblicklich und »mit Haut und Haar« in eine neue Herausforderung »gestürzt«, vielleicht auch »gerettet«. Die Rede ist von einer Plattenserie über Bäume, mit der er alles Dagewesene in den Schatten stellen und der Radierung eine neue Dimension verschaffen wolle. »Aber so«, meinte einer meiner Gewährsleute, »reden nun mal die Leute. Nach allem, was er schon war, soll er jetzt auch noch ein ›Phönix‹ sein.«

3. Februar 1987

Janssen offenbar wieder in Schwierigkeiten mit dem Alkohol, obwohl seiner Stimme, als er anrief, kaum etwas anzumerken war. Er leide neuerdings unter Schlaflosigkeit, sagte er und fügte hinzu, sein ganzes Werk sei im Grunde der Flasche und den Schlaftabletten samt nachfolgenden Katerstimmungen abgetrotzt.

Später versicherte er, er habe oft ein tiefes Verlangen nach Gedankenleere, wie der Drang zum Alkohol überhaupt in dem Wunsch begründet sei, ein paar Tage lang in die »selige Bewußtlosigkeit oder sogar in die Dummheit« zu fliehen. Er fragte, ob, was man Glück nenne, mit dem Vergessen zu tun habe oder mindestens mit dem Schweigen des Stimmenpalavers im eigenen Kopf.

Mißtrauisch stimmte mich vor allem, daß er in diesen und einigen weiteren Äußerungen das »Leiden an der Flasche«, das er an gefaßten Tagen so wortreich zu beschwören versteht, herunterredete. Gegen Ende sagte er, er sei der bisher einzige Mensch, der den Alkohol zum vertrauten Gefährten habe und nicht zum Feind. Er stehe mit ihm Arm in Arm, manchmal auch Stirn an Stirn. Aber er bestimme, ob der Alkohol beim Anklopfen hereindürfe und wo er sich dann hinstellen müsse; mal stumm und unterwürfig hinten in die Ecke, mal ausgelassen und närrisch ganz vorn.

Auf solches hohe Roß steigt er in der Regel nur, sagte ich mir, wenn er schon umgefallen ist und das schlechte Gewissen durch Angeberei zu verdrängen sucht.

> Porträt Goethes, bei dem ihn, wie Janssen bemerkte, offenbar die Vorstellung geleitet habe, daß Goethe sich gern als »Augenmensch« bezeichnete. Aber genauer könne er, worauf es ihm bei der Herstellung der Zeichnung ankam, nicht sagen.

6. April 1987

Bat Janssen gestern um ein Goethe-Porträt für die Zeitung. Er wehrte aber ab. Die Aufforderung komme zu plötzlich, und außerdem sei er nicht in der Verfassung für den »großen Intendanten des Welt-Harmonie-Theaters«. Und als habe er sich damit selbst das Stichwort gegeben, begann er von den ungezählten Ablenkungen und Mißhelligkeiten der letzten Tage zu berichten. »Wie im vergangenen Jahr!« klagte er. »Es hört nicht auf!«

Nach einiger Zeit unterbrach ich ihn. Die Kurzfristigkeit meiner Aufforderung dürfe gerade er nicht anführen, sagte ich, weil er stets verlangt habe, Aufträge einen Tag im voraus anzumelden oder überhaupt nicht. Seine derzeitige Verfassung sei ebenso unerheblich, weil er gern behaupte, sich jederzeit in jede gewünschte Stimmung versetzen zu können. Ich hätte überdies zufällig eine Goethe-Äußerung entdeckt, die meiner Bitte einen zusätzlichen Reiz verschaffe: Im Zeichnen löse sich die Sehnsucht auf, die jeder Mensch mit sich herumtrage. Amüsiert höhnte Janssen, ich hätte das Zitat eigens für ihn erfunden, weil er den Gedanken, daß Zeichnen Sehnsucht sei und Sehnsucht stille, schon an die hundert Mal gesagt und geschrieben habe. Aber diesmal falle er nicht darauf herein. Diesmal steige er nicht ins Goethe-Bett!

Heute traf die Zeichnung durch Kurierdienst ein. Er sei nach unserem Telefongespräch, hat Janssen dazu bemerkt, um eine »schwere Nacht aus den Gliedern zu schütteln«, zum Blankeneser Wochenmarkt gegangen und habe sich ein paar Äpfel gekauft. Wieder am Arbeitstisch zurück, sei er mit sich zu Rate gegangen, was ihm zu Goethe einfallen könnte. Da kein Papier zur Hand ge-

wesen sei, habe er die Obsttüte aufgerissen und auf der Innenseite »etwas herumprobiert«. Nach einer knappen Stunde sei da zu seiner eigenen Überraschung eine Zeichnung gewesen, bei der ihn offenbar die Vorstellung geleitet habe, daß Goethe sich gern als »Augenmensch« bezeichnete. Aber genau könne er das nicht sagen, und jedenfalls sei es ihm erst hinterher bewußt geworden. In seinem Band mit Goethe-Gedichten habe er dann auch noch einige passende Zeilen gefunden: » ... daß der Orkus vernehme: Wir kommen!« Er entschuldige sich für die unangemessene Form.

7. APRIL 1987

Lange mit Janssen. Die alten »Herztöne«, die niemanden je ungerührt gelassen haben. Von Goethe kamen wir im weiteren auf seinen »Eckermann«, und ich fragte ihn, warum er mir vor rund zwei Jahren, als Blessins Janssen-Biographie erschien, in einem aufgebrachten Telefongespräch geradezu verbieten wollte, das Buch zu lesen. Er sagte, er habe darin zu wenig von sich wiedererkannt. Der Abstand sei ganz prinzipieller Art: Mit dem engen Blick, der alle Weite und Arbeitsmühe durch »großgespuckte Bogen« ersetze, sei er nicht zu erfassen.

Er sprach dann von dem Zorn, in den er damals geraten sei, von den Beschimpfungen, die er über Stefan Blessin abgeladen habe, und wie der, unbewegt und als beobachte er ein durchdrehendes Reptil, dagehockt sei. Alles mit einer Art von »naseweisem Interesse«, das ihn empört, aber auch beeindruckt habe. Es sei gewissermaßen mit Händen greifbar gewesen, wie Blessin während der Vorwürfe jedes Wort memorierte und »alle meine Verzweiflung in Biographentext verwandelte«.

Was lasse sich gegen »so einen« ausrichten? sagte Janssen dann. Jedenfalls habe er bald eingesehen, daß er mit einem Verbot der Veröffentlichung nicht weit kommen werde. Sein Fehler sei nun mal, daß er auf seine Blößen nie geachtet, sondern »immer nackt« auf der Bühne gestanden habe. »Meine Qual und die Beschämung, die ich empfand, hat er nicht wahrgenommen, sondern alles zu bloßem Stoff präpariert – als sei ich eine Motte oder ein Insekt in Ernst Jüngers Käferkästen.« Inzwischen habe er sich damit abgefunden: Es müsse wohl so sein. Vielleicht habe er seinen »Lebensaufschreiber« auch zu sehr allein gelassen. Es könne ja sein, daß Blessin als Biograph recht habe; die Leute liebten nun mal van Goghs abgeschnittenes Ohr mehr als die »Krähen über dem Kornfeld«. Jetzt jedenfalls sehe er ihn »fast schon als Freund«, auch wenn er immer noch »blessiert« sei.

7. SEPTEMBER 1987

Janssen kündigt, »falls nichts dazwischenkommt, wie meistens oder immer«, seinen Besuch zur Buchmesse an, wo er den »ersten Band« seiner auf zehn oder zwölf Bände angelegten Autobiographie vorstellen wird. Er ist glücklich, als ich ihm »trotz der langen Freundschaftsfeuerpause«, wie er sagt, Quartier in K. anbiete.

Offenbar um sich erkenntlich zu zeigen, begann er nach einigem Herumreden von Paris zu erzählen, wo er im Sommer mit Annette gewesen war: Die Eröffnung der Ausstellung bei Berggruen/Antoine habe er unter keinen Umständen versäumen wollen. In reichlich willkürlichem, eher lautmalerisch gemeintem Französisch imitierte er dann die Pariser Vernissagen-Gesellschaft, die ihn, trotz aller karikierenden und stellenweise pantomimischen Scherze seiner Schilderung, unverkennbar beeindruckt hat. »Wirklich große Welt«, sagte er, »zumindest für einen, der nur die heruntergekommenen Seeräubergesichter der Hamburger Society« kennt. »Da hatten die Franzosen mal, was sie so lieben«, schloß er spöttisch; »einen veritablen deutschen Dämon!«

Aber überschattet war der Aufenthalt, wie im Verlauf seiner Wiedergabe zusehends deutlicher hervortrat, durch den fortwährenden »Geschlechtskampf« mit Annette, wie sein Ausdruck lautete. Er sei bald so »angefressen und nervenzerstört« gewesen, daß er nur noch an ein Ende habe denken wollen oder können, »egal wie«. Als er eines Nachmittags, allein auf seinem Zimmer, aus dem Fenster gesehen und auf den »totsicheren Hof« gestarrt habe, sei ihm mit fast unwiderstehlicher Gewalt der Entschluß zum Runterspringen gekommen. »Einen Tod ohne langes Sterben« habe er sich immer erträumt, sagte er, und hier habe er ihn winken gesehen.

Der Tod habe tatsächlich »von da unten heraufgewinkt, ganz reizend«, fuhr er fort, und er habe dabei nicht den geringsten Schrekken verspürt. »Nur einen Hüpfer«, habe er sich gesagt, »und du bist raus!«

Schon der bloße Gedanke daran habe ihn aber ruhiger werden lassen, meinte er. Dann sei ihm auch die Vernunft zurückgekommen. »Ein Hüpfer aus der Hölle ringsum in die andere Hölle da unten«, habe er sich gedacht, wofür solle das gut sein? Als er soweit war, habe der Tod auch zu winken aufgehört, setzte er hinzu, vertrieben, könnte man sagen, von der Vernunft, die eben immer alle guten Vorsätze ruiniere. Deshalb, schloß er, nenne man sie auch »zersetzend«.

Janssen mit seiner Tochter Lamme und dem mit ihm befreundeten Publizisten Johannes Groß. Die Aufnahme entstand Anfang der neunziger Jahre.

8. September 1987

Anruf Janssens. Ob ich mich erinnerte, daß sein »geliebter Wahnsinnskumpan«, Reini Drenkhahn, sich nach einer Paris-Reise umgebracht habe, März 1959. Zwar habe man den Grund dafür nie genau herausbekommen. Aber er habe immer gesagt, es sei der »Mythos der großen Kunststadt« gewesen, an dem Drenkhahn zerbrochen sei. Vielleicht sei er zu früh gereist. Er jedenfalls habe das »Dutzend-Zentner-Gewicht« der Stadt ausgehalten und sich dagegen behauptet.

6. Oktober 1987

Janssen mit Tochter Lamme zur Buchmesse in K. eingetroffen. Schon bei der Ankunft gelobte er, als »Logiergast«, wie er sagte, »keine Scherereien« zu machen, vor allem den verdammten Alkohol nicht anzurühren. Keiner der Anwesenden müsse sich durch seine »Abstinenz« beeinträchtigt fühlen, er sei stark genug. Tatsächlich übernahm er beim anschließenden Essen die Rolle des »Kellermeisters«, der reihum die Gläser nachfüllte. Dennoch Zweifel auf allen Seiten. Johannes Groß hat sich erboten, am morgigen Tag die »Promille-Eskorte« zu übernehmen und Janssen bis zur Lesung aus dem zur Messe erschienenen ersten Band seiner Autobiographie zu begleiten.

Zur »Einübung«, wie Janssen sagte, trug er zu später Stunde, als alle schon zu Bett waren, ein paar der für die Lesung ausgewählten Stücke vor: zwei Briefe an seinen Verleger Merlin-Meyer, ein Kapitel über die Jahre auf der Hamburger Kunstschule, über den Streit mit Professor Hassenpflug, dem es gelang, ihn von der Anstalt zu weisen und anderes mehr. Zum Abschluß wollte er die Seiten über

das Sterben seiner Ziehmutter, des »Tantchens« Anna Johanna, vortragen. Doch nach vier oder fünf Zeilen klappte er das Buch plötzlich zu und sagte dann, er erzähle das besser ohne Vorlage.

Seit längerem ist die Rede von dem überragenden Schriftsteller Horst Janssen, der die Schreibfeder mit kaum geringerer Kunstsicherheit setze als den Zeichenstift. Aber wer ihn mit dieser Sterbensgeschichte erlebte, wird ihn einen ungleich bedeutenderen Erzähler nennen. Vor allem schob er die Gewichte an die Stelle, wo sie der inneren Dramaturgie zufolge hingehörten. Der autobiographische Text hatte der Beschreibung des Todeskampfs seinen »Verrat« zugrunde gelegt, der bereits einige Stunden zurücklag. Denn beide, Janssen und das »Herzenstantchen«, hatten sich, seit er sie ein paar Jahre zuvor in die »schreckliche Trinkerei« hineingezerrt hatte, gegenseitig geschworen, den jeweils anderen in der Stunde der Not »Niemals und nie!« in ein Krankenhaus abzuschieben. Jetzt war er doch dazu bereit gewesen. Diesen »Wortbruch« hatte er in der literarischen Darstellung breit ausgespielt und damit den anderen, schlimmeren Verrat verdeckt, der ihn in eine Folge ständig neuer, mit einer Art grausiger Bravour beschriebener Konflikte stürzte.

Der Ausgangspunkt war der Anruf des Krankenhauses mitten in der Nacht zum 5. Oktober 1967, also »auf den Tag genau vor zwanzig Jahren«, daß es mit seiner Ziehmutter zu Ende gehe. Verwirrt und schlaftrunken habe er sich auf den Weg gemacht und erst beim Verlassen der Wohnung bemerkt, daß er keine große Flasche Haselünner Berentzen im Haus hatte, wie er sie für die bevorstehenden, schweren Stunden benötigen werde. Statt dessen habe er sich vier schon halbgeleerte, »lachhafte Flachmänner« in die Taschen gestopft, die er auf den Weg zur Klinik in Ochsenzoll durch eine »richtige Flasche« ergänzen wollte. Der Ärger war, daß um diese Zeit, kurz vor vier Uhr morgens, keine Kneipe und kein Kiosk geöffnet hatten. Zwar kannte er sowohl in der Innenstadt wie »zum Hafen hin« eine Menge offener Häuser, aber seine Fahrt ging in die andere Richtung und das gute »Tantchen« lag im Sterben. Der Tod ließ keinen Aufschub zu.

Aus diesem »schaurigen Widerspruch« bezog er eine Spannung, die mir den Atem verschlug: aus der schon auf der Fahrt und dann im Krankenhaus marternden, bei jedem Schluck quälender vordrängenden Angst über den schwindenden Alkoholvorrat einerseits und dem schwachen, in irgendwelchen Promille-Nebeln allmählich versinkenden Rest an Pietät mit der armseligen, geliebten Frau da vor ihm andererseits.

Mit peinigender Anschaulichkeit schilderte Janssen den Gedankenaufruhr, der ihn in keiner Minute losließ. Die unausgesetzten Fragen, die auf ihn einstürmten! Ob er vielleicht die »röchelnde Frau«, an deren Bett er saß, einmal, »einen kurzen Augenblick nur«, verlassen und zur Öffnungszeit zum nächstgelegenen Kiosk laufen könne; wie er Mal um Mal auf kürzere Zeitspannen kam, »drei Minuten und siebzehn Sekunden« hatte er schließlich in immer neuen, feilschenden Berechnungen herausgefunden, werde er allenfalls benötigen, vorausgesetzt natürlich, daß die »Schnapsquelle«

direkt vor dem Haupteingang lag. Zuvor aber mußte er sich aus dem »eisernen Griff« der trockenen Knochenhand befreien, mit der sich die Sterbende an ihn klammerte. Im Augenblick, stellte er verzweifelt fest, ließ sie nicht locker. Als er versuchte, ihren Zeigefinger wegzubiegen, vernahm er ein »brechendes Knacken«, das ihn ganz aus der Fassung brachte. Er fragte sich, ob er einen Krankenwärter herbeirufen und um »die kleine Gefälligkeit« bitten solle, von Mann zu Mann sozusagen, aber es sei immer nur eine Nachtschwester mit Kommißblick herumgelaufen. Dann habe er überlegt, ob er nicht besser daran täte, für kurze Zeit zumindest, die Apparaturen abzuschalten, »drei Minuten und kaum ein paar Sekunden«, redete er sich ein, dann könne alles doch wieder neu losgehen.

Tantchen jedenfalls werde ihn verstehen, habe er sich getröstet. »Wer, wenn nicht sie?!« wiederholte er ein ums andere Mal und dachte sich, zumal als der letzte Flachmann geleert war, ständig neue »Lügenbrücken« aus, über die er sie führen wollte. Während er pausenlos auf die Schweratmende herunterredete, habe er aufs genaueste ihr Gesicht beobachtet, berichtete er, ob nicht ein winziges Zeichen der Zustimmung darauf sichtbar würde. »Aber Tantchen lag nur da«. Am Ende versuchte er noch einmal den Klammergriff, in dem sich aller Lebenswille konzentriert zu haben schien, mit Gewalt zu öffnen, aber wiederum wurde nur das schreckliche Geräusch vernehmbar, das ihm allen Mut nahm. Zuletzt beschrieb er, wie dieser Kampf mit seinem erbitterten Hin- und Hergezerre noch »Ewigkeiten« weiterging – bis die »große Barmherzigkeitsseele«, die sie zeitlebens gewesen war, ihn mit einer unmerklichen Geste von sich stieß und die Zunge so in den Schlund fallen ließ, daß der Erstickungstod kam.

Fürs erste sagte ich kein Wort, so daß er selber schließlich zu reden und den Hergang herunterzuspielen begann. Ich fragte ihn, warum er seinen Lesern diesen Teil der Geschichte vorenthalten habe, und er redete sich auf die Zeitnot hinaus, unter der er bekanntlich immer leide, sowie auf die »Ökonomie« beim Schrei-

ben, das ganz wie das Zeichnen erst durch das richtige Weglassen zur Kunst werde. Die Aufforderung, seine Biographie (und sei es in einem späteren Band) um diese und womöglich weitere Passagen zu ergänzen, lehnte er ab: Er könne und wolle das nicht, trotz seiner Neigung zur Grausamkeit auch gegen sich selbst. Er sei sich durchaus bewußt, was er da mit dem »schöngesteppten Bild vom Menschen« anrichte, das die Überlieferung anbiete. Aber dieses Bild sei ziemlich am Ende, jeder wisse es, nur wolle es keiner wahrhaben. Was er, weniger in diesem Text als immerhin in ein paar tausend Zeichnungen, immer wieder vor die Leute hinstelle, sei so etwas wie die inzwischen nicht mehr ganz so geheime Offenbarung von der »Verderbtheit des Menschen« und seiner »bösen Seele«.

Nach ein paar weiteren, eher ratlosen Bemerkungen sagte ich, es sei nun genug. Er schien weiterreden zu wollen. Ich wiederholte meine Empfehlung, alles Ungesagte aufzuschreiben.

»Alles, was ich je zustande gebracht habe, ist
Teil einer langen Sterbensgeschichte – immerzu
Totentanz«: Janssen an seinem Arbeitstisch.

7. Oktober 1987

Abends Janssen-Lesung in der Frankfurter Schirn. Großer Erfolg. Während des anschließenden Essens beim gegenüberliegenden Italiener fragte er, ob ich enttäuscht sei. Ich verneinte und setzte hinzu, er habe als Beteiligter mit seiner Zurückhaltung in der Geschichte von Tantchens Sterben vermutlich recht gehabt. Allerdings bedauerte ich, daß gestern kein Tonband mitgelaufen sei.

11. Oktober 1987

Meine Vorhaltungen gegen seine Darstellung der Sterbeszene lassen Janssen offenbar nicht los. Mehrfach in den vergangenen Tagen, beim Gang über die Messe, kam er darauf zurück, wobei ihm der Ausdruck, er habe dem Leser einen wichtigen Gesichtspunkt »vorenthalten«, besonders zu schaffen macht. Gestern zog er mich bei strahlender Herbstsonne auf eine Bank vor Halle 5 und meinte, der Vorwurf sei »überaus ungerecht«. Er habe sich immer an die äußersten Grenzen gewagt und wie kein anderer aufgedeckt, wozu der Mensch im Guten wie im Bösen fähig sei. »Im Bösen vor allem!« wiederholte er mehrfach, und in seinen »vermessenen Stunden« halte er sich insoweit sogar für »exemplarisch«. Was bedeute da schon eine Einzelheit, wie ich sie gegen ihn ins Feld führte, noch dazu im geschriebenen Wort! Seine Zeichnungen enthüllten weit schlimmere Bewandtnisse. Darauf einigten wir uns schließlich.

Heute abend über fünfzig Gäste, Janssen stets im Mittelpunkt mit Lambsdorff, Johannes Groß, Rolf Hochhuth, auch mit Siedler, zu dem er seit Jahren ohne Verbindung gewesen war. Viel und reichlich Waghalsiges über Barschels Tod, von dem die Nachrichten bei Ankunft der Gäste berichteten.

Auffällig später die verschiedentlich hervortretende Neigung einiger der Anwesenden, ausgerechnet Janssen zum Trinken zu verleiten. Er wehrte aber alle Versuche ab. Mehrfach im Lauf des Abends konnte man beobachten, wie er mit sichtlich angestrengter, fast erschöpfter Miene um das Haus lief. Als ich einmal zu ihm ging, erwiderte er auf die Frage, was er da treibe, er weiche den Flaschen aus, die wie Paul Klees aufsässige »Viadukte« unentwegt auf ihn losmarschierten. Nach ein paar ablenkenden Worten fügte er hinzu, gerade zögen sie ab, und folgte mir ins Haus.

12. Oktober 1987

Janssen am frühen Morgen, wie in den vergangenen Tagen stets, barfüßig auf dem Rasen vor der Terrasse. Er war erleichtert und sichtlich stolz über die »bestandene Probe«. In der »wiedergewonnenen Vertraulichkeit«, wie er das nannte, begann er unvermittelt von den »Blitzen« zu erzählen, die von Zeit zu Zeit durch seine Augen gingen und sich dann in unzählige »kleine schwarze Torpedos« verwandelten. Meinen Rat, Dr. Hartig zu konsultieren, beantwortete er mit einem seltsam vagen »Ja, am besten!«

Auf seinem »Barfüßergang« bemerkte er etwas später, die allgemeine Angst, die ihn seit je beherrscht habe, stelle sich bei wachsendem Alter zusehends in drei Einzelängsten dar: daß er, unbemerkt von ihm selber, in eine Art »hohes und womöglich sogar hochtrabendes Mittelmaß« abrutschen könnte; dann daß seine Augen ihn im Stich ließen und er schlimmstenfalls blind werde, was für einen wie ihn das Ende bedeutete, sowie schließlich, daß ihm eine zwanzigjährige Geliebte davonlaufe.

Als Angst zweiten Ranges, die ihm gar nicht so selten zu schaffen mache, müsse er aber auch noch erwähnen, fügte er hinzu, daß eine Zwanzigjährige ihm zulaufe.

1. November 1987

Postkarte Janssens: »Depression. Geburtstag am 14.11. fällt aus. Keine Besucher, schon gar keine Belagerer, nicht mal Anrufer. Niemand. – Ausladung. Pardon.« Am nächsten Tag die gleiche, nur etwas knapper gehaltene Mitteilung noch einmal.

6. Dezember 1987

Janssen, wie er sagte, »wieder beieinander«, aber offenbar noch unter den Nachwirkungen eines »Absturzes«. Als wir auf das Zeichnen kommen, meint er: »Jedesmal, wenn ich da hocke und die Striche setze, erleide ich einen kleinen Tod. Nicht nur, wie die Leute meinen, bei den gequälten Selbstporträts. Bei den beruhigten Porträts ebenso und bei den Stilleben oder friedlichen Landschaften auch. Alles, was ich gemacht habe, ist Teil einer langen Sterbensgeschichte. So läßt es sich begreifen. Auf diese Weise sogar am besten.«

Wieder einmal sehr pathetisch, überlegte ich. Dennoch nahe am Schwarzen. Oder sogar mittendrin?

25. Dezember 1987

»Eine Folge von nicht bewältigten Krisen ist«, meint Janssen heute, »daß man gleich auf den Effekt hinarbeitet.« Jedenfalls sei das seine Erfahrung. Von denen, die ohne Krise immer nur auf den Effekt hinauswollten, rede er nicht.

Er war nicht einverstanden, als ich dazu Richard Wagners Bemerkung zitierte, Effekt sei »Wirkung ohne Ursache«. »Geistreich«, meinte er, »aber falsch!« Denn ohne erkennbare Ursache sei jede große Wirkung. Wenn sich das Rätsel großer Wirkungen bemessen ließe, sei auch die große Wirkung weg. Viel eher sei der Effekt eine gewollte Wirkung mit allzu erkennbarer Ursache.

4. JANUAR 1988

Janssen ungewohnt unsicher über das bevorstehende Jahr. Er wisse nach den »tollkühnen« (Radier-) Suiten der zurückliegenden Zeit offen gesagt nicht, wie und womit es weitergehen solle. Auf den Einwurf, das sei eine Sorge, die nicht zu ihm passe, reagiert er seltsam gereizt und hängt ein.

8. MÄRZ 1988

Janssen aus Anlaß eines seiner Selbstporträts: Die meisten Leute trügen ihren »Beruf« im Gesicht mit sich herum, weil in ihrem Gesicht eben viel Platz sei. Er selber dagegen habe eine Menge Platz für anderes darin – oder lege es hinein, so daß viele in seinem Gesicht ein Stück von sich wiedererkennten.

12. MÄRZ 1988

Anruf Janssens, der zu einem Auftritt als Maler »vor großem Publikum« nach Hamburg einlädt: eine Geburt sozusagen auf dem Marktplatz, sagt er dazu, wie bei dem mittelalterlichen Kaiser, von dem ich ihm vor Jahren erzählt hätte. Denn er steige jetzt mit voluminösen Formaten in die Farbe ein, ergänzt er und spricht vom »Beginn eines neuen Œuvres«, das sich schon seit Jahr und Tag ankündige.

Doch außer einem Spektakel für das von ihm verachtete Publikum verspreche ich mir nichts davon. Viel eher ist zu befürchten, daß seine einzigartige Schattierungskunst dabei verlorengeht. Die Spannung zwischen Zartheit und Grobianismus, denke ich, während er weiterredet, verschiebt sich seit längerer Zeit ohnehin zum Grobianischen. Am Ende spürbare Verstimmung, als er bemerkt, daß der Termin, den ich als Verhinderungsgrund nenne, nur vorgeschoben ist.

14. MAI 1988

Janssen über seinen letzten Streit mit Frielinghaus, dem er gerade in schriftlicher Form und vor aller Welt einen »Kratzfuß dargebracht« hat. Er redet sich rasch wieder in den Zorn hinein: über die geheuchelte Bescheidenheit und Dienstmanngesinnung seines Druckers, der ihn durch Schwäche zu erpressen versuche. Er gebe sich als mönchischer Einsiedler, veranstalte aber heimlich wilde Prassereien – nur daß sie sich abstrakt, auf seinem Bankkonto, abspielten. Er sei »der große Geldsack in der Rolle des geprügelten Hundes«.

Ich fragte mich, während die Beschimpfung aus ihm heraussprudelte, ob er bereits einen Ausgleich für seine »Hommage« benötige, und wollte von ihm wissen, was ihn das alles kümmere? Er sei auf Frielinghaus ebenso angewiesen wie Frielinghaus auf ihn.

Bevor wir jetzt, erwiderte Janssen, in jene grauenerregende Sachlichkeit gerieten, die immer alles Bunte aus dem Leben vertreibt, müsse er noch seine letzte Attacke auf Frielinghaus loswerden. »Sie, Frielinghaus!« habe er ihn angeschrieen, »entdecken plötzlich in sich das Herz, das Sie nie gehabt haben! Glauben Sie ja nicht, Sie seien deshalb schon ein mitfühlender Mensch! Sie kramen das, was man ›Herz‹ nennt, doch nur aus Ihrer Brust hervor, weil es sich auf ›Schmerz‹ reimt. Doch in Wirklichkeit reimt sich ›Herz‹ bei Ihnen auf ›Tücke‹, Sie schlechter Reimeschmied!«

»Sehr witzig!« sagte ich und brachte das Gespräch noch einmal aufs Sachliche zurück. Wenn Frielinghaus den »krummen« Charakter nicht hätte, wäre er auch der »geniale« Drucker nicht, von dem er, Janssen, schreibe und rede. Jeder Abhängige sei nun mal genötigt, Rechtfertigungen für seine Unterlegenheit zu finden. Frielinghaus finde sie offenbar in der Vorstellung, daß er der heimliche Herrscher sei. »Er verletzt mich damit«, meinte Janssen. »Er tanzt doch nach meiner Pfeife!« Aber was, erwiderte ich, sei so schrecklich an der Einbildung, daß er, Frielinghaus, die Musik mache – als Orchestermusiker natürlich unter dem Dirigenten Janssen? Brummiges Einverständnis.

28. August 1988

Lange nichts von Janssen. Irgendwer berichtete unlängst von einer Serie holländischer oder niederdeutscher Landschaften, ein anderer, als Beispiel für sein »Sich-Abmühen mit dem Unmöglichen«, von einer Folge farbiger Radierungen, die nichts als Wiesenteppiche darstellten. Viel Gerede hier und da von einer »Schaffenskrise«.

Ich schreibe ihm unter dem heutigen Datum eine Notiz, die ihm in Anspielung auf die Goethe-Zeichnung vom vergangenen Jahr mitteilt, dem »Orkus« sei doch, wie er selber gern behauptete, bekanntgemacht, er komme noch nicht.

30. August 1988

Er werde sich für den Rest des Jahres bescheiden, versichert Janssen, der einzige Anspruch, dem er sich unterwerfe, sei eine Art Askese im Leben wie im Arbeiten. Er wolle die Tage auf kleinen Papieren »verstricheln«, sich, einmal wenigstens, »keine Gewaltakte« leisten. Nicht jedenfalls vor seinem Geburtstag im November. Manchmal komme es ihm vor, als habe er in den vergangenen Jahren durchweg zuviel und das auch zu heftig gewollt. In solchen Stimmungen sehne er sich nach den »Millimeter-Mühen« von früher und nach seiner »Daueraffäre« mit dem Detail zurück. Er habe dafür einen hübschen Satz bei Lichtenberg gefunden, sagte er, und bat mich um einen Augenblick Geduld, er müsse erst die Stelle finden. »Die Neigung der Menschen«, las er, »kleine Dinge für wichtig zu halten, hat sehr viel Großes hervorgebracht.«

Dann über das geplante Buch mit den Frauenbildnissen. »In gewisser Weise sehe ich aus diesen Sachen mehr heraus als aus den Selbstporträts.«

3. Dezember 1988

Unzufriedener Janssen am Telefon. Spricht von einem verlorenen Jahr. Nur »wirres und wüstes Gekritzel«. Er habe sich kürzlich bei der Frage ertappt: »Wo sind meine schönen Bäume hin? *Meine* Bäume?!« Ich versuchte, ihn mit irgendeinem Scherz zu beruhigen. Daraufhin brach er in ein verrückt klingendes Gelächter aus, lachte unablässig weiter und hängte unter immer noch anschwellendem, hysterischem Lachen schließlich ein.

26. Dezember 1988

Janssen offenbar allein. Als ich ihn danach frage, entgegnet er, warum ich das wissen wolle. Schwieriges Gespräch.

Als habe er die Absicht, jede weibliche Beziehung zu verlästern, sagt er, ob ich je bemerkt hätte, daß ihn das Verliebtsein stets zur »Blödelei« verführt habe. Nie rede er soviel Unsinn zusammen wie als Hofmacher. Damit sei auch meine Frage beantwortet, setzte er hinzu. Denn zur Zeit habe er, wie ich bemerken könne, »keine Lust am Stuß«. Er sei gerade dabei, ein Verzeichnis zusammenzustellen, was er bei dieser oder jener Geliebten von sich gegeben habe. Manchmal sei ihm nur eine »dumme Floskel« eingefallen, ein andermal etwas »Witziges« oder schön Streitsüchtiges, aber was immer er jeder der Frauen zuordne, spiegele zugleich etwas von ihnen.

Als ich nach Beispielen fragte, erwiderte er, die Bezeichnung »Schappi am Stück« für die ausladenden Hinterteile bei Ernst Fuchs gehöre eindeutig zu Bettina, die groteske Sudelei, die ihn vor einer Flasche mit der Aufschrift »Mein Kampf« zeigte, zu Gesche und die Verballhornung eines Goethe-Zitats, »Immer strebe zum Ganzen«, die ihm vor einiger Zeit eingefallen sei, aus welchen Gründen auch, zu Annette: »Immer strebe zum Janssen; und kannst Du ein Janssen nicht werden – als dienendes Glied schließ an den Janssen Dich an.«

14. Januar 1989

Nach längerem hektischem Gerede teilt mir Janssen mit, er habe beschlossen, sich zu diesem Wochenende zu betrinken. Soeben seien ihm sechs Flaschen gebracht worden, die er erwartungsvoll vor sich aufgestellt habe, alles schön durcheinander zur »Trinkerballade mit Variationen«. Bevor er aus dem Leben »zwischen Masken und Monstren« in die ersehnte Gedankenleere abgehe, wolle er noch »Lebewohl!« sagen. Dann werde für einige Zeit »Funkstille« herrschen – ich kennte seine Scheu, mir im betrunkenen Zustand vor die Augen zu treten und vor die Ohren auch. »Also keine Besuche, bitte! Und keine Anrufe!« Er sei jetzt für mich aus der Welt, und das Stück werde, bei ungewissem Ausgang, in zweiter Besetzung gespielt. Als kleine Vorübung gewissermaßen, damit ich zurechtkäme, wenn er sich »demnächst« endgültig davonmache.

Über die Einwände, die ich mehrfach erhob, redete er mit lauter Stimme hinweg. Mehrfach lachte er dazu. Zugleich konnte man aber heraushören, wie wenig ihm danach zumute war.

24. Februar 1989

Janssen hat »Wer hat Angst vor Virginia Woolf?« mit Richard Burton und Elizabeth Taylor gesehen und erinnerte sich dabei an ein zurückliegendes Fernseh-Porträt des Schauspielers. Unvergeßlich sei ihm, wie Burton einige Verse aus einem der Königsdramen Shakespeares gesprochen habe. Zwar sei er nicht in der Lage gewesen, ein einziges Wort zu verstehen. Aber das Unglück, von dem da offenbar die Rede war, der »Trauerton« der Stimme und das wie beiläufig beschworene Entsetzen seien ihm so nahegegangen, daß er die Tränen nicht zurückhalten konnte. Burton habe gewissermaßen seine Zeichnungen gespielt, sagte Janssen dann in einer überraschenden Wendung. In fast jeder Einstellung habe er außerdem etwas von der Unmittelbarkeit des »königlichen Trinkers« verspürt und in dem Schauspieler einen nahen Verwandten erkannt. Übrigens gehöre zu ihrer Familie auch, schloß er mit einem nochmals verblüffenden Schritt zur Seite, Harald Juhnke, sozusagen die »volkstümliche« Ausgabe des »großen R. B.«.

Wie seltsam, dachte ich hinterher, da ich die Fernsehsendung in Erinnerung hatte: Janssen hat, wie er sagt, nichts von Shakespeares Versen verstanden. Aber mit seiner Hellhörigkeit für letale Sachen hat er offenbar erfaßt, daß sie von einer großen »Hofhaltung des Todes« handeln, von entthronten Königen, Erschlagenen, im Schlaf Erwürgten und Vergifteten – »Ermordet alle!«, wie die abschließende Textzeile lautet.

30. Juni 1989

Anruf Janssens, er sei »nach langen scheußlichen Wochen endlich aus der Flasche raus«. Zwar habe er sich nie ganz im Suff verloren, auch das eine und andere zustande gebracht, doch jetzt erst sei »der Himmel wieder offen«. Übermütig springe er zwischen lauter Sachen herum, die eigentlich nicht zusammenpaßten, bald werde er auch die Sicherheitsschlösser und Fahrradketten entfernen, mit denen er sein Haus verschlossen halte.

Dann schildert er die Mühen, die es machte, aus dem »Pfuhl« herauszukommen. Zum Glück gebe es für alles die richtigen Mittel. Mit »Tradon« bringe er sich hoch, mit »Rohypnol« runter, und wenn im selbstverordneten, ziemlich widernatürlichen Rhythmus schließlich alles durcheinanderstolpere, sei immer noch »das süße Limbatril« zur Hand. Doch am wichtigsten, habe er wieder mal erkannt, sei der Kopf. Irgendwann im Verlauf der Trinkerei habe er sich gesagt, die eigentliche Droge, von der er wirklich nicht loskomme und nie loskommen werde, sei die Arbeit da am Tisch. Damit habe er sich zur Vernunft gebracht.

27. JULI 1989

Irgendwer, erzählt Janssen, habe ihn neulich, allerdings ohne das verpönte Wort auszusprechen, einen Wahnsinnigen genannt. Er werde jetzt eine große Verteidigung des Wahnsinns schreiben, sagte Janssen und bat um Material für diese »kinderleichte Aufgabe«. E. T. A. Hoffmann und Robert Schumann, Edgar Allan Poe, Lewis Carroll, van Gogh und ungezählte andere: alles Wahnsinnige. Nicht auszudenken, wenn sie »normal« gewesen wären! Natürlich gebe es auch unter den Wahnsinnigen fürchterliche Dummköpfe. Es komme allein darauf an, was einer mit seinen »Verrücktheiten« anzustellen wisse. Und alle, die er da genannt habe, hätten das Herrlichste daraus gemacht.

1. SEPTEMBER 1989

Sein großer Trost sei nach wie vor die Arbeit, bemerkte Janssen, als ich ihn nach seinem Befinden fragte; sie allein halte ihn von (dem Friedhof) Ohlsdorf weg. Und damit sie tröste, fuhr er fort, müsse er sie wie derzeit augenblicklich in die Euphorie treiben und dann »da oben« halten. »Sonst saufe ich lieber weiter!«

20. NOVEMBER 1989

Zum dritten Mal innerhalb weniger Tage Janssen am Telefon. B. hat offenbar in mehrmonatigen Nachforschungen die Identität seines Vaters und Einzelheiten über Herkunft, Familie und Lebensumstände herausgefunden. Pastoren und Lehrer im Stuttgarter Raum. Nun wisse er, meinte Janssen, woher seine pädagogische Leidenschaft komme und manches andere auch. Denn sein Vater sei zugleich »schwarzes Schaf«, »Tunichtgut« und auch noch eine Art »abenteuernder Courschneider« gewesen.

Das Durcheinander seiner Erzählungen, auch die Ungereimtheiten, mit denen er sich ständig im Vorabgesagten verhedderte, offenbarte, wie erregt er war. Glücklich wohl auch. Mit einem Schlag brach die ganze, jahrelang gehätschelte Konstruktion zusammen, wonach er mit dem Vorrecht ausgestattet sei, sich seinen Vater selbst zu erzeugen. Als ich die eine und andere Nachfrage stellte, entgegnete er, jetzt habe er nicht die Ruhe dafür.

26. NOVEMBER 1989

Janssen wiederum in der »Vaterschaftssache« am Telefon. Alles noch immer reichlich ungeordnet, aber, wie mir schien, in gleichsam abgekühlter Konfusion. Wir kamen bald auf anderes, darunter auch den Mauerfall, und ich erzählte ihm von dem Literaturpreis-Theater, das mich an diesem Abend ausgerechnet nach Palermo verschlagen hatte. Am Ende fragte ich, ob sein Interesse für den am Neckarufer aufgefundenen Moses-Vater schon nachzulassen beginne. »Was soll das?« fragte er und hängte ein.

10. DEZEMBER 1989

Janssen über seine Verstimmung, die mir sicherlich nicht entgangen sei. Aber die Sache gehe ihm unablässig im Kopf herum. Im Grunde hätte ich durchaus recht: Was schere ihn eigentlich dieser »blöde Bauder«, wie der Name seines Erzeugers laute? »Nur ein mir fremder Mensch mehr, gleichgültig, wie Millionen andere!«

Immerhin sein Vater, warf ich ein. Doch bestritt er, daß das irgend etwas zu bedeuten habe. »Ein Handelsvertreter!« sagte er verächtlich, nicht vergleichbar mit Georges de la Tour, Goya oder selbst Klinger. Bisher habe er immer die Wahl gehabt und, wie ich wisse, Gebrauch davon gemacht. Das habe ihm »der Kerl da« verdorben.

2. Januar 1990

Anruf von Janssen. Er habe vor, sagte er, eine Anzeige aufzugeben, nur in der »Frankfurter«, und wäre dankbar, wenn ich ihm die Erledigung abnehmen könnte. Der Text laute:
»Tausche leiblichen Vater gegen Dürer, Füssli oder Menzel. Horst Janssen.« Die Anzeige solle eine Viertelseite umfassen und am kommenden Freitag sowie am folgenden Samstag erscheinen.
Er erwartete offenbar mein Einverständnis oder sogar meinen Beifall. Als ich zögerte, begann er augenblicklich loszureden, dieser Vater sei doch nichts anderes als das sprichwörtliche »Linsengericht«. Dafür jedenfalls gebe er die wunderbare Verwandtschaft, bei der er zu Hause sei, nicht her. Er habe schließlich eine »sentimentale Seite«, könne auch die stolze Ahnengalerie in seinem »imaginären Treppenhaus« nicht einfach wegwerfen. Was würde Martha, seine Mutter, zu diesem »Verrat« sagen, was Tantchen und so immer weiter.
Ich ließ ihn lange reden. Als er zum Ende kam, führte ich ihm die Gründe vor, die gegen die Annonce sprachen. Er war nicht leicht zu überzeugen. Zuletzt ließ er sich die Sache ausreden.

Janssen in seinem Atelier
um 1990.

11. April 1990

In Hamburg bei Janssen. Er fragte, warum die Zeitung keine Aufträge mehr für ihn habe. Doch als ich für ein demnächst erscheinendes Stück um ein Hölderlin-Porträt bat, sah er verzweifelt herüber und klagte über seine unausgesetzten Ängste: vor Anfragen, Besuchern und sonstigen Bedrängungen, kam dann auf die nachlassenden Kräfte und wie er erstmals das geradezu physisch spürbare Gefühl habe, als »rinne jeden Tag aus seinem Körper etwas von dem Lebensstoff«. Mehr und mehr ängstige ihn aber auch die Exzentrik, der er sich bis gestern mit soviel »gedankenlosem Glück« überlassen habe.

Und dann die Angst vor dem Alkohol, fuhr er fort. Die habe er zwar immer empfunden. Aber früher sei das wie eine Wette gewesen, bei der er sich eingeredet habe, die aufkommenden Schrecken durch ein paar Promille ersäufen zu können. »Die immer neue Illusion!« sagte er mit einem kleinen Lachen. Vielleicht sei es so, daß er lediglich diesen Mut zur Illusion nicht mehr aufbringe. Oder andersherum: Womöglich bestehe das Alter in nichts anderem, als sich von allem und jedem einschüchtern zu lassen.

So, in reichlich zusammenhanglosen, erschöpft klingenden Gedankensprüngen redete er einige Zeit lang weiter. Er sei »ein bißchen in Beichtstimmung«, entschuldigte er sich. Er habe nie der Außenseiter sein wollen, der er wurde, schon gar nicht der »Künstler-Wüstling«, den alle Welt »mit schlotternden Knien geliebt« habe. Aber zu irgendwelchen Zugeständnissen sei er auch nicht bereit gewesen. Und wer das ablehne, wirke auf die Leute immer »unkontrolliert« und sozusagen »mit den Elementen« verschwistert.

Ich hatte dem allem wenig entgegenzusetzen. Aber um etwas zu sagen, wandte ich ein, so elementar, wie er es jetzt darstelle, sei er, seit ich ihn kennte, nie aufgetreten. Dazu hätten seine Ausbrüche allzu überlegt auf den schwächsten Punkt des jeweiligen Gegners gezielt.

Der Einwand half ihm wenigstens aus seiner ungewohnten Jeremiade. Binnen kurzem jedenfalls entwickelte er eine weitläufige Theorie über den Rest an Besinnung, der noch im vermeintlich besinnungslosen Toben herrschen müsse, sonst sei alles vertan. »Wieso vertan?« fragte ich. Stets habe er doch die Auffassung vertreten, es gehe nur darum, eine Art Panik oder Emotion loszuwerden; da sei derjenige, über dem das Unwetter niedergehe, eigentlich gleichgültig.

»Nicht im Einzelfall«, widersprach er. Sonst könnte man auch die Wand anschreien. Irgendwen müsse man verantwortlich machen. Einer sei immer als Opfer ausersehen oder habe die Rolle wenigstens glaubwürdig zu spielen. Er verlor sich dann in Beispielen aus dem nicht endenden »Leporello seiner Tobereien«. Am Ende meinte er, es sei erstaunlich, welchen Aufwand der Teufel bei ihm treibe. Da bleibe nur noch zu sagen, Du lieber Gott! Bei meinem Weggang bat er, ihm den Hölderlin zu erlassen.

29. Mai 1990

Er habe von einem wahren Wunder zu berichten, meldete sich Janssen heute: »Der vorvergangene Samstag war ein herrlichschöner Tag. Ich war seit kurzem wieder ›trocken‹, hatte zum ersten Mal lang und tief geschlafen und mir zur Feier ein weißes Hemd angezogen. Meine Gutgelauntheit ging so weit, daß ich aus lauter Übermut und Ordnungslust fünf Mülltüten nach unten brachte. Wann passiert das schon?!

Als ich alles geordnet hatte, machte ich mir eine Tasse Kaffee und ging, um nach der Post zu sehen. Eine Zigarette in der einen, die Tasse Kaffee in der anderen Hand kam ich zurück. Es war sehr früher Morgen, die Luft noch klar, und die ersten Sonnenstrahlen brachen sich milliardenfach in den bewegten Blättern und auf den dampfenden Wiesen drüben in Baur's Park.

So trat ich auf den Söller, den Tag und das Werk Gottes lobend. Doch plötzlich war mir, als ob unter meinen Füßen eine wilde Unruhe einsetzte, wie wenn zwei Riesenvölker von Termiten aufeinander losmarschierten. Doch noch ehe ich diesen Gedanken in ein

Bild übersetzen konnte, gab plötzlich alles nach, die Erde öffnete sich, und von einer Sekunde auf die andere gingen ich und alles um mich herum nach unten.

Dazu muß man wissen, daß auf dem Söller, der Reihe nach, folgende Gegenstände herumstanden: ein Lithostein von ca. vierzig Kilogramm, ein schöner, edler Zementpferdekopf, ein steinerner Gartenzwerg von etwa zwanzig Kilo, den ich bemalen sollte; ferner die Plastik eines Janssen-Porträts nach der »Paranoia«-Serie, eine Schale verdünnter Säure (ca. zwanzig Liter), die mit einer schweren Glasplatte abgedeckt war, sowie eine weitere Säureschale mit acht Litern Flüssigkeit. Schließlich noch ein Tisch, unter dem zwei Behälter mit unverdünnter, ätzender Säure standen.

Das alles, mitsamt den in vielen Jahren morsch gewordenen Fußbodenbrettern und tragenden Balken ging nun mit mir zusammen drei oder vier Meter in die kopfsteingepflasterte Tiefe. Ich habe nur das Rauschen gehört. Einen kurzen Augenblick lang war mir, als sauste ich eine lange Allee hinunter, an deren Ende sich eine Betonmauer befand. Und über mir schlugen alle die Gegenstände zusammen, die da herumgestanden hatten: der schwere Lithostein, der Gartenzwerg, die Glasplatte samt all dem anderen Zeugs sowie die Schale mit der ätzenden Säure, die mir den Kopf hinunterlief, in die Augen und über Hemd und Hose.

Der Aufprall war nicht das Ende. Das erste, was ich bemerkte, war eine wirklich ungeheure, nie vernommene Stille. Was dann passierte, weiß ich nicht mehr, es ist aus der Erinnerung gelöscht. Aber ich habe rekonstruiert, daß ich mich aus diesem Trümmerfeld, über dem Staub und Säuredämpfe hochquollen, erhoben habe und den winkligen Weg und die Treppe hinauf nach oben gehastet sein muß: wie man jetzt weiß, mit einem glatt gebrochenen Schienbein sowie einem doppelten Beckenbruch, über und über blutend, das Gesicht und den Kopf qualmend von der Salpetersäure. Oben angelangt, muß ich sofort zum Waschbecken gerannt sein und alles, was Kopf und Gesicht war, unter das rauschende Wasser gehalten haben. Die Erinnerung kommt erst für den Augenblick wieder, wo ich da unter dem Wasserhahn stand und radebrechend, in Wut und Verzweiflung, immer wieder schrie: ›Scheißsäure! Warum gerade mich?‹

Dann fiel mir ein, daß auch meine Kleider verätzt waren, das heißt, es fiel mir nicht ein, sondern ich spürte plötzlich ein brennendes Jucken auf der Haut. Immer noch den Kopf unter Wasser, riß ich mir, schreiend und fuchtelnd, die Sachen herunter. Ich sah nichts, aber ich konnte es riechen oder ahnen oder was auch immer, daß sie sich in Fetzen auflösten. In diesem Augenblick kam der nicht ganz blöde Junge, der mir jeden Morgen die Zeitung bringt. Auf mein Schreien hin war er die Treppe hinaufgerannt, und von der Tür her hörte ich ihn fragen: ›Herr Janssen, kann ich was für Sie tun?‹ Und ohne mich unter meiner Kopfdusche zu rühren, rief ich hinter dem Vorhang aus Wasser und Blut: ›Dr. Hartig anrufen!‹ Zum Glück hatte ich die Telefonnummer im Kopf.

Der Junge rief den Arzt an und ich hatte nochmal Glück. Zwar war Hartig, als der Anruf kam, gerade in Blankenese unterwegs. Aber seine Sekretärin erreichte ihn irgendwo, und kurz darauf war er bei mir, sah mich gebückt unter dem brausenden Wasser und erzählte später, ich hätte ihm als erstes entgegengerufen: ›Hartig, eine Zigarette!‹ Hartig rief den Augenarzt Dr. Hallermann an, und ich hatte ein drittes Mal Glück. Denn Hallermann war schon in der Tür und auf dem Weg zu seinem Vater, der an diesem Tag seinen einundneunzigsten Geburtstag feiern wollte.

Na, und dann ging alles seinen Weg. Hartig legte mich hin, untersuchte mich, rief den Unfallwagen. Und von dem Augenblick an, als die Weißkittel kamen, bis zu meiner Rückkehr in den Mühlenberger Weg sehe ich ihn immer nur schattenhaft um mich herumtanzen mit seinem Fotoapparat und unablässig Bilder aufnehmend. Er muß es sehr genossen haben, wie es immer einen gibt, der das Unglück anderer genießt.

Die Ärzte stellten dann fest, daß das Schienbein durchgebrochen war, das Becken gleich zweimal. Sie kleisterten alles in Gips, nähten die Kopfwunde und untersuchten die verätzten Augen. Et-

Zeitlebens war Janssen von der Angst verfolgt, er könne erblinden. Im Mai 1990 stürzte er von seinem Balkon und zog sich dabei einen Bruch des Schienbeins sowie einen doppelten Beckenbruch zu. Die mit ihm herabstürzende, für den Radiervorgang benötigte Säure verätzte ihm die Augen, so daß er den größten Teil seiner Sehkraft einbüßte. Das Foto, einige Tage nach der Rückkehr aus dem Krankenhaus aufgenommen, ist ein Selbstporträt.

was ruhiger wurde ich erst, als ich durch das Stimmengewirr um mich herum, aus weiter Ferne, Hallermann hinter seiner Linse sagen hörte: ›Sieht rein äußerlich aus!‹ Die sechs oder acht Ärzte, die um die Liege standen, und die Krankenschwestern wiederholten murmelnd ›Rein äußerlich!‹, und die beiden Worte echoten noch minutenlang durch meinen Kopf, nicht zuletzt, weil ich sie mir im Verklingen immer wieder zurückrief.

Das Schlimmste ist: Aller Frieden, alle Sicherheit, die ich empfinden kann, alles Glück war immer auf meinem Balkon. Keiner meiner Exzesse und keine der vielen Unartigkeiten haben sich dort zugetragen. Auf dem Söller war ich nur, wenn ich im reinen mit mir und der Welt war. – Und jetzt das!« Janssen schloß: »Die Wiedervereinigung interessiert mich zur Zeit vor allem im Hinblick auf Schienbein und Becken.«

14. JUNI 1990

Anruf von Janssen: »Neulich nacht wachte ich um vier Uhr auf, machte Licht und rief laut durch das Haus: ›Ich kann wieder sehen! Ich kann wieder sehen!‹« Ein Dutzend Mal. Er habe auch schon begonnen zu zeichnen. Alles natürlich noch unsicher und mit schiefem Strich. Aber es sei ein Anfang. Zwei Porträts seien fertig, das dritte bereits in Arbeit. Als eine der Vorlagen habe er jenes

Röntgenbild benutzt, das von seinem Schädel angefertigt und ihm vom Krankenhaus mitgegeben worden sei. Janssen so aufgedreht, daß man während seines Redens den Abgrund zu sehen vermeint, auf den er schon wieder zuläuft.

31. JULI 1990

Post von Janssen. Er schreibt: »Morgens frischt das kranke Auge auf.« Aber im ganzen schlage er sich mit einer neuen Krise herum. Er müsse ein »Zeugs« einnehmen, »was das Gleichgewichtsgefühl aufhebt und leichte Panikempfindungen hervorruft«. Die Weiße eines Gesichts, das einigermaßen dicht vor ihm auftauche, könne er »nur als hellen Fleck« erkennen.

1. AUGUST 1990

Er habe auf dem rechten Auge noch dreißig Prozent von der Sehkraft, die er vor dem Sturz gehabt habe, teilt Janssen mit. Das linke Auge quäle sich so um die zwölf Prozent herum. Am schwierigsten sei, daß er beim Herumlaufen »die Strecke Auge – Erdboden nicht genau taxieren« könne und folglich nur herumstolpere.

Sein ganzes Glück sei, daß seine Hand vom langen Zeichnen inzwischen fast schon »selber sieht«, und er spricht von »blinden oder augenlosen Bildern«, die sich ganz am Ende eines Zeichnerlebens einstellten.

2. August 1990

Er habe zuviel Mühe mit seinem »maladen Zustand« und komme nicht ausreichend zum Zeichnen, sagte Janssen. Die Arbeit sei für ihn immer ein Betäubungsmittel »auf der Dunkelstrecke von Lämpchen zu Lämpchen« gewesen. Leider sei es derzeit mit der Betäubung nichts. Und auch die Lämpchen gäben wenig Licht. Dem einen Auge bekanntlich nur lächerliche zwölf Prozent, gerechnet von der ohnehin verringerten Sehkraft aus der Zeit vor dem Sturz. Ich erinnerte dann an seine Befürchtung schon vor Jahr und Tag, daß er erblinden könnte. Ja, erwiderte er, er nehme, wie alle Propheten, seine eigenen Vorhersagen nicht ernst.

10. August 1990

Durch Hallermanns Kunst könne er schon wieder arbeiten, sagte Janssen bei meinem Besuch. Allerdings müsse er, der eingeschränkten Brennweite wegen, das Papier auf einen Abstand von etwas mehr als dreißig Zentimetern halten; gehe er darüber hinaus oder bleibe er darunter, würden die Linien unscharf.

Er schien einigermaßen gefaßt und ohne Wehleidigkeit: Das Jammern liege ihm nicht. Aber ein depressiver Ton war unüberhörbar. Als er sagte, ihm könne nun mal nichts passieren, meinte man, ihn im Walde pfeifen zu hören. Viel treffender jedenfalls kam mir sein früheres Eingeständnis vor, er unterdrücke alle Larmoyanz am liebsten durch lautes Gepolter.

Jetzt sagte er, der Zufall sei mit ihm im Bunde gewesen, diesmal mehr als irgendwann. Er führte noch einmal, angefangen vom diesmal offenen »Gartentor« über die Ankunft des Zeitungsjungen bis zur Erreichbarkeit von Hartig und Hallermann »an diesem schönen Samstag«, die seltsamen Umstände auf, die seine Rettung ermöglicht haben. Manchmal frage er sich, ob da doch noch einer über ihm die Hand im Spiel habe. So überzeugt wie noch am 18. Mai bestreite er die Existenz eines großen Irgendwer jedenfalls nicht mehr.

Etwas später erinnerte er mich an eines unserer Gespräche auf seinem Balkon, Jahre zuvor, als wir eine Spinne beim hektischen Hin und Her vor einer Fliege verfolgten, die sich in ihrem Netz verfangen hatte. Die Fliege sei gerade von einer toten Maus aufgeflogen, an der sie sich gütlich getan hatte, als die Spinne schon ihr Augenmerk auf sie richtete und sich auf die Lauer legte. Und wer nun, hätte ich eingeworfen, beobachte uns, wie wir da Spinne, Fliege und Maus observierten. Er habe nicht vergessen, daß ich von einem verzwickten, vom Vogelflug inspirierten »Gottesbeweis« gesprochen hätte, den ein südamerikanischer Schriftsteller aufgestellt habe. »Der heißt Borges«, sagte ich, und er ließ sich dessen Beweisführung noch einmal vortragen. Schon daß er diesmal, anders als vor Jahren, nicht darüber auflachte, zeigte mir, was die Erfahrung dieser Wochen bei ihm in Bewegung gesetzt hatte.

Er erzählte dann von seiner neuen Liebe Heidrun Bobeth. Sie helfe ihm »in die Krücken«, die er noch immer benötige, da er derzeit viel in die Landschaft gehe. Wieso jetzt, wo er so lädiert sei, ausgerechnet in die Landschaft? fragte ich. »Ganz einfach! Weil ich mich schlecht bewegen kann«, entgegnete er. Er habe doch sein Leben lang getan, was, wie alle sagten, gerade »nicht dran« gewesen sei.

14. August 1990

Auch mit der Arbeit wolle er wieder ins Freie, versicherte Janssen heute. Ich sagte ihm, mir falle seit geraumer Zeit auf, daß seine Landschaften merkwürdig unbehaust seien: Weder Architektur noch Menschen tauchten darin auf. Dann erwähnte ich die geistreiche Bemerkung, wonach alle Natur ursprünglich bloß »Gegend« sei; erst durch eine Spur von Gemachtem, den sichtbaren Hinweis darauf, daß da schon jemand war oder ist, werde sie zur »Landschaft«. Die Romantiker, die er so verehre, hätten deshalb regelmäßig ein Ruinengemäuer oder eine Figurengruppe in Wald und Hügel gestellt, er selber habe im Radierzyklus zu Caspar David Friedrich noch daran angeknüpft.

Er erhob Einwendungen und meinte, gerade Caspar David Friedrich sei ein ungeeignetes Beispiel für meine Behauptung. Viele der Landschaften aus dem Riesengebirge, der Wolken- und Nebelbilder stellten die völlige Menschenleere dar, und die berühmte »Gescheiterte Hoffnung« aus der Kunsthalle deute mit dem Stück Schiffsrumpf zwar an, daß »da mal einer war«, aber eben ausgelöscht und weggeräumt von der Natur, die ohne Menschen auskommt. Selbst wo bei Friedrich eine Figurengruppe auftauche, wie auf dem Bild vom Kreidefelsen auf Rügen die drei Vordergrundpersonen oder die beiden Segelboote draußen auf dem Wasser, sei dergleichen nur hingesetzt, um die Übermacht der Natur noch beängstigender erscheinen zu lassen. Das gelte sogar für den Mann über dem Nebelmeer – den Friedrich aber, warf ich ein, nach meiner Erinnerung ziemlich gebieterisch da aufgestellt und jedenfalls nicht fürs »Wegräumen« geschaffen habe.

Ermüdet und als störe ihn der Widerspruch, ließ sich Janssen auf seinen Arbeitsstuhl fallen. Caspar David Friedrich passe eben in kein Schema, sagte er schließlich, und deshalb solle man auch ihm keines abverlangen. Dann fragte er, ob ich nicht eine lustige und schön banale Geschichte zu erzählen hätte; alles andere strenge ihn zur Zeit übermäßig an. Zum ersten Mal seit mehr als zwanzig Jahren fiel mir auf, daß er ein Gespräch aus Schwäche oder Überdruß abbrach.

20. AUGUST 1990

Wie ich aus Hamburg höre, hat Janssen einen Rückfall erlitten und ist auf dem stärker beschädigten Auge wieder blind. Er schickt mir eine Postkarte mit einem gerupften, verzweifelt flatternden Vogel. Darunter der Text: »Ich kann nicht mehr fliegen!!!«

30. August 1990

Mit dem Fliegen sei es immer noch nichts, erklärt Janssen, aber er komme schon ein bißchen vom Boden weg und taumele in der Luft herum, bis er wie ein nacktes Suppenhuhn mit gespreizten Flügeln aufschlage. Aber das eine oder andere könne er, den Freunden wenigstens, schon wieder vorzeigen, ohne vor Scham im Boden zu versinken.

4. September 1990

Anruf von Janssen, der zur Buchmesse nach Frankfurt kommen will und mit der Förmlichkeit, zu der er bei solchen Anfragen neigt, wissen möchte, ob er und Heidrun Bobeth, die seit Mitte Juni die »Unaussprechliche« aus den letzten verzweifelt gehaltenen Laufgräben vertrieben hat, »als Logiergäste willkommen« seien. Vergeblicher Versuch, ihm die Reise wegen zahlreich eingegangener Verpflichtungen auszureden, sie gegebenenfalls auch vorzuziehen oder um ein paar Tage zu verschieben. Er erinnert an die »unvergessenen Tage« vor drei Jahren, unsere Gespräche auf der Bank vor Halle 5 und den Abend in meinem Haus, als er unter lauter fröhlich Angeheiterten »als einziger« dem Alkohol widerstanden habe. Noch während ich gegen seine Absicht anrede, wird mir deutlich, daß keines meiner Worte ihn erreicht. Am Ende spricht er von einer »riesigen Überraschung«, mit der er aufwarten werde.

3. Oktober 1990

Großer Janssen-Auftritt. Am Nachmittag fuhr er vor und entstieg in Jeans, den rechten Ringfinger wie häufig in den Mundwinkel geschoben, einem von Heidrun Bobeth chauffierten Rolls-Royce. »Und wo bleibt die Polizei-Eskorte?« fragte ich. Noch auf der Treppe begann er von den Schocks zu erzählen, die er unterwegs, auf den Rastplätzen abseits der Autobahn, mit seiner Erscheinung sowie seiner Vorliebe für »Frittenbuden« ausgelöst habe, und wie er sich das Pappgeschirr durch das elektrisch versenkbare Fenster reichen ließ. Kaum im Haus, kam er noch einmal auf den dramatischen Sturz vom Balkon zurück, berichtete von der halbwegs wiedererlangten Sehkraft, der neuen Brille und wie mühsam der Heilungsprozeß vorangehe. Später sprach er über die »Aquarellpanschereien«, die sein neuestes Vergnügen bildeten, doch sei er noch unzufrieden damit und habe deshalb nichts davon mitgebracht. Er werde sie aber bald zu »Wasserkünsten« steigern und sei gewissermaßen in der »Kinderbadewanne« zurück.

Im ganzen war er in leicht angestrengt alberner Laune und offenbar bemüht, gute Stimmung zu verbreiten. Beim Abendessen saß er nur dabei und machte sich über die fünf Pfund Weintrauben her, um die er gebeten hatte. Er fragte nach dieser und jener Neuerscheinung und wollte Näheres über den zuletzt herausgekommenen Band von Ernst Jüngers »Siebzig verweht« wissen. Irgendwann äußerte ich noch einmal meine Verwunderung über diese seltsame Vorliebe und sprach in Anspielung auf ein frühes Jünger-Wort von dem »Sprengmeister« und »Ballastabwerfer«, der ihm eigentlich zutiefst fremd sein müsse.

Unvermittelt vom Albernheitston ins Ernste wechselnd, sagte Janssen, davon wisse er nichts. Manchmal sei Unbildung auch ein Schutz. Er jedenfalls habe nie etwas abzuwerfen, sondern immer nur zu erwerben gehabt. Jünger sei eben von ganz woandersher gekommen; im Gegensatz dazu habe er selber am Überlieferten nie gelitten. »Ich war der Nullpunkt als Person. Von keinem Schatten erdrückt, sondern von dem verzweifelten Verlangen erfüllt, selber einen zu werfen. Primitiv, stark, manchmal etwas ruppig, wie kleine Leute eben sind.« Ich erwiderte, es ginge keineswegs um Herkunftsfragen, sondern um nichts anderes als den blanken Unsinn, zu dem eine Zeitstimmung verführen könne. Solchen Unsinn, entgegnete Janssen, habe er in jungen Jahren auch von sich gegeben. Zu seinem Glück sei nichts davon gedruckt oder sonstwie aufbewahrt worden. Dieser Vorzug werde einzig den Spätentwicklern wie ihm zuteil.

4. Oktober 1990

Beim Frühstück erzählte Janssen von den »Zankereien« mit B., die sich nach seinem Sturz vom Söller als »Platzhirschkuh« aufgeführt und es als einzigartigen »Glücksfall« begriffen habe, einem ganz und gar hilflosen Janssen zu zeigen, »wo's von nun an langgeht«. Er verriet ein paar Einzelheiten über den von B. mit unverdeckter Erbitterung geführten Machtkampf. Plötzlich unterbrach er sich mit der Frage, warum er das alles vor mir ausbreite. Dann unüberhörbar gereizt: Wer einmal sein Vertrauen habe, sei damit »geschlagen« bis an sein Lebensende.

5. Oktober 1990

Nur wenig Zeit für Janssen. Spürbare Eintrübung. Als ich heute mein Bedauern darüber vorbrachte, tat er verwundert und meinte, wir hätten doch »die schönsten Tage« gehabt. Nach einer Pause dann: »Damals, vor drei Jahren.« Ich vertröstete ihn auf den folgenden Tag, der ausschließlich ihm gehören werde.

6. Oktober 1990

Beim Frühstück besprachen wir den gemeinsamen Gang über die Messe, und Janssen äußerte, wen und was er sehen wolle. Doch als ich wegen der vorgeschrittenen Zeit zum Aufbruch mahnte, erklärte er überraschend, er habe sich zur Abreise entschlossen. Schon eine halbe Stunde später, gegen 14 Uhr, bestieg er den Wagen, murmelte etwas von einem »dummen und pompösen« Fahrzeug und fuhr davon.

1991–1995

12. Februar 1991

Nach der Ausstellung im Dresdner Albertinum, auf der Janssens nach Heidrun benannte Serie »Bobethanien« gezeigt wird, meldete er sich nach längerer Pause erstmals wieder. Er mache, wie ich wisse, so gern die Leute glücklich, versicherte er mit schwerer Zunge, auch wenn er im voraus ahne, daß dies fast immer der Anfang von irgendeinem Ende sei.
Aber Dresden habe er sich nicht geleistet, um ein paar fremde Leute glücklich zu machen. Nach Dresden sei er einzig zu seinem Vergnügen gefahren. Er habe nämlich aller Welt sein norddeutsches Arkadien zeigen und sagen wollen: »Auch ich war in Bobethanien.«

4. März 1991

Janssen berichtet von der »Versöhnung« mit Schack, nachdem die Verbindung vor längerer Zeit zerbrochen war. Er habe, als der Besuch angekündigt war, geradezu zum Himmel gefleht, daß der »Einst-Freund« nicht zur Tür hereintrete, auf die Knie falle und, irgendein Mitbringsel wie »seine abscheulichen Marmeladen« in den vorgestreckten Händen offerierend, ausrufe: »Hier! Na, hier! Was haben wir denn hier? Natürlich Janssens Lieblingsgeschlekker!« oder was es sonst sei. Zur verabredeten Zeit sei Schack zur Tür hereingetreten, habe sich dann mit einer winzigen, von seiner Unsicherheit herrührenden Verzögerung auf die Knie fallen lassen und, ihm irgendeine Niedlichkeit entgegenhaltend, gerufen: »Hier! Na, hier, großer Meister! Was haben wir denn hier?!«

Er habe sehr an sich halten müssen, sagte Janssen. Doch sollte ja »Versöhnung« sein; folglich habe er sich zusammengenommen. Er beherrsche das jetzt. Aber gerade die ewige »Albernheitsrolle« des Freundes habe zu den Gründen gezählt, durch die sie auseinandergeraten seien.

12. JULI 1991

Nach zahlreichen Klagen in letzter Zeit über das »Malheur mit den Augen«, die »überfallartigen Müdigkeiten« sowie die Beschwernisse des Alters überhaupt versichert Janssen heute verblüffenderweise, er sei gern so alt, wie er ist. Das sei übrigens immer so gewesen. Nie habe er älter sein wollen, als er gerade war, und noch weniger, nach Art von sentimentalen Greisen, jünger. Er trauere keiner Lebensphase nach und sei auch nicht ungeduldig im Blick auf die kommenden Jahre.

Eines nur habe diese Balance gestört, setzte er nach einer Abschweifung über den einen oder anderen hinzu, der mit dem Alter nicht zurechtkam: Etwas wie Sehnsucht sei bei ihm immer dabeigewesen, mit der Zunahme an Jahren auch zur Ruhe zu gelangen und eine Art Sicherheit zu gewinnen. »Aber das kommt! Das kommt!« habe er sich dann zugeredet, zum Leben brauche man Geduld. Spätestens im Tod werde er ruhig werden. »Und in Sicherheit sein dann endlich auch.«

17. SEPTEMBER 1991

Nach einem wütenden Ausbruch gegen die »Kunstproleten« fragte ich Janssen, warum er, wie aus jedem seiner Worte herauszuhören sei, von Leuten geliebt werden wolle, die er so tief verachte.

Das seien eben seine Widersprüche, entgegnete er. Vor allem aber könne er auf seine Verachtungen nicht verzichten. Die benötige er immer noch »wie das tägliche Brot«. Und dann, in doppelsinniger Anspielung auf den mißglückten Messebesuch vom vergangenen Jahr: Eigentlich brauche er niemanden wie mich. Ich sei in seiner Welt überhaupt nicht vorgesehen.

Als ich mich überrascht zeigte, sagte er, dies sei das freundschaftlichste Kompliment, das er mir je gemacht habe.

9. Oktober 1991

Janssen zur Buchmesse wieder in Frankfurt. Er denke unwillkürlich in »Abschlüssen«, hatte er am Telefon gesagt, der fehlgegangene Besuch vom vergangenen Jahr könne das Ende nicht sein. Wir hätten noch einen weiteren Versuch.

Diesmal kam er in Begleitung seiner Tochter Lamme mit dem Zug. Als »Gastgeschenk« hatte er, wie er sogleich wissen ließ, ein Porträt Mozarts mitgebracht, der nicht nur jedem von uns viel bedeute; vielmehr habe er auch – Köchelverzeichnis 249! – in unserer Freundschaft eine Rolle gespielt. Er habe das nicht vergessen.

Seine liebenswürdige und aufmerksame Seite kam zum Vorschein, als er mir noch auf dem Bahnsteig die verschnürte, buntbeschriftete Pappe mit der aquarellierten Zeichnung übergab und dazu ein Foto aus der Tasche holte. Er habe sich, sagte er, meine Ungeduld ausgemalt, sobald er mir eröffnet habe, was das kleine Paket enthalte. Damit ich die halbe Stunde leichter überbrücke, habe er ein Polaroid von der Zeichnung angefertigt.

11. Oktober 1991

Mit Janssen auf der Messe. Er hatte sich »noch einmal die Bank vor Halle 5« gewünscht. Als wir anlangten, fragte ich ihn, ob er sentimental gestimmt sei. Er erwiderte: »Ja. Sentimental und melancholisch dazu. Fast zuviel auf einmal.«

Während der Signierstunden zeichnete er einige hundert, oft mit Farbstiften ausgeführte Widmungsblätter. Gegen Ende trat eine Dame im grünen Jägerkostüm an den Tisch und sagte: »Für das lange Schlangestehen, Herr Janssen, das ich gar nicht gewohnt bin, möchte ich aber für mich und meinen Sohn Hans-Peter eine besonders anspruchsvolle Zeichnung haben!« Janssen fragte zurück,

ob ein Sonnenuntergang anspruchsvoll genug für sie und Hans-Peter sei. Als sie erwartungsvoll bejahte, zog er eine horizontale Linie über das Vorsatzblatt, setzte einen Halbkreis darüber und schrieb dazu: »Sonnenuntergang – sogar über der Elbe! Sagt jedenfalls – und dann die Signatur – Horst Janssen.«

Als er der Frau das Buch zurückreichte und ihre entgeisterte Miene wahrnahm, hörte ich zum ersten Mal seit vielen Monaten wieder sein fröhlich meckerndes Lachen.

18. Oktober 1991

Janssen berichtet, er sei gestern nacht, als er schlaflos dalag und kein Rohypnol mehr half, nach unten gegangen, habe das Gattertor sowie die Aufgangstür aufgeschlossen und die Wohnungstür nur mit einem unter die Klinke gestellten Stuhl gesichert – und das bei seiner ewigen Angst! Aber er habe sich von all den Mitteln unsäglich elend gefühlt. Sollte ihm etwas zustoßen, habe er sich gesagt, sollten die Retter den Weg nicht umsonst gemacht haben.

Noch einmal: vertrauliche Ironie. Zu seinem Unglück, hat Janssen gelegentlich bemerkt, habe er die längste Zeit weder die Kraft noch die Nerven dazu gehabt. Das Foto zeigt ihn mit dem Verfasser im Sommer 1993.

12. Februar 1992

Janssen unzufrieden mit allem, was er zustande bringt. Er pansche noch immer herum, mache dies und jenes, wisse aber nicht wirklich weiter. Selbst die »Pornostrippe« habe sich erschöpft. Mit Erstaunen und nicht ohne Erschrecken habe er unlängst die Dramatik bemerkt, die sich überall in seine Arbeiten eindränge: »Es ist alles durchkämpft«, bemerkt er, »immerzu Totentanz.« Er habe die wirkliche Freiheit verloren. Und von den Landschaften: »Es gibt die chamoisfarbenen Himmel nicht mehr, die ich so geliebt habe. Ich liebe sie noch immer und suche die Horizonte danach ab. Aber sie wollen sich nicht einstellen.«

21. Mai 1992

Zum Tabakskollegium in Hamburg. Vorher bei Janssen. Wir kamen im Anschluß an dieses und jenes auf Lamme, und Janssen sang eine Art hohes Lied auf ihre Robustheit und unanfechtbare Stärke, körperlich wie seelisch. Zwar sei sie, meinte er, das exakte Gegenteil von ihm, aber doch seine Tochter! Sein Reden erweckt den Eindruck, er laufe häufig an ihr auf. Doch ihr Widerspruch und womöglich ihre Zurechtweisungen erfolgten niemals zänkisch oder aufgebracht, sondern mit einer zähen Gelassenheit. Sie sei die erste Frau, sagte er am Ende, der er sich fügen müsse und, was noch wichtiger sei, fügen wolle.

Da erliege er einem Denkfehler, warf ich ein. Wenn ich die lange Prozession der Frauen vorüberziehen ließe, die mir in seinem Haus begegnet seien, habe sich immer wieder der Eindruck eingestellt, er gebe ihnen vor allem nach, weil er von der Angst des Verlassenwerdens verfolgt werde. Bei Lamme falle diese Angst erstmals weg. Sie könne mit der Abreise nach Kanada, Neuseeland, Australien drohen – er wisse, daß sie ihm niemals entkommen werde, weil sie seine Tochter sei. Und das bleibe sie noch im äußersten Winkel der Welt. Ihr gegenüber sei er folglich frei. Wenn er sich dennoch füge, habe das entweder mit einem Gewinn an Einsicht zu tun oder mit den Hinfälligkeiten des Alters. Er bringe inzwischen wohl mehr Besonnenheit auf. Doch solle er die Macht des Alters nicht unterschätzen. Es sei ein großer Erpresser. Mit sechzig passiere man die Schattenlinie.

Janssen hörte sich alles geduldig an und sagte ablenkend: »Ja, ja! Schattenlinie ist ein treffender Begriff!« Gleich darauf hängte er ein, als hätte ich ihm die Rechtfertigung für seine neue Fügsamkeit genommen.

14. September 1992

Als wir auf seine Landschaften aus jüngerer Zeit kamen, fragte ich, ob die »chamoisfarbenen« Himmel zurückgekehrt seien. Er verneinte und fügte hinzu: Auch die »mirabellenen Horizonte« seien nicht mehr da. Mit zunehmender Sicherheit ereigne sich beim Wassermalen, was er schon beim Zeichnen beobachtet habe: Er sei als Person immer weniger dabei, das heißt Wille, Bewußtsein, Überlegung kämen ihm gleichsam abhanden oder schalteten sich ab. Das alles überlasse »sich« dem Auge und der »wissenden Hand«.

19. April 1993

Janssen über Besucher, Freunde, Affären: selbstbewegt wie einst, aber auch verwirrt und verwirrend. Sein Haus habe sich in eine »Pilgerstätte« verwandelt. Es sei kein »Tusculum« mehr, wo ihm so wohl gewesen sei, und er selber offenbar ein berühmter Mann. Oft frage er sich, ob er das, was jetzt mit ihm im Gange sei, verdient habe – und häufiger noch, ob das alles sei. Aber das sei eine Frage, fügte er nach einer kurzen Pause hinzu, die sich jeder »berühmte Esel« stelle, und deshalb ziehe er sie rasch zurück.

14. Juni 1993

Janssen sagt in »großer Laune«, wie er das nennt, er werde seinen eigenen Tod als »geschäftige Höllenfahrt« inszenieren. So habe er gelebt und so werde er auch abtreten: mit einer Serie großformatiger Radierungen, die alles vereinen und auf einen äußersten Höhepunkt treiben müsse, was er je gelernt und erkannt habe: die ganze Summe in fünf oder sechs Arbeiten von fünfzig mal sechzig Zentimetern. Sie müßten sich wie eine letzte Umarmung der geliebten und gehaßten Welt ausnehmen mit dem Tod als großem Glücksbringer. Der »alte Kerl« sei immer sein »Verzug« gewesen. Er habe ihm über die Jahre hin geschmeichelt und rechne folglich mit Erkenntlichkeit.

15. Juni 1993

Janssen noch einmal am Telefon. Er wolle sich nicht korrigieren. Nichts von dem, was er gesagt habe, sei falsch; nur habe er vielleicht den Eindruck erweckt, die »große Inszenierung« stehe unmittelbar bevor. In Wahrheit habe er noch mehr als fünfundzwanzig Jahre, wie jeder wisse. Das sei mit dem Tod so abgemacht.

18. Juni 1993

Als Nachtrag zu unserem Gespräch trifft eine kleine Zeichnung ein: der Tod in Uniform und Zweispitz. Erinnerung an eine der Postkarten, die ich ihm vor Jahren aus der Kapuzinergruft von Palermo schickte. Darunter die Widmungszeile: »Pünktlichkeit – Höflichkeit der Könige«.

20. September 1993

Janssen schluckt im Reden unablässig Tabletten. Auf meine Vorhaltung hin entgegnet er, wenn er auf sein Leben, wie neuerdings öfter, zurückblicke, betrachte er es als seine größte Leistung, sich selber so viele Jahre lang »ertragen oder sogar erlitten« zu haben. Das sei ihm inzwischen ohne Mittel nicht mehr möglich.

14. Januar 1994

Mit Janssen über den »Wind« in seinen neueren Arbeiten, das ihm selber kaum erträgliche »Tosen« der Landschaften. Früher habe er die Stunde und die Stimmung geliebt, wenn Pan schlief, und seinen Begleitern Stillschweigen geboten, damit das alte Bocksbein nicht aufgeweckt werde. Seit er selber unter anhaltender Schlaflosigkeit leide, soll auch Pan nicht mehr schlafen. Irgend etwas in ihm lasse, so vermute er, die Winde los, um den »faulen Döser« aufzuschrecken.

Heute, setzte er plötzlich hinzu, würde er Georges de la Tours »Mädchen vor dem Spiegel« nicht mehr zustande bringen. Morgen hoffentlich wieder.

2. Februar 1994

Nachricht, daß Janssen einen »leichten Schlaganfall« erlitten hat. Im Augenblick könne er weder zeichnen noch schreiben, und selbst das Signieren mache ihm Schwierigkeiten.

Janssen war der Auffassung, er habe dank einer persönlichen Abmachung mit dem Tod bis zum Jahr 2020 zu leben. Um den immer wieder aufkommenden Zweifel zu vertreiben, schrieb er unter die abgebildete Kugelschreiber-Zeichnung: »Pünktlichkeit – Höflichkeit der Könige.«

16. Februar 1994

Besuch bei Janssen. Er berichtet, vor allem der rechte Arm sei in Mitleidenschaft gezogen, so daß er neuerdings versuche, mit der Linken wenigstens zu schreiben. Er spricht vom dritten Band seiner Autobiographie. Im Mittelpunkt werde der Sturz vom Balkon, die zeitweilige Blindheit sowie die mühsame, von immer neuen Rückfällen unterbrochene Wiedererlangung des Augenlichts stehen. Dann bietet er eine Schriftprobe mit der linken Hand an und schreibt auf einen herumliegenden Zettel: »Ich liebe die Riesen mehr als die Zwerge.« Auf einem zweiten Zettel notiert er einschränkend: »Ich meine das Prinzip, nicht die Größe selbst.«

Auch sein Sprechvermögen hat spürbar gelitten, mitunter bleiben ganze Sätze unverständlich. Als ich meiner Besorgnis Ausdruck gebe, versucht er wieder sein keckerndes »Äh, äh!« Er bringt es aber so unartikuliert hervor, daß er die Befürchtungen gerade bestätigt, die er zerstreuen will.

In seinen frühen Landschaften, versicherte Janssen, habe er die Stunde und die Stimmung geliebt, wenn Pan schlief. Aber inzwischen lasse irgend etwas in ihm »die Winde los« und erfülle selbst die friedlichste Landschaft mit einem kaum erträglichen Tosen, wie auf dieser Arbeit aus der Folge »Bobethanien« mit dem eingeschriebenen Titel »Ich will nicht mehr leben« vom 13. Dezember 1990.

21. Mai 1994

Nach langer Zeit wieder ein heftiger, mit phantasievollen Invektiven garnierter Wutanfall Janssens, diesmal über seinen Drucker D. H., der mit den von ihm sehnsüchtig erwarteten Lithographien überfällig ist. Dabei habe er mir und anderen, was man in der von ihm eingerichteten Werkstatt wisse, schon lange ein paar Abdrucke versprochen. Am besten, empfiehlt er dann, solle ich mir eine Pistole verschaffen und mit gezogener Waffe von »der Bande da« die Herausgabe der Blätter erzwingen. Er selber habe die Kraft dazu nicht mehr. »Sie wissen das natürlich! Nur deshalb verweigern sie mir das Selbstverständliche!« Vielleicht habe er sie in früheren Jahren zu sehr hergenommen. Jetzt ließen sie ihn bezahlen. Nun gut! Er zahle wie eh und je, obwohl ihm übel werde beim Anblick all der von ihm vergoldeten Nasen ringsum! Und so noch geraume Zeit weiter.

Ich versuchte, ihn zu beschwichtigen, doch wollte er nichts davon hören. Merkwürdige Verbindung von Aufgebrachtheit und Resignation.

20. Juni 1994

Janssen mit »Einsamkeitsklage« am Telefon. Lamme sei unterwegs, und er müsse, wie so oft in letzter Zeit, mit sich selbst auskommen. Das sei sein Leben lang die ihm liebste Gesellschaft gewesen. Jetzt werde er erstmals »sich selber lästig«.

> *Ich liebe die
> Riesen nicht
> als die Zweige*

Als er wieder vom Tod zu sprechen begann, unterbrach ich ihn. Doch ließ er sich nicht abhalten. »Bitte, heute nicht!« sagte er. Manchmal erscheine der Tod im oberen Zimmer, dort, wo früher das Gerippe stand. Wenn er die Kraft dazu aufbringe, komme er dann aus seinem Arbeitsstuhl hoch und mache eine stumme Verneigung zu ihm hin. Er könne nicht sagen, ob der Tod sich davon beeindrucken lasse. Er selber aber sei, wenn er sich da tief verbeuge, sehr gerührt von sich. Dann, mit leicht krächzender Stimme: »Wie Philipp vor der verkaterten Helga Gatermann!«

4. JULI 1994

Nach einigem Hin und Her fing Janssen wieder vom Tod an. Vielleicht, weil ich ihn diesmal nicht unterbrach, rechtfertigte er sich mit der Bemerkung, er wolle »weder jammern noch schwelgen«, wie ich ihm einmal vorgehalten hätte. Vielmehr wolle er loswerden, was er sich schon seit langer Zeit als Trost ausgedacht habe: daß nämlich der Tod erst das Leben lohnend mache, es jedenfalls mit Spannung auflade. Deshalb nenne er ihn »den alten Freund«. Ob ich nicht auch glaubte, daß alles, nur weil es irgendwann »aus« damit sei, einen Ernst bekomme, den es sonst niemals hätte. Nach einer kurzen Pause setzte er hinzu: Er habe dem, der die Welt gemacht habe, nur vorzuwerfen, daß die schöne Sache so schnell vorüber sei.

Nach einem ersten Schlaganfall im Januar 1994
war Janssens rechte Seite gelähmt. Spontan
schrieb er mit der linken Hand auf einen herumliegenden Zettel: »Ich liebe die Riesen mehr als
die Zwerge.«

4. Oktober 1994

Janssen am Telefon: Er habe keinen Freund, sagt er unvermittelt. Es wäre sein Leben lang wichtig für ihn gewesen, einen Freund zu haben. Er habe auch alles, was ihm möglich war, dafür getan. Aber das sei ihm mißlungen. Statt Freunden habe er immer nur Personal gehabt. Er widersprach nicht, als ich ihm entgegnete, was ihm möglich war, sei leider zu wenig gewesen; er müsse diesen Mißerfolg daher einzig auf sich selber zurückführen.

14. November 1994

Er wolle aus Anlaß seines fünfundsechzigsten Geburtstags »weder für Verlegenheiten noch für Verlogenheiten« der Anlaß sein, hatte Janssen mir vor einigen Wochen mitgeteilt. Infolgedessen werde er die »große Hamburger Welt« meiden und ins »provinzielle Luxemburg« ausweichen, wo die Deutsche Bank eine kleine Privatveranstaltung für ihn ausrichte. Er freue sich zu hören, hatte er dann ungewohnt förmlich hinzugefügt, daß ich »ein paar Geburtstagsworte« auf ihn sprechen wolle.

Etwas von dieser Förmlichkeit, kaum merkbar für den Außenstehenden, blieb bis zum frühen Abend erhalten, als wir uns in dem Foyer der Bank vor den von Tete Böttger veranlaßten Arbeiten zu Georg Christoph Lichtenberg wiedertrafen. Wir wechselten einige Bemerkungen zu dem einen oder andern Blatt, bis plötzlich unser Blick auf die Riesen-Skulptur von Penck fiel, die den Raum beherrscht, und Janssen von einem »zu sechzig Tonnen aufgeblähten Strichmännchen« sprach, so daß alle Umstehenden zu lachen begannen und auch die Steifheit zwischen uns sich löste.

Während meiner Rede saß er wenige Meter vor dem Rednerpult. Als ich die mir unvergeßliche, damals im Besitz von Ruth Buchholz befindliche Zeichnung »Das Flämmchen von heut' morgen« erwähnte, die nichts anderes zeigt als eine tiefblaue Weintraube, aber mitten in den halbvertrockneten Beeren eine steile, gelb und rot leuchtende Flamme, die ich als Ausdruck der Janssenschen Ängste und Vergänglichkeitsschrecken deutete, sah ich ihn während eines langen Augenblicks mit den Tränen kämpfen. Gerührt, wie er war, konnte er sich bald nicht mehr zurückhalten. Doch wie er es als Junge gelernt hatte, hielt er weiter den Kopf erhoben, während über sein unbewegtes, nur vom Aufeinanderpressen der Lippen belebtes Gesicht unaufhörlich, bis zum Ende der Rede, die Tränen liefen. Als ich das Pult verließ und auf ihn zuging, stand er mit gesenktem Kopf da und kämpfte noch immer mit seiner Rührung. Ich sagte ihm, es sei mir nicht möglich gewesen, ihm jede der »Ver-

»Alles, was ich an Ruhe finden konnte, war immer nur die trügerische Ruhe im Auge des Orkans«: Janssen Anfang der neunziger Jahre.

legenheiten« zu ersparen, denen er hatte ausweichen wollen. Er bat um Nachsicht und meinte, er habe nur das Altmännerprivileg der Sentimentalität in Anspruch genommen. Das lasse er sich nun nicht mehr nehmen.

15. NOVEMBER 1994

Vom Gang durch die Stadt und am Steilufer der Alzette zurück. Als wir zu unserem Gastgeber kamen, führte Janssen schon wieder das Wort, war wohl auch gerade dabei, eine Art Geheimnis auszuplaudern, das nicht enthüllt werden durfte, so daß er und womöglich der häusliche Friede durch unser Eintreffen gerettet wurden. Janssen nahm mich beiseite und sagte, er sei allen für diese Luxemburger Veranstaltung, die ihm das »Hamburger Gesocks« erspart habe, sehr dankbar. Zumal, fügte er in plötzlich ernstem Ton hinzu, dies seine letzte große Reise gewesen sei.

Als einer der Anwesenden hinzutreten wollte, schob er ihn ohne große Umstände weg: »Jetzt nicht!« Dann kam er auf die »Heulerei« vom Vorabend und entschuldigte sich noch einmal: Nicht ich hätte ihm eine Verlegenheit bereitet, sondern er viel eher mir. Als der Frühaufsteher, der er sei, habe er erst heute morgen, beim Gewarte auf den Tagesbeginn, festgestellt, daß es die Stimme gewesen sei, die ihn um die Fassung gebracht habe. Meinen Einwand, »Keine Scherze, bitte!«, schob er etwas unmutig beiseite und setzte hinzu: Vor allem umgeworfen habe ihn, daß er, einmal wenigstens, erkannt und ganz ernst genommen worden sei. »Eine wirkliche Freundesrede«, sagte er. Ich wüßte, wie selten das sei.

Glücklich mache ihn auch, daß Verena gekommen sei. Am Ende seien es von den vielen Frauen, die seinen Weg gekreuzt hätten, doch nur Verena und Gesche, die im Zusammenleben mit ihm kein Quentchen ihrer Würde preisgegeben hätten. Gesche habe bei seinen »Abstürzen« klugerweise sofort das Weite gesucht und ihm wortlos, einfach durch ihr Vorhandensein, die Schmach des im Stich gelassenen Geliebten angetan. Verena dagegen blieb, wo sie gerade war. Sie habe aber auch einen doppelten Vorteil gehabt: Ehefrau zu sein und ungefähr tausend Jahre Altenhof im Rücken zu haben.

Nach einigem tastenden Gerede zog er mein Ohr zu sich heran. In gedämpftem Ton sagte er, der nie zu irgendwelchem okkulten Hokuspokus geneigt hatte: Jetzt kämen die Schwäne wieder. Ob wir darüber schon gesprochen hätten? Ihre Schreie seien noch weit weg. Dennoch hörten sie sich so gellend an, daß er denke, sie riefen den Tod. Denn der Tod sei, wie er mir mal erklärt habe, bei den Schwänen wie eine Sucht, die plötzlich ausbreche. Wenn es soweit ist, könnten sie ihn kaum erwarten. Auf meine Frage, was denn das nun solle, erwiderte er, die Schreie seien ein Zeichen. Aber der Gesang des Schwans bedeute doch, unterbrach ich ihn, daß der Schwan stirbt und nicht, wie beim Käuzchenruf, der Mensch, der ihn vernimmt. Das sei ihm in diesem Augenblick zu prosaisch, meinte er, sprach dann von dem vor seinen Augen totgefahrenen Schwan in Zürich, von seinen Reisen bis nach Venedig im Süden sowie nach Hammerfest im Norden und war mit Svanshall und den Freunden dort schon wieder bei seinen verrückten Schwänen.

Es klinge mir alles, was er da vorbringe, allzu »testamentarisch«, hielt ich ihm entgegen und erinnerte ihn an seine angebliche Abmachung mit dem Tod, die ihm immerhin noch eine Frist von sechsundzwanzig Jahren einräume. Er lachte auf jene merkwürdig schnappende Weise, die den vermutlich höchsten Grad seiner Geringschätzung ausdrückt: Das sei doch eine »dumme Hoffnung«, belehrte er mich, und immer nur für »die Leute da draußen« gesagt gewesen. Er wisse, wie es um ihn stehe. Ich glaubte doch wohl nicht, daß der Tod sich an irgendeine Abmachung halte. Er sei sozusagen auf den Tod erschöpft. Und wer das sei, den hole der Tod dann auch. Er habe von jetzt an nur noch abzuwarten.

5. Dezember 1994

Anruf Janssens, wie in den zurückliegenden Tagen mehrfach. Sein neuerlicher Dank für die Luxemburger Rede verrät, wie sehr er unter dem Gefühl der Zurücksetzung leidet – trotz Hildesheimer, Walser, Wieland Schmied und anderen, die über ihn geschrieben haben. Er wisse endlich auch, sagte er, wie mein Porträt aussehen müsse, das er mehrfach angefangen, doch aufgrund ungezählter Hemmungen immer wieder verworfen habe. Er habe schon mindestens drei Varianten vor Augen. Jetzt brauchten wir nur noch ein paar ungestörte Stunden.

Er zeigte sich überaus ungehalten, als er hörte, daß ich in wenigen Tagen in Hamburg sein werde, um bei Hauswedell die Zeichnung der »Paranoia«-Serie »Seid ihr alle da?« zu ersteigern. Er könne und wolle nicht verstehen, ereiferte er sich, daß ich mich mit dem »reichen Kunstpöbel« der Stadt zu messen versuchte. Alle meine Einwände blieben wirkungslos. Als ich ihn schließlich daran erinnerte, daß er mir die Arbeit vor Jahren als eine Art Ausgleich für den »abhanden gekommenen« Lübecker Totentanz versprochen habe, erwidert er, er werde noch heute eine originalgetreue Kopie davon anfertigen. An jedem der fünf folgenden Tage meldete er sich mindestens einmal, um mir die »hirnverbrannte Absicht« auszureden.

11. Dezember 1994

Gegen Mittag bei Janssen, der nur noch gleichmütig bemerkte, auch seine besten Freunde seien jetzt verrückt geworden. Anschließend mit Lamme zur Versteigerung, wo ich die Zeichnung erwarb.

Bei der Rückkehr mehrere Besucher. »Tollhausbetrieb«, wie Janssen von der Tischecke her in belustigter Apathie erklärte. Er war bei Rotwein und irgendeinem Kräuterlikör. Zwischendurch schüttete er sich immer wieder eine Handvoll hier und da zusammengeklaubter Tabletten »in einem Wurf«, wie er das nannte, in den Mund. Als ich eine bedenkliche Miene machte, meinte er, es gebe

»Seid ihr alle da?« Der Tod mit der Kasperlefrage, die das Ensemble der Zeichnungen zur »Paranoia«-Suite von 1982 beschließt.

keinen Anlaß zur Sorge. Er sei gerade an einer langen Liste mit den Vorhaben für die kommenden zehn Jahre. Denn die habe er noch. Da ich bei meinen Zweifeln blieb, sagte er schließlich: »Auch gut!« Einmal, zwischen zwei »Gästeschüben«, fügte er erklärend hinzu, er sei heute sehr müde und brauche »Adrenalin und noch mal Adrenalin!« Morgen werde alles wieder anders sein. Ich erwiderte, dazu benötige er vor allem ein leeres Haus und ein Ende seiner Tablettenkrankheit. »Und den Abschied vom Alkohol wohl auch noch?« setzte er hinzu. Aber der Alkohol sei die Medizin, die ein Dutzend anderer Mittel überflüssig mache. Sozusagen die »Supermedizin gegen die Mühen des Auf-der-Welt-Seins«.

Als ich gehen wollte, griff er nach meinem Arm und hielt mich mit einer Kraft fest, die ich seiner Hinfälligkeit nicht mehr zugetraut hätte. Offenbar in der Absicht, alle voreiligen Schlüsse zu verhindern, sagte er, ohne mich anzusehen und halb vor sich hin: Viele hätten ihn in einer lange totgeschwafelten Metapher einen »Phönix« genannt. Er habe das immer für Unfug gehalten. Aber niemand solle glauben, er komme aus der Asche nicht mehr hoch. Vielleicht mit angesengten Flügeln. Aber hoch eben doch!

6. Januar 1995

Da mich die letzte meiner Hamburger Verabredungen nach Blankenese gebracht hatte, fuhr ich anschließend auf gut Glück bei Janssen vorbei. Wieder volles Haus mit ständigem Kommen und Gehen. Er selber seltsam unbeteiligt. Auf meine Frage, ob er nicht mehr allein sein könne, geriet er ins Nachdenken und erwiderte, als müsse er sich einen Ruck geben: »Nicht mehr wie früher!« Das Glück, mit dem Rücken zur Welt zu leben, habe ihn verlassen.

Etwas später fügte er hinzu: Wir hätten in unseren Gesprächen dann und wann den Kupferstich von Chodowiecki erwähnt, das kleine Kabinettsbild, auf dem er dicht an die Kante seines Zeichentischs gerückt mit krummem Rücken vor einer Platte sitze und über den Brillenrand hinweg prüfend die Familie am runden Nebentisch mustere. Er habe sich diesen Blick mitsamt der Kopfhaltung in verschiedenen Selbstbildnissen zu eigen gemacht – nicht weil ihm die Pose wichtig war, sondern weil das Blatt etwas von seiner unausgesetzten Lebenssehnsucht zum Ausdruck bringe. Denn Stube und Familie bedeuteten nichts anderes als den Schutzwall, den Chodowiecki zwischen sich und der Welt errichtet habe: mit der matronenhaft an den Tisch hingestellten Frau und den spitznasigen Töchtern bis hinunter zu der Wilhelm-Busch-Vorwegnahme des rundbackigen Säuglings. Der nur ein Stück weit hochgezogene Samtvorhang deute an, was alles draußen zu bleiben habe.

Während Janssen weiterredete, dachte ich, wie unfehlbar nach wie vor sein Gedächtnis arbeitete und selbst ein eher entlegenes Bild wie dieses mühelos in jeder Einzelheit abrief. Als er mit der Beschreibung zu Ende war, sagte er, er habe solche »Umfriedung« zwar kennengelernt, aber nie für längere Zeit. Gerade genug, um sein Verlangen danach immer wieder zu wecken – und um, wenn er sich dieses Verlangen erfüllt habe, rasch davonzulaufen. Im Leben, wie es war, habe er stets die Störenfriede angezogen, und inzwischen benötige er sie geradezu. Viel zu lange habe er sich dem »schönen Laster« der Unruhe ergeben. Jetzt sei er süchtig danach.

Beim Abschied gab er mir das Exemplar eines soeben erschienenen Buches, das einer der Gäste mitgebracht hatte. Es vereint die Janssen-Texte Wolfgang Hildesheimers.

10. JANUAR 1995

Anruf Janssens, der mir mitteilt, er habe sich endgültig entschlossen, am 29. März zu Ernst Jüngers hundertstem Geburtstag nach Saulgau zu fahren. Seine Absicht sei, etwa eine Woche vorher aufzubrechen und in K. eine »Logierpause« einzulegen. Da hätten wir die Ruhe zu dem Porträt, die er in Hamburg nicht finde. Gemeinsam könnten wir dann weiterreisen und dem Jubilar unseren »Knicks« machen.

Er schien in gefestigter Verfassung, obwohl durchgesickert war, daß er die Weihnachtstage bis dicht vor dem Jahreswechsel zur Beobachtung von Herz und Kreislauf im Krankenhaus verbracht hatte. Er wehrte aber die Frage danach mit den Worten ab, wer denn das nun wieder behaupte, und wechselte eilig zu etwas weit hergeholten, auffällig pointenlosen Geschichten. Welche Unruhe ihn erfüllte, kam zum Vorschein, als ich einen Augenblick lang schwieg: »Keine Pause, bitte!« rief er plötzlich in die entstandene Stille. »Um Himmels willen: Weiterreden! Am besten lustige Sachen, damit sich der Tod unterhalten fühlt. Dann vergißt er nämlich das Zupacken. Man muß immer weiterreden!«

Als wir eingehängt hatten, dachte ich wieder an das merkwürdige, geradezu leibhaftige Bild vom Tod, das er sich zurechtgemacht hat. Etwas später trat die Überlegung hinzu, ob er mit der Aufforderung zum »Weiterreden« nicht die Maxime enthüllt hatte,

die ihn sein ganzes ruheloses Leben lang vorangetrieben hat: so daß das Riesenwerk mit den immer gleich nach Hunderten und sogar Tausenden zählenden Hervorbringungen am besten als ein einziger Versuch zu verstehen wäre, den Tod zu unterhalten, ihn abzulenken – und am Ende womöglich zu betrügen.

5. MÄRZ 1995

Brief Janssens in offenbar angeschlagener Verfassung. Im oberen Teil des Blattes der von Gespenstern umgebene Kopf Ernst Jüngers, darunter eine Notenzeile mit den ersten Takten von Beethovens Fünfter Symphonie, wie Janssen sie sich vorstellt, und daneben das Datum 29.3.1995. Dazu die Zeilen: »ach mein lieber Freund – also diesmal wird's nix.«

Janssen hatte die Absicht, zusammen mit dem Verfasser zu Ernst Jüngers hundertstem Geburtstag nach Saulgau zu fahren. Auf Anraten der Ärzte mußte er schließlich die Reise absagen. Im Kopf des Briefes, der die Mitteilung enthielt, skizzierte er den von Gespenstern bedrängten Schriftsteller und schrieb darunter: »ach mein lieber Freund – also diesmal wird's nix.«

7. MÄRZ 1995

Janssen am Telefon. Er sagt mit schwerer Stimme, er sei mir noch eine Erklärung schuldig. Die Ärzte, denen er sich ausgeliefert habe, hätten die Reise streng untersagt. Wenn er sich weniger elend fühlte, wäre er ihren Anordnungen nicht gefolgt. Manchmal denke er, sie wollten der Welt nur vorführen, was es nie gab: einen vernünftigen Janssen. Dann versucht er noch einen schwachen Scherz: Wenn die Welt damit tatsächlich überrascht werden könnte, sei ihm selbst das recht.

Ernst Jünger werde er einen Brief und eine Zeichnung schicken. Aber keine Gespensterszene. Wer hundert Jahre alt werde, habe nicht verdient, daß man die »Dunkelzelle« aufmache. Bei hundert legten sich außerdem die Gespenster zur Ruhe. Aus sozusagen »schuldigem« Respekt.

26. MÄRZ 1995

Anruf von Lamme. Janssen hat gestern abend einen offenbar schweren Schlaganfall erlitten. Kurz vor sechs Uhr habe er sie von einem Augenblick zum anderen mit so wildem, beseligtem Blick angesehen, daß sie geglaubt habe, er grimassiere wieder einmal: »Warum machst Du ein so glückliches Gesicht?« habe sie gefragt. »Was hast Du eingenommen?« Und wie sie ihm noch sagen wollte: »Das möchte ich auch haben!«, sei er langsam über die Seite weggekippt und hart auf dem Boden aufgeschlagen. Sie habe Dr. Har-

tig angerufen, der auch kurz darauf mit einem Unfallwagen zur Stelle war. Näheres könne sie noch nicht sagen.

Sie war sehr verzweifelt. Ich sagte etwas von Janssens zähem Lebenswillen, der seit Jahren mit allem fertig geworden sei. Aber sie meinte, diesmal sei es anders. Anders und ernster als irgendwann.

Unter seine letzte Zeichnung überhaupt setzte
Janssen das Lichtenberg-Zitat: »Man will
wissen, daß im ganzen Land noch niemand vor
Freude gestorben ist.« Hinzugefügt hatte er:
»Ausnahme: ich – mehrmals.« Unmittelbar
darauf stürzte er zu Boden.

4. April 1995

Fast täglich Nachrichten über Janssens unverändert kritischen Zustand. Lamme meint, ein Besuch sei vorerst nicht angezeigt. Janssen nehme noch immer nichts wahr und habe sich, wenn man so sagen kann, in den hintersten Winkel der Höhle verkrochen, wo er immer am liebsten gewesen sei.

Allmählich sickern weitere Einzelheiten durch. Als ihn der Schlag ereilte, heißt es, sei er gerade dabei gewesen, letzte Verbesserungen an einer von Tete Böttger angeregten neuen Folge »loser Blätter« zu Georg Christoph Lichtenberg vorzunehmen. Eines davon war eine Collage aus einem alten Modellbuch für den Kirchenbau. Unter der gedruckten Kapitelzeile »Innere Theile« zeigt sie eine Glocke mit der Aufschrift »1843 – Concordia« und etwas tiefer ein Taufbecken neben einer Kanzel mit einem von Janssen hinzugezeichneten, schwarzgewandeten Prediger. Weit vornübergebeugt, redet er nicht nur auf einen einzelnen Zuhörer ein, sondern spuckt zugleich Feuer gegen ihn: einen Flammenstrahl mit dem Mund, einen zweiten aus dem halb vorgestreckten Arm.

Nach einem prüfenden Blick auf das Blatt, so geht der Bericht, habe Janssen mit dem Pinsel noch ein paar Farbergänzungen vorgenommen und dann auf die Unterkante der Collage in nachgeahmter Kalligraphie ein Lichtenberg-Zitat gesetzt: »Man will wissen, daß im ganzen Land noch niemand vor Freude gestorben ist.« Hinzugefügt hatte er: »Ausnahme: ich – mehrmals.« Man behauptet sogar, Janssen habe die zwei Zeilen gerade nochmals überlesen, als ihn der Schlag oder, wenn man so will, der Strahl traf. Aus diesem Grund sei er nicht mehr dazu gekommen, wie sonst auf allen seinen Arbeiten, das Datum und die Signatur anzubringen. Mir klingt die Schilderung etwas allzu bedeutungsschwer. Immerhin würde sie den »beseligten« Ausdruck erklären, mit dem Janssen vom Stuhl fiel, und Lammes Frage, warum er ein so glückliches Gesicht mache.

10. April 1995

Einbruch im Mühlenberger Weg. Der erste Verdacht richtet sich gegen irgendwen aus dem weiteren Umkreis Janssens. Jedenfalls müßten der oder die Täter nicht nur gewußt haben, daß Janssen ins Krankenhaus eingeliefert worden war, sondern auch von Lammes häufigen und meist anhaltenden Abwesenheiten.

Der Einbrecher hat, heißt es, sämtliche Rahmen zerschlagen und die Zeichnungen herausgenommen. Er hat sich dabei offenbar verletzt, wie die vielen Blutspuren zeigen, die er hinterlassen hat. Außer den Zeichnungen fehlen auch zahlreiche Grafiken. Erheiternderweise hat der Täter nicht erkannt, daß die Mehrzahl der gerahmten Blätter Farbkopien waren. Auf der anderen Seite hat er die letzten Arbeiten Janssens: sechzehn Zeichnungen und Aquarelle zu Eingebungen Lichtenbergs, die in der allgemeinen Unordnung auf dem Boden lagen, nicht als Originale erkannt und war mehrfach achtlos darüber hinweggelaufen. Immerhin hat er von Janssens »Küchentresor« gewußt, einem Kochtopf, in dem sich an diesem Tag 25 000 Mark befanden. Alle diese Begleitumstände führen zu der vielgehörten Vermutung, es habe sich um einen Auftragseinbruch gehandelt – angestiftet von einem informierten »Freund« und ausgeführt durch einen eher stupiden Helfershelfer.

Es ist übrigens der dritte Diebstahl von Arbeiten Janssens innerhalb kurzer Zeit. Unlängst, als bei dem von Janssen bevorzugten Italiener eingebrochen und die gesamte »Galerie« von den Wänden geholt worden war, hatte er sich noch belustigt: Die erste Entwendung von Werken eines Künstlers sei Zufall oder Irrtum, eine zweite schon das Versprechen der Größe. Vom dritten Mal an jedoch gehöre man zu den beglaubigten Meistern. Von den Ganoven entdeckt zu werden, sei der wahre Ruhm.

Er hat diesen Ruhm nun. Nur weiß er nichts davon.

11. Juni 1995

Als ich zusammen mit Lamme das Krankenzimmer im Albertinen-Hospital betrat, saß Janssen mit dem Rücken zur Tür auf seinem Bett. Sie setzte ihn in einen Rollstuhl und drehte ihn dabei zu mir hin. Einen Augenblick lang schien es, als liefe ein flüchtiger Ausdruck des Wiedererkennens über die erloschenen Züge. Dann fielen die kurz wie abwehrend hochgezogenen Schultern herab, und er versuchte, sich wieder dem Fenster zuzuwenden.

Lamme rollte ihn zu einem an der Wand stehenden Tisch und bat mich, ihm gegenüber Platz zu nehmen. Sie selber müsse sich für eine halbe Stunde entschuldigen, um mit den Ärzten zu sprechen und einige Besorgungen zu erledigen. Doch kaum hatte sie den Raum verlassen, wandte Janssen sein Gesicht ab und starrte auf die Wand neben sich.

Im Weggehen hatte Lamme empfohlen, ohne Pause auf ihn einzureden, Geschichten, Orte und Namen zu erwähnen, mit denen er irgendwelche Erinnerungen verbinde, so daß sich, wie die Ärzte sagten, die Tür zur Vergangenheit vielleicht einen Spaltbreit öffne. »Erzählen!« hatte sie gesagt, »einfach erzählen!« Die Ärzte meinten, er bekomme mehr mit, als wir glaubten.

Ich begann mit ein paar Worten über die Geburtstagsfeier in Saulgau, nannte ihm bekannte Namen und sagte, daß Ernst Jünger sich bei Tisch mehrfach nach ihm erkundigt habe. Mein Eindruck war aber, daß er sein Gesicht dabei noch näher an die Wand brachte, als wolle er nichts von alledem hören. Den nächsten Anlauf unternahm ich mit der »Hasenschule«, die ich ihm mitgebracht hatte. Zu Beginn unserer Freundschaft war viel von dem berühmten Kinderbuch die Rede gewesen, dessen Text er zu großen Teilen auswendig kannte. Vor allem aber hatten es ihm die Abbildungen angetan. Seine ersten zeichnerischen Bemühungen, hatte er berichtet, seien freie, aber »rollenstrenge Variationen« nach der »Hasenschule« gewesen.

Aber auch damit erreichte ich ihn nicht, und als ich ihm das Buch hinlegte, schob er es, den Blick weiterhin gegen die Wand gerichtet, von sich weg. In einem nächsten Versuch, seine Erinnerung zu wecken, begann ich davon zu erzählen, welche seltsam biographische Bewandtnis er stets den Hasen zugesprochen hätte. Sooft von der Napola die Rede war, habe er von »Haselünne an dem Flüßchen Hase« gesprochen, auch von »meinem Haseland«, dem »traurigsten und schönsten Stückchen Erde auf der Welt«, wie er immer gesagt habe, »herzzerreißend melancholisch«. Auch erwähnte ich die Geschichte vom »Hasen und dem Igel«, die er gezeichnet hatte, und kam schließlich auf seine oftmals vorgetragene Behauptung, daß die Hasen, ganz wie die Zeichner, mit offenen Augen schliefen, was ich durchweg bestritten und als »Privatideologie« eines Zeichners ironisiert hätte, der eben auch einen »Schutzpatron« haben wolle – und wenn es nur ein Hase sei: Es verfing alles nichts. Nur einmal, bei Erwähnung des »Haselands«, schien es, als schüttele er sich kaum merklich, aus welchen Gründen immer.

Erst als Lamme wiederkam, wandte er den Blick von der Wand weg ins Zimmer zurück. Vielleicht, dachte ich, genierte er sich für seinen Zustand und wollte mit dem Rest an Kraft, der ihm verblieben war, andeuten, daß ich ihn in seiner gegenwärtigen Verfassung nicht sehen sollte. Bevor Lamme ihn an sein Bett zurückbrachte, war es, als bewege er kurz die Lippen. Ich versuchte es mit einem Scherz: Jetzt habe er offenbar geflucht, sagte ich. Doch starrte er, ohne eine Miene zu verziehen, weiter ins Leere.

Draußen, auf dem Stationsgang, sagte ich bedrückt, ich hätte keine Hoffnung mehr. Mit Tränen in den Augen fragte Lamme: »Wirklich keine?« Ich erwiderte, was ich gesehen hätte, sei nicht die Vorahnung des Endes, sondern das Ende selber. Natürlich wehrten wir uns gegen diese Einsicht. Er dagegen wehre sich nicht mehr, und ich wüßte nicht, was dann noch die Kunst der Ärzte auszurichten vermöge. Janssen habe den Tod immer wieder als den letzten Hort der Sicherheit bezeichnet. In dieser Sicherheit, glaubte ich, sei er jetzt angelangt, und nichts und niemand werde ihn daraus zurückholen.

10. JULI 1995

Krankenbesuch am Mühlenberger Weg. Janssen sei aus seinen bleiernen Zuständen zurück, war mir gesagt worden. Tatsächlich setzte er das eine oder andere Mal zu einem rhetorischen Auftritt an, mühte sich dabei auch vergeblich aus seinem Rollstuhl hoch, doch war kein Wort zu verstehen. Die Affekte sind wohl wieder da, der Wille zur Belehrung auch, doch hat er buchstäblich nichts zu sagen und bringt nur ein energisches Lallen hervor. Einmal zerbrach er einen Bleistift und versuchte, die Stücke mit einem Glas Wasser hinunterzuschlucken. Als Lamme ihn mahnte, die Kirschen auf dem Tisch nicht mit den Kernen zu essen, stopfte er sie sich mitsamt den bis dahin sorgfältig abgetrennten und zu kleinen Mustern geordneten Stielen in den Mund.

Dann, unversehens, wurde der Blick wieder leer, und er fiel in ausdrucksloses Brüten. Nach einiger Zeit drehte er den Rollstuhl abrupt weg und wendete der Runde den Rücken zu. Auf Lammes Aufforderung, ihn, wie schon einmal, mit irgendwelchen vertrauten Namen oder Geschichten in die Welt zurückzuholen, kam ich auf »Hanno« und die Serie, die Janssen vor nahezu fünfundzwanzig Jahren den »Höhepunkt unserer Freundschaft« genannt hatte. Mit großem Nachdruck betonte ich die Namen und Begriffe, die damals unsere Unterhaltung bestimmt hatten, doch ließ er sich nichts anmerken und hielt uns weiter wie abwehrend den Rücken hin. Ich erzählte, wie ergriffen er bei Thomas Manns Beschreibung der Krise gewesen war: Wenn alles davon abhänge, ob der Kranke dem Rückruf ins Leben folge oder dabei abwehrend die Hände hebe. Dann, nur zu Lamme: Ich hätte dauernd den Eindruck, er hebe entsetzt die Hände. Jede seiner Gesten bis hin zum Wegdrehen des Rollstuhls bringe zum Ausdruck, daß er nicht mehr weiterwolle.

Lamme erwiderte, es gehe aber doch voran. Jeden Tag ein kleines Stück; im ganzen schon einen Riesenschritt. Alle sähen das. Er versuche sogar schon erste Kritzelstriche. Und deshalb halte sie an der Hoffnung fest. – Das müsse man auch, sagte ich.

31. August 1995

Anruf Lammes. Janssen in der vergangenen Nacht gegen 2 Uhr gestorben.

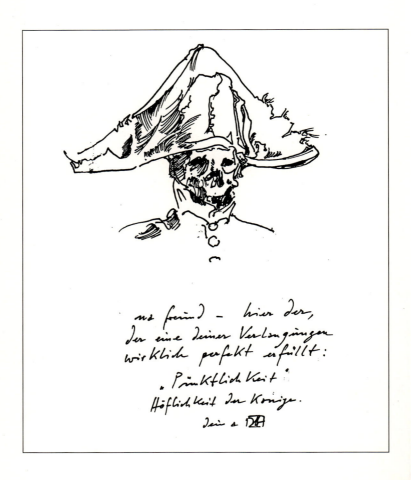

Zeittafel

1929
Janssen am 14. November als uneheliches Kind der Schneiderin Martha Janssen in Hamburg geboren. Er wächst in Oldenburg im Haus der Großeltern auf. Über seinen Vater erfährt er bis um die Zeit seines 60. Geburtstages nichts Näheres.

1939
Tod des Großvaters. Adoption durch das Vormundschaftsgericht.

1942
Nach Ablegung einer Eignungsprüfung wird Janssen als Schüler in die Nationalpolitische Erziehungsanstalt (Napola) in Haselünne/Emsland aufgenommen. Aufgrund seiner künstlerischen Begabung erfährt er durch seinen Zeichenlehrer Hanns Wienhausen besondere Förderung. Er bleibt auf der Schule bis 1944, als angesichts der näher rückenden Fronten der Schulbetrieb eingestellt wird.

1943
Tod der Mutter.

1944
Janssen schlägt sich nach Hamburg durch und wird dort durch die jüngere Schwester seiner Mutter, Anna Johanna Janssen, adoptiert.

1946
Seiner Tante gelingt es, ihn regelwidrig, im Alter von sechzehn Jahren, auf der Hamburger Landeskunstschule anzumelden. Schon bald Meisterschüler von Alfred Mahlau.

1947
Erste Veröffentlichung einer Zeichnung in der Wochenzeitschrift »Die Zeit«, bald gefolgt von der Publikation des Kasperle-Buches »Seid ihr alle da?«

1950
Geburt seines Sohnes Clemens Gutsche. Erste Holzschnitte und Monotypien, die vor allem vom deutschen Expressionismus beeinflußt sind.

1952
Janssen erhält das Stipendium der »Studienstiftung des deutschen Volkes« und wenig später den Lichtwark-Preis. An die Annahme des Stipendiums knüpft der Direktor der Landeskunstschule, Gustav Hassenpflug, eigenmächtig die Bedingung, daß Janssen die Klassen Geometrie und Schrift belegen müsse. Als Janssen daraufhin das Stipendium bedauernd ablehnt, wird der Direktor von der Studienstiftung desavouiert. Professor Hassenpflug setzt eine neue Anstaltsordnung durch (»Lex Janssen«), wonach in den freien Klassen kein Studium länger als zehn Semester dauern dürfe. Da sich Janssen im zehnten Semester befindet, muß er die Landeskunstschule verlassen.

1953
Selbstausbildung in den verschiedenen grafischen Techniken. Nach einer Eifersuchtsszene in der Wohnung des Freundes Günter Schlottau, in deren Verlauf Janssen dessen Ehefrau Judith mit einigen Messerstichen verletzt, gerät er in Untersuchungshaft. Er wird einige Wochen darauf unter Mordverdacht vor Gericht gestellt und wegen Trunkenheit zu einer Bewährungsstrafe verurteilt. Die Bewährung verfällt aber, als er kurze Zeit später wegen eines neuerlichen Trunkenheitsdelikts »auffällig« wird.

1955
Ehe mit Marie Knauer.

1956
Geburt der Tochter Cathrin, genannt Lamme. Holzschnitte.

1957
Nach verschiedenen Verkaufsausstellungen in seiner Wohnung, Warburgstraße 33, Ausstellung in der Galerie Hans Brockstedt in Hannover. Stipendium des Kulturkreises im Bundesverband der Deutschen Industrie. Unter Anleitung von Paul Wunderlich erweitert Janssen seine grafische Technik, vor allem in der Radierkunst.

1959
Scheidung von Marie Knauer. Janssen entdeckt Jean Dubuffet, dessen Arbeiten vor allem sein Radierwerk beeinflussen. Ausstellung bei Birgit Sandner, die er bald darauf heiratet. Scheidung nach wenigen Wochen.

1960
Ehe mit Verena v. Bethmann Hollweg. Im folgenden Jahr Geburt des Sohnes Philipp.

1965
Erste Werkschau der in den zurückliegenden Jahren entstandenen Zeichnungen und Radierungen in der Kestner-Gesellschaft/Hannover, die zu einem triumphalen Erfolg wird und Janssen den Ruf eines »Jahrhundertgenies« einträgt. Die Ausstellung wird im folgenden Jahr in Hamburg, Darmstadt, Stuttgart, Berlin, Düsseldorf, Lübeck, Basel und München gezeigt. Ablehnung eines akademischen Rufs an die Landeskunstschule Hamburg.

1966
Nach dem Kunstpreis der Stadt Darmstadt erhält Janssen den von der Hansestadt Hamburg ausgesetzten Edwin-Scharff-Preis.

1967
Tod des »Tantchens« Anna Johanna Janssen sowie des Lehrers Alfred Mahlau. Umzug Janssens nach Blankenese. Foto-Serie von Thomas Höpker.

1968
Durch Vermittlung seines Schwagers Harry (genannt: Claus) Hubalek lernt Janssen den neu ernannten Intendanten des Hamburger Schauspielhauses Egon Monk kennen. Er entwirft die Plakate und das Programmheft für die beiden ersten Theater-Produktionen Monks. Die Eröffnungsvorstellung führt eine politisch-moralische Revue unter dem Titel auf: »Über den Gehorsam. Szenen aus Deutschland, wo die Unterwerfung des eigenen Willens unter einen fremden als Tugend gilt«. Acht Tage später folgt eine Aufführung von Schillers »Räubern«. Ebenfalls zu jener Zeit arrangiert Janssen eine Gedächtnisausstellung für seinen Lehrer Alfred Mahlau in der Kunsthalle am Glockengießerwall. Durch Vermittlung von Alfred Hentzen, dem Direktor der Hamburger Kunsthalle, wird Janssen, zusammen mit Gustav Seitz und Richard Oelze, zur Biennale von Venedig eingeladen. Erneut sieht er sich als »Genie« gefeiert und erhält den Ersten Preis für Internationale Grafik der Biennale.
Anhaltende künstlerische und persönliche Krise Janssens. Beginn der Beziehung zu Gesche Tietjens.
Scheidung von Verena v. Bethmann Hollweg.

1969–72
Reisen nach Schweden und ins Tessin. Wiedersehen mit Venedig.
Entdeckung der Landschaft. Janssen beschließt, das in den zurück-
liegenden »Lotterjahren« Versäumte nachzuholen und noch einmal
neu anzufangen. Zahlreiche Zeichnungen (Kopien), Radierungen und
Buchveröffentlichungen. (»Norwegisches Skizzenbuch«, »Minusio«,
»Carnevale di Venezia«, »Landschaften«, »Paul Gavarni«, »Hokusais
Spaziergang« u. a.) Schriftstellerische Arbeiten.

1972
Mappenwerk »Hanno's Tod«. In einer freien, nach einem Kapitel aus
Thomas Manns »Buddenbrooks« verfertigten Paraphrase entstehen
innerhalb einer Woche 27 Radierungen, die am Beispiel des eigenen
Gesichts Verfall und Auflösung eines Menschen zeigen. Für die Druck-
auflage wählt Janssen 21 Radierungen aus. Er nennt das Werk über die
Jahre hin einen »Höhepunkt« seines grafischen Schaffens.
Trennung von Gesche Tietjens, die im April des folgenden Jahres den
Sohn Adam zur Welt bringt.

1973
Zweite Janssen-Ausstellung bei der Kestner-Gesellschaft/Hannover.
Liebesverhältnis mit Bettina Sartorius, das nach wenigen Monaten mit
einem Selbstmordversuch Janssens endet. Die Radierfolgen »Zerbi«
(nach »Zerberus«, dem Wachhund vor den Toren der Unterwelt) und
»Bettina« entstehen, ferner zahlreiche Zeichnungen.

1974
Janssen beendet die aus 11 großformatigen Radierungen bestehende
Folge »Totentanz«, die er als »Abschiedswerk für Bettina« bezeichnet.
Ferner entstehen die über 30 Radierungen der Serie »Der Alp – Variationen
zu Heinrich Füssli« sowie das Mappenwerk »Caspar David Friedrich«.

1975
Schillerpreis der Stadt Mannheim. Im Herbst erscheint das »November-
Buch«, »Collagen, Fotos, Wörter, Texte, Kritzeleien, Zeichnungen«, wie
Janssen annonciert. Mit diesen Arbeiten, so versichert er immer wieder,
habe er seine »zweite Lehrzeit« abgeschlossen.

1976
Zahlreiche Ausstellungen im In- und Ausland (Vereinigte Staaten,
Spanien, Schweiz, Italien). Radierzyklus »Svanshall«. Buchveröffent-
lichung »Die Kopie«. Wendung zur Farbe mit ersten Aquarellserien.

1977-79
Auf Anregung seiner neuen Liebe Viola R. weiterhin Aquarelle, meist zu erotischen Themen. Biermann-Ratjen-Medaille der Stadt Hamburg. Plakatausstellung in Janssens Heimatstadt Oldenburg. Zahlreiche Ausstellungen zu Janssens fünfzigstem Geburtstag am 14. November 1979. Zum gleichen Anlaß gibt Janssen eine mit zahlreichen selbstverfaßten Texten angereicherte Werkübersicht unter dem Titel »Ergo« heraus.

1980
Radierserie für den Weingutbesitzer Baron Philippe de Rothschild. Mehrere weitere Folgen von Radierungen wie beispielsweise »Nigromontanus«, Janssens Huldigung für den von ihm bewunderten Schriftsteller Ernst Jünger zu dessen 85. Geburtstag. Ausstellungen im Art Institute/Chicago und im Busch-Reisinger-Museum/Cambridge.

1981
Unter dem Titel »Querbeet« erscheint eine Sammlung schriftstellerischer Arbeiten Janssens, »Aufsätze, Reden, Traktate, Pamphlete, Kurzgeschichten, Gedichte und Anzüglichkeiten«, wie es in der Unterzeile heißt. Janssens Drucker Hartmut Frielinghaus veröffentlicht den ersten Band des Werkkatalogs »aller Janssen-Radierungen«.

1982
Ausstellungen in Wien (Albertina), Tokio, Oslo, Hamburg und Lübeck. In der Galerie Hans Brockstedt die Ausstellung »Paranoia«, die, wie Janssen sagt, »äußerste Steigerung dessen ist, was mit ›Hanno's Tod‹ und dem etwas späteren ›Totentanz‹ begann: das Selbstbildnis nicht nur als Selbstentlarvung und Selbstbeweinung wie früher, sondern als großes, farbenfrohes ›Schlachtefest‹«. Außerdem veröffentlicht er eine »sehr persönliche Abrechnung« mit der zeitgenössischen Kunst unter dem ironischen Titel »Angeber Icks – eine Quichoterie«.

1983
»Guardi zu Lübeck. 31 aquarellierte Federzeichnungen«. Wanderausstellung durch sieben Städte der USA. Zahlreiche Buchveröffentlichungen sowie die Mappenwerke »Pfänderspiel« und »Nihil et umbra«.

1984
Mehrere Radierserien, darunter »Brief an Mirjam«. Buchveröffentlichungen »Phyllis«, »Die Litze« und »Lirum Larum«, die er »erotische Lesebücher« nennt. Janssen-Biographie von Stefan Blessin. »Eroberung« der Farbradierung: »Svanshall verkehrt«.

1985
Die Suite »Eiderland. 35 Farbradierungen«. Im Verlauf des Jahres mehrere Anläufe zu einem »Totentanz«, der alle vorherigen Arbeiten Janssens zu diesem Thema überbieten soll. Einige großformatige Zeichnungen entstehen, auch zahlreiche Vorzeichnungen für eine Radierfolge, doch das Unternehmen im ganzen kommt nicht zustande. Neue Liebe Annette.

1986
Neujahrsrede Janssens in der Marienkirche zu Lübeck. Ausstellung bei Berggruen/Antoine in Paris. Trennung von Annette. Als eine Art Nachruf widmet er ihr die innerhalb weniger Wochen fertiggestellte Radierfolge »Laokoon. Die Bäume der Annette«, die das Dauerthema »Der alte Mann und das Mädchen« variiert. Ausstellungen in Nowosibirsk und Moskau.

1987
Janssen veröffentlicht unter dem Titel »Hinkepott. Autobiographische Hüpferei in Briefen und Aufsätzen« den ersten Band eines auf »mindestens zehn bis fünfzehn Bände« geplanten Memoirenwerks. Mehrere weitere Buchpublikationen. Werkverzeichnis der Farbholzschnitte.

1988
Janssen über »Hartmut Frielinghaus. Der Freund und Kupferdrucker«. Ferner: Werkverzeichnis über die »Lithographien vom Sommer 1985 bis Herbst 1987«. Zur Frankfurter Buchmesse erscheint der erste Band der aufwendig hergestellten und thematisch geordneten Bildwerke über die Kunst Janssens unter dem Titel »Frauenbildnisse«. In fast regelmäßiger Folge kommt in den Jahren darauf je ein weiterer Band heraus: »Landschaften« (1989), »Eros, Tod und Maske« (1992), »Stilleben« (1993), »Selbstbildnisse« (1994), »Das Tier« (1995) sowie »Freunde und andere« (1996). In demselben Jahr 1988 erscheint die erste Folge »Mit Georg Christoph Lichtenberg«.

1989
Zweiter Band der Autobiographie Janssens unter dem Titel »Johannes. Morgengrüße, Nachtgedanken, Geständnisse, Erinnertes, Verwirrungen und Ungezogenheiten«.

1990
Sturz Janssens vom Balkon seines Hauses. Die mit ihm in die Tiefe gehenden Lithosteine, Glasplatten und Säureschalen fügen ihm nicht

nur Schnittwunden und Brüche zu, sondern verätzen auch seine Augen. Eine Zeitlang droht die völlige Erblindung. Die Unfallgeschichte unter dem Titel »der foliant« dokumentiert den Verlauf »von den ersten Versuchen, in die Zeichnung zu finden, bis zur Rückkehr ins Metier«.

1991
Ausstellung einer Serie von Landschaftsaquarellen im Albertinum/ Dresden. Sie ist Janssens neuer Liebe Heidrun Bobeth gewidmet und trägt den Titel »Bobethanien«. Weitere Ausstellungen in der Galerie Claude Bernard in New York, in Tokio, Oslo und anderswo.

1992
Janssen wird Ehrenbürger der Stadt Oldenburg.

1993-94
Zahlreiche Buchveröffentlichungen. Darunter »Lamme. 72 Zeichnungen zu einem Tagebuch«, »Brief an einen ausgedachten Schüler« sowie »Selbst: gewörtert«. Ferner erscheint eine weitere Folge seiner, wie er einmal bemerkt, »denkenden und sehenden oder sehend denkenden Zusammenarbeit« mit dem Vorzugsautor vieler Jahre, Georg Christoph Lichtenberg.

1995
Janssen erleidet am 25. März, während einiger verbessernder Arbeiten an einer Collage zu Georg Christoph Lichtenberg einen schweren Schlaganfall. Er stirbt, ohne zu sich zurückzufinden, am 31. August des Jahres.

Bildnachweis

Sammlung Tete Böttger 240, 320
Claus Clement 28, 36, 129
Karin Elmers 42, 64
Joachim Fest 58, 90, 92, 121, 124, 135, 154, 178, 181, 183, 187, 238, 252, 304, 308, 318
Verlag St. Gertrude 17, 21, 50, 54, 69, 77, 82, 94, 98, 106, 108, 140, 145, 160, 172, 196, 212, 214, 222, 228, 246, 261, 265, 268, 287, 300, 306, 314
Caren Schiller / Verlag St. Gertrude 310
Thomas Höpker / Agentur Focus 84, 86
Ingrid von Kruse 280
Lamme Janssen 24, 100, 149
Gudrun Müller-Pöschmann 79